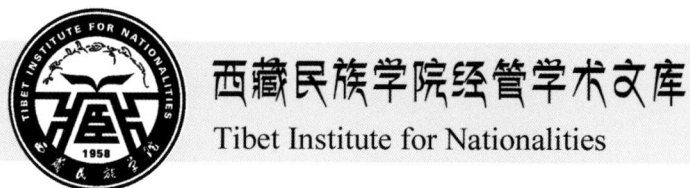

西藏民族学院经管学术文库
Tibet Institute for Nationalities

西藏企业财务与
会计热点问题研究

杨西平 秦国华 李爱琴 沈宏益 著

前　言

"中国少数民族经济"研究生专业是西藏民族学院(下称我校)于2003年获批的首批四个硕士点之一,也是西藏自治区(以下简称西藏)第一批重点建设学科。本专业的研究方向主要是民族经济与社会发展问题,重点是西藏经济问题。西藏社会主义市场经济在运行过程中显现出明显不同于其他省区的特殊性,这种特殊性,曾被胡锦涛同志概括为"中国特色、西藏特点"。本专业的主要研究方向就是探索和揭示西藏经济运行的客观规律。20多年来,本方向学术团队积极投身于西藏经济各个领域的研究,取得了丰硕的研究成果。共立项6项国家社科基金课题、10余项省部级课题、2项西藏委托课题,科研经费累计达到300多万元;发表相关论文200余篇,出版相关专著、教材10余部。20多年来,学术带头人杨西平教授、秦国华教授、李爱琴教授等积极探索研究西藏经济问题和西藏企业财务与会计问题,取得了较为丰硕的成果,在国内相关领域具有一定的影响。为了展示本团队的科研成果,促进学科建设,满足我校中国少数民族经济专业硕士研究生教育的需要,现分批予以编辑出版。

本书作为中国少数民族经济民族地区财务与会计研究方向导师的研究成果汇编,同时也是国家级会计学特色专业、西藏自治区高校重点实验室"会计综合实验室"建设的研究成果之一。论文均选自本专业民族地区财务与会计研究方向导师杨西平教授、秦国华教授、李爱琴教授、沈宏益教授多年来公开发表的有关西藏上市公司财务与会计研究、西藏中小企业财务与会计研究、西藏绿色经济与绿色核算研究、会计理论热点研究等研究论文,具有一定的学术价值。在文稿的整理过程中,我们力求保持论文的原创性和规范性,其目的一是忠实于作者的学术思想;二是让本专业的研究生通过阅读学习,领悟作者的研究思路,掌握论文的写作规范;三是试图通过这种方式,展现西藏民族学院的教师们关注、研究西藏经济问题和西藏企业财务与会计问题的思想、方法和心路历程。

本书共分为西藏上市公司财务与会计研究、西藏中小企业财务与会计研究、西藏绿色经济与绿色核算研究、会计理论热点研究等四篇,综合运用了管理学、经济学、民族学和社会学等相关学科的理论与方法,其研究结论对于推动企业,尤其是民族地区企业财务与会计理论与实务工作发挥了积极作用。本书既可以作为政府、专家学者研究西藏经济问题和西藏企业财务与会计问题的参考资料,又可以作为国内民族高校研究生、本科生进行西藏经济问题和西藏企业财务与会计问题研究学习的参考资料。

在本书的编写过程中,西藏民族学院洛松德青院长及科研处、研究生处、教务处、财务处等职能部门给予了大力支持,厦门大学在西藏民族学院进行对口援藏教师刘龙政博士为此项工作付出了辛勤的劳动,厦门大学更是无私地进行了出版援助。西藏民族学院中国少数民族经济民族地区财务与会计方向2012级研究生韩金毯、段旭,2013级研究生罗彩霞、方冰等同学直接参与了论文的整理、校对等工作,在此对他们致以诚挚的谢意。

我们希望我们的研究成果能为广大读者对研究西藏经济问题和西藏企业财务与会计问题产生一点启发作用或者作为参考资料,那将是我们的最大愿望。书中的不妥之处,敬请广大读者批评指正。

作　　者

2015 年 4 月 10 日

目 录

西藏上市公司财务与会计问题研究

基于可持续发展的西藏上市公司核心能力建设 ·················· 2
    一、可持续发展与核心能力 ······································· 3
    二、西藏上市公司核心能力建设的不足 ··························· 4
    三、建设核心能力的对策建议 ····································· 7

西藏上市公司融资策略选择与绩效分析 ·························· 11
    一、融资的概念及相关理论 ······································ 11
    二、西藏上市公司融资方式的选择 ································ 12
    三、西藏上市公司融资结构与公司业绩的相互影响 ·············· 14
    四、结论与建议 ··· 16

西藏上市公司无形资产管理与可持续发展 ······················· 18
    一、无形资产是实现企业可持续发展的基础和有效途径 ········· 18
    二、西藏上市公司无形资产信息披露及表现出的问题 ··········· 19
    三、加强无形资产经营管理的对策与建议 ······················· 24

西藏上市公司营运资金管理研究 ·································· 26
    一、营运资金管理研究综述 ······································ 26
    二、评价指标选择 ·· 28
    三、西藏上市公司营运资金管理评价 ···························· 30
    四、改善西藏上市公司营运资金管理的策略 ···················· 33

西藏上市公司股利分配政策研究 ... 36
　　一、国内外股利政策研究分析 ... 36
　　二、西藏上市公司股利分配政策分析 ... 38
　　三、改进西藏上市公司股利分配的建议 ... 42

西藏上市公司实现可持续发展的对策研究 ... 45
　　一、上市公司可持续发展 ... 45
　　二、西藏上市公司发展现状及可持续发展面临的特殊环境 ... 46
　　三、西藏上市公司实现可持续发展的对策建议 ... 50

西藏上市公司财务可持续发展状态分析
　　——基于希金斯 SGR 模型 ... 55
　　一、问题的提出 ... 55
　　二、研究模型 ... 56
　　三、结果分析 ... 57
　　四、政策建议 ... 59

完善上市公司股权分置改革的思考 ... 62
　　一、股权分置改革概述 ... 62
　　二、推进上市公司股权分置改革的积极作用 ... 63
　　三、完善上市公司股权分置改革的几点建议 ... 64

西藏中小企业财务与会计问题研究

改革开放 30 年西藏乡镇企业发展历程回顾 ... 68
　　一、萌芽阶段(1965—1977 年) ... 68
　　二、恢复、发展社队企业和家庭副业阶段(1978—1983 年) ... 69
　　三、起步阶段(1984—1991 年) ... 70
　　四、发展阶段(1992—1998 年) ... 72
　　五、快速发展阶段(1999 年至今) ... 74

改革开放30年西藏乡镇企业发展取得的成就与基本经验 …… 77
    一、改革开放30年西藏乡镇企业发展取得的历史成就 …… 77
    二、改革开放30年西藏乡镇企业发展的基本经验 …… 81

西藏乡镇企业跨越式发展制约因素透视 …… 85
    一、西藏乡镇企业发展的现状 …… 85
    二、西藏乡镇企业跨越式发展制约因素透视 …… 88

论西藏乡镇企业跨越式发展的融资策略 …… 93
    一、加强对乡镇企业的财政支持 …… 94
    二、建立和完善对乡镇企业的金融支持体系 …… 95
    三、积极开拓乡镇企业直接融资和间接融资渠道 …… 96
    四、加强乡镇企业内部资金科学管理 …… 98

优化会计环境　促进西藏乡镇企业可持续发展 …… 100
    一、政治环境 …… 100
    二、经济环境 …… 101
    三、文化环境 …… 101
    四、法律环境 …… 102
    五、科技环境 …… 103
    六、人才环境 …… 104
    七、管理环境 …… 104
    八、人际环境 …… 105
    九、自然环境 …… 106

更新理财观念　发展西藏乡镇企业 …… 108
    一、市场观念 …… 109
    二、效益观念 …… 110
    三、负债经营观念 …… 110
    四、资金时间价值观念 …… 111
    五、风险观念 …… 112
    六、管理决策观念 …… 113
    七、理财工作即创造财富的观念 …… 113

八、信息观念 …………………………………………… 114
　　九、公关观念 …………………………………………… 114
　　十、道德与法制观念 …………………………………… 115

西藏中小企业融资困境及其解决路径 ……………………… 117
　　一、西藏中小企业融资困境的表现 …………………… 117
　　二、西藏中小企业融资困境的根源 …………………… 118
　　三、西藏中小企业融资困境的解决路径 ……………… 120

西藏中小企业可持续发展面临的财务困境及其解决路径 …… 123
　　一、西藏中小企业财务管理存在的问题 ……………… 123
　　二、西藏中小企业财务管理存在的问题透视 ………… 125
　　三、提升西藏中小企业财务管理水平的基本路径 …… 126

中小企业成本工作管理的现状与分析 …………………… 130
　　一、现状与问题 ………………………………………… 130
　　二、成因及分析 ………………………………………… 132
　　三、对策与建议 ………………………………………… 133

规范中小企业成本管理工作的探讨 ……………………… 136
　　一、中小企业成本核算的现状及问题 ………………… 136
　　二、标准成本控制系统的内容与作用 ………………… 137
　　三、在中小企业中推行标准成本控制系统的可行性与意义 …… 138
　　四、在中小企业中推行标准成本控制系统的建议 …… 139

谈农场企业会计核算的若干基本问题 …………………… 141
　　一、农场企业资源性资产计价的缺陷及改进建议 …… 141
　　二、农场企业生物资产计价存在的问题及对策 ……… 142
　　三、农场企业会计信息报告与披露存在的问题及对策 …… 143

民族地区服务企业发展策略研究 ………………………… 145
　　一、民族地区服务企业所面临的机遇与挑战 ………… 145
　　二、民族地区服务企业的发展策略 …………………… 147

企业内部控制的目标和基本假设相互关系研究 ⋯⋯⋯⋯⋯⋯ 150
    一、企业内部控制目标提出之解析 ⋯⋯⋯⋯⋯⋯ 150
    二、企业内部控制基本假设的设置 ⋯⋯⋯⋯⋯⋯ 151
    三、企业内部控制基本假设修正和完善了企业内部控制的目标 ⋯⋯ 154

西藏绿色经济与绿色核算研究

西藏发展绿色经济路径探讨 ⋯⋯⋯⋯⋯⋯ 156
    一、绿色经济的理论基础 ⋯⋯⋯⋯⋯⋯ 156
    二、西藏社会经济运行特点及发展绿色经济的现实意义 ⋯⋯ 157
    三、西藏发展绿色经济的路径选择 ⋯⋯⋯⋯⋯⋯ 160

低碳经济背景下绿色会计体系的构建 ⋯⋯⋯⋯⋯⋯ 163
    一、低碳经济的概述 ⋯⋯⋯⋯⋯⋯ 163
    二、绿色会计核算的特点 ⋯⋯⋯⋯⋯⋯ 164
    三、低碳经济背景下构建绿色会计体系的现实意义 ⋯⋯ 165
    四、低碳经济背景下绿色会计体系的构建 ⋯⋯⋯⋯⋯⋯ 166

企业绿色财务管理体系构建 ⋯⋯⋯⋯⋯⋯ 172
    一、绿色财务管理的理论基础 ⋯⋯⋯⋯⋯⋯ 172
    二、绿色财务管理体系构建的现实意义 ⋯⋯⋯⋯⋯⋯ 173
    三、企业绿色财务管理体系构建 ⋯⋯⋯⋯⋯⋯ 175
    四、结语 ⋯⋯⋯⋯⋯⋯ 178

西藏林业经济发展方式转型探讨
    ——基于碳汇交易的视角 ⋯⋯⋯⋯⋯⋯ 179
    一、引 言 ⋯⋯⋯⋯⋯⋯ 179
    二、理论回顾 ⋯⋯⋯⋯⋯⋯ 180
    三、西藏传统林业经济发展方式的三阶段演变 ⋯⋯⋯⋯⋯⋯ 180
    四、低碳经济阶段西藏林业转型发展林业碳汇经济可行性探讨 ⋯⋯ 181
    五、西藏林业经济发展方式转型的政策探讨 ⋯⋯⋯⋯⋯⋯ 183
    六、结论 ⋯⋯⋯⋯⋯⋯ 187

西藏农牧特色产业的发展历程与基本经验
　　——新中国成立以来西藏农牧特色产业演进的历史考察 ·········· 189
　　一、西藏农牧特色产业的发展历程及成就回顾 ·········· 189
　　二、西藏农牧特色产业发展的基本经验 ·········· 193
　　三、西藏农牧特色产业发展建议 ·········· 196

西藏农牧业比较优势的实证考察与对策建议 ·········· 199
　　一、导言：研究意义与理论回顾 ·········· 199
　　二、比较优势测算方法选择 ·········· 200
　　三、西藏农牧业比较优势的实证考察 ·········· 203
　　四、发展西藏特色农牧业的对策建议 ·········· 206

西藏乡村经济转型的目标与基本路径 ·········· 209
　　一、西藏乡村经济发展的环境与现状 ·········· 210
　　二、西藏乡村经济转型的目标 ·········· 214
　　三、实现西藏乡村经济转型的基本路径 ·········· 215

西藏农牧民持续增收的困境分析与路径选择 ·········· 222
　　一、西藏农牧民持续增收的理论基础与现实意义 ·········· 222
　　二、西藏农牧民收入增长现状与困境分析 ·········· 224
　　三、实现西藏农牧民持续增收的路径选择 ·········· 228

会计理论研究

对会计和审计理论与实务中重要性原则的研究 ·········· 234
　　一、重要性的定义 ·········· 234
　　二、重要性概念在实务中的运用 ·········· 236
　　三、对重要性概念的再思考 ·········· 240

公司治理评价基础上进一步发展和完善的现代风险导向审计 ·········· 242
　　一、公司治理与现代风险导向审计的关系 ·········· 242
　　二、公司治理评价基础上的现代风险导向审计的优点 ·········· 242

三、公司治理评价基础上的现代风险导向审计的基本实施路径 …… 244

治理会计信息失真是一项系统工程 … 246
　　一、会计信息失真的表现及其危害 … 246
　　二、会计信息失真原因透析 … 247
　　三、治理会计信息失真是一项系统工程 … 249

职工薪酬的难点分析和税法差异 … 251
　　一、新旧准则的比较 … 251
　　二、职工薪酬的难点分析 … 252
　　三、会计处理与税法的差异及纳税影响 … 255

物价变动下存货成本核算的新视角 … 257
　　一、引言 … 257
　　二、理论基础 … 258
　　三、核算方法 … 258
　　四、几点说明 … 263

企业成本管理问题及对策 … 265
　　一、企业成本管理中存在的问题 … 265
　　二、企业成本管理问题成因分析 … 266
　　三、企业成本管理强化对策 … 267

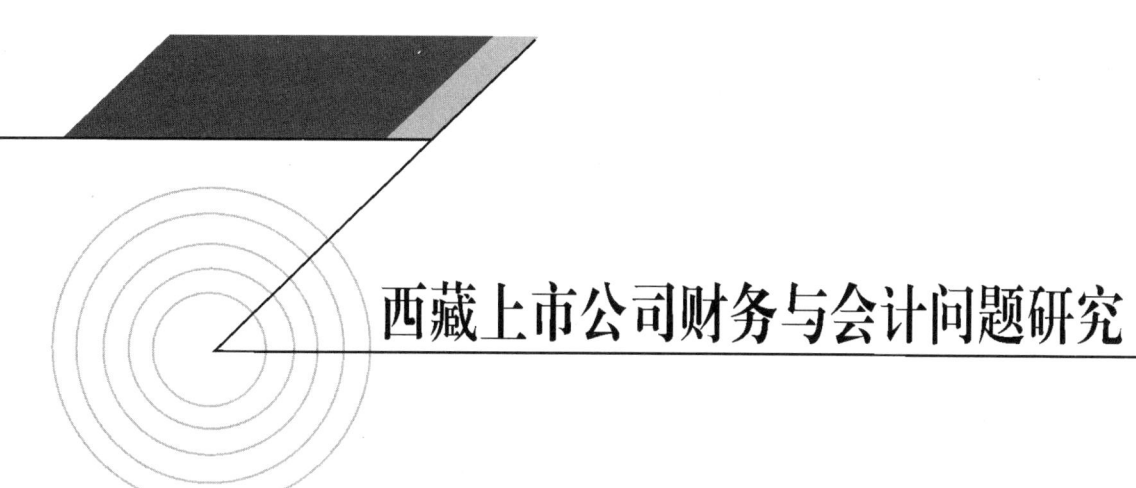

西藏上市公司财务与会计问题研究

基于可持续发展的西藏上市公司核心能力建设

秦国华

西藏上市公司总体呈现数量少、股本小、业绩差、再融资能力弱、资源密集型、缺乏产业聚集等特点。目前在沪深两个证券交易所上市的仅有9家,其中8家都在2000年前上市,奇正藏药2009年在中小板西藏板块上市。因奇正藏药上市时间太短,本研究中没有包括。

总体来看西藏上市公司持续发展情况不容乐观。在老的8家公司中,有3家公司已被区外公司所重组:ST珠峰的大股东已变成新疆塔城国际资源公司,ST雅砻被上海闸北区国资委旗下的上海北方城投公司借壳,西藏明珠则被山东五洲投资集团借壳后更名为"五洲明珠"。除去中小板的奇正藏药,其余8家流通盘最大的西藏天路为3.35亿股,其余大多在1亿~2.5亿股左右,最小的西藏药业总股本仅1.3亿股,流通盘仅6 800万股,总体的流通市值不高。西藏板块老的8家公司在上市后的业绩总体不佳,发展不快,没有充分发挥上市公司应有的融资功能。除西藏天路和西藏旅游在2007年实施过一次增发,西藏发展和西藏矿业仅在2000年配过一次股,五洲明珠更早在1997年实施过配股后便失去了融资功能。对股东的回报方面更是可怜,五洲明珠在1997年年底后的12年间仅在2006年实施过每10股派0.1元,西藏旅游1998年至今仅实施过一次10转增5,西藏发展2002年至今仅实施过一次10转增5、一次10派0.2元,而西藏药业、ST珠峰2001年年底至今,ST雅砻2002年年底至今都没有实施过任何形式的分红。[①]

---

① 数据均来源于上海证券交易所、深圳证券交易所网站信息公告,截至2009年12月31日。

一、可持续发展与核心能力

在发展经济学中,可持续发展是指能够保证资源与环境长期支持增长,既满足当代人的需要又不危害后代人满足其发展需要的发展。英国经济学家马歇尔(Marshall,1925)在其著作《经济学原理》中,用森林中的树木生长规律来描述企业的成长原理。他指出:"一个企业成长、壮大,但以后也许会停滞、衰退,在其转折点,存在着生命力与衰退力的平衡或均衡。"马歇尔关于企业作为生物有机体成长的观点,明确了企业成长是一个适者生存、自然淘汰的过程。艾迪斯·彭罗斯(Edith Penrose,1959)提出了企业成长的概念,认为"企业的成长是一个过程,规模是一种状态。成长过程的结果是大规模化"。随着研究的深入,很多学者都提出企业的可持续发展应该从质和量两个角度来衡量。上市公司可持续发展强调了资源的永续利用和发展的持续性,它包括量和质两个方面的持续发展。量方面的发展,主要是指上市公司在规模方面的扩大,包含销售额的增加、资产的增长、人员的增加等。质方面的变化,是指上市公司在质量方面的演进,如上市公司资本结构的优化、法人治理结构的完善、经营效率的提高、资源结构的改善、业务领域的变化、组织的变革与创新等。

市场经济就是竞争经济。在市场经济条件下,对企业最直接的作用就是来自市场强大的竞争压力,优胜劣汰的竞争法则适用于各种类型的企业。企业作为自主经营、自负盈亏的商品生产者,是否具有持续发展能力,以及持续发展能力的强弱,一个重要的标志就是企业有没有核心能力。

核心能力是企业在长期生产经营过程中的知识积累和特殊技能以及相关资源(如人力资源、财务资源、品牌资源、企业文化等)组合成的一个综合体系,是企业独具的、与他人不同的一种能力,核心能力是提高企业的竞争优势和持续运营的基本保障。它代表了一种企业发展的观点:企业的发展由自身所拥有的与众不同的资源决定,企业需要围绕这些资源构建自己的能力体系,以实现自己的竞争优势。资源与能力学派的起源最早可以追溯到 18 世纪早期亚当·斯密的企业分工理论。20 世纪 20 年代马歇尔提出企业内部成长论:企业内部各职能部门之间、企业之间、产业之间存在着"差异分工",这种分工与其各自的知识与技能相关,这就是企业的能力。在马歇尔研究的基础上,企业的资源理论和能力理论逐步发展起来。1984 年,沃纳菲尔特(Wemtefelt)发表了《企业资源基础论》一文,标志着企业资源理论的正式诞生。企业能力理论是从企业资源理论中分化出来并与之存在密切联系的一个学派。张伯伦(Chamberlin E.,1933)和罗宾逊(Robinson,1934)重点研究了企业的异质性,认为:特有的资产或能力是使企业处于不完全竞争状态并成为产生经济租金的重要因素。其后,彭罗斯在《企业成长论》中进一步研究企业成长问题并提出了企业内在成长理论,指出"企业能更有效地利用自身拥有的资源和能力"是使企业区别于竞争对手的核心所在,这是关于核心能力最早的论述。企业核心能力理论由美国密执安大学商业管理研究院的管理学教授普拉哈拉德(Prahalad C. K.)和英国伦敦商学院的战略管理学教授哈默尔(Hamel)于1990年发表的《企业的核心能力》中首次提出,他们将核心能力明确定义为"组织对企业拥有的资源、技能、知识的整合能力,即组织的学习能力",认为核心能力是组织内部知识的汇总,是关于如何协调不同的生产技能和融合多种技术的知识的汇总,是企业发展独特技术、开发独特产品和创造独特营销手段的能力。核心能力本质上是一种隐藏在产品后的能力,由专业人员与技术组成的企业技术系统与管理系统的核心部分构成。核心能力是组织中集体性的学识,特别是关于如何协调不同的生产技能和有机整合多种技术流派的学识,是持续竞争的优势之源。之后,普拉哈拉德和哈默尔又于1994年发表专著《竞争未来》,由此在西方管理学界掀起了关于核心能力研究的高潮。

围绕核心竞争力的来源,核心竞争力理论可分为三个派别:基于技术观的核心竞争力理论(Prahalad 和 Hamel,1990),基于资源观的核心竞争力理论(Wemerfeh,1984;Collis 和 Montgomery,1985;Oliver,1987;Barney,1991),以及基于知识观的核心竞争力理论(Barton,1992)。

许多学者从不同的角度对核心能力的特征进行了研究。普拉哈拉德等人认为,核心能力是一种集体性学识,具有扩展性、价值贡献性和难以模仿性。Meyer 等学者认为,核心能力和市场绩效之间具有因果关系,应该从与产品相关联的产品技术能力、对用户需求的理解能力、分销渠道能力、制造能力等四个方面来把握核心能力。Barney 认为,核心能力应该具有价值性、异质性、难模仿性和难以替代性。

二、西藏上市公司核心能力建设的不足

根据上市公司公开披露的信息和财务数据,我们从主营业务是否集中、营业利润率、市场占有率、无形资产、企业文化、人力资源等方面对西藏的8家上市公司的核心能力进行了研究,发现了诸多问题。

(一)盈利能力低,缺乏核心能力

大量的实证研究表明,核心能力是企业持续发展的基础资源。国内上市公司缺乏核心能力的主要原因是:未能做大做强主业、盲目多元化。通过对8

家上市2008年度的财务报告分析,从主营业务来看,8家公司多元化发展均不明显,主业还是非常突出,这一点从主营构成上可以看出,主营业务收入占总收入的比重均在95%以上。西藏天路来自西藏自治区内的主营业务收入占到总收入的99.51%,西藏发展为99.03%,企业经营的地域性相当明显。

但几家公司的盈利能力相对较差。企业作为一个有生命的机体,盈利能力是企业赖以生存的最基本要求,是企业持续发展能力旺盛的重要标志。一个充满生机和活力的企业,必然是在同行业中经济效益较好的企业。而西藏上市公司中有4家公司营业利润率为负值,营业利润率为正的几家中,西藏发展为15.37%,西藏矿业为11.96%,其余两家在1.5%以下,主营业务的盈利水平不高,说明其核心能力缺乏。显然,主营业务的盈利能力不足成为西藏上市公司持续发展的最大问题,没有高盈利就无法给股东以很好的回报,不能树立公司在证券市场上的良好形象,融资和发展就成为空谈。

(二)无形资产规模和结构不合理,缺乏创新能力

从西藏8家上市公司的2007年、2008年的财务数据看,无形资产占总资产比重最高的不超过10%,整体规模较低。无形资产的结构也不合理,土地使用权在无形资产中占了很大比重,其中有四家公司在95%以上,其余4家公司也基本在50%左右。而在国外上市公司中占较大比重、能使企业取得长期竞争优势、实现可持续发展的商标权、专利权、专有技术等知识型无形资产在西藏上市公司报表中却微乎其微。从规模和结构两方面可以看出,西藏上市公司的无形资产质量比较差,缺乏知识型无形资产,没有形成以无形资产为核心的竞争优势。这也直接导致了西藏上市公司经营不善、业绩普遍较差、市场形象不佳,不能起到带动地方经济发展的龙头作用。

自主开发投入不足,缺乏创新能力。在知识经济时代,在以信息技术为核心的产业革命的冲击下,企业的生存环境发生了急剧的变化,产业间的边界越来越模糊,产业变革越来越快。企业能否从容应对这种变革已成为其能否实现可持续发展的关键,而这又有赖于企业的创新能力。随着技术和产品更新频率的加快和竞争的加剧,许多企业开始注重自主研究开发,目的是获得技术创新成果,形成新的无形资产。研究开发项目一旦成功,就会给企业带来巨大利益。研发费用的投入能够帮助企业获得高新技术、市场资源及巨大的人力资本,增强企业的核心能力,未来会给企业带来超额获利的能力。而西藏上市公司在这方面明显欠缺,2007年,只有西藏药业在开发方面有一定投入,但数额还不到2 000万元,占销售收入的比重仅为2.39%,远低于国外同行业的水平,相比国内制药业上市公司也偏低。而其他几家上市公司在技术研发方面

根本没有投入,没有科技成果和知识产权的优势,它们在未来的市场竞争中的地位可想而知。

(三)缺乏优秀的企业家和先进的管理文化

在市场竞争环境下,资本、土地、劳动是企业基本的生产要素,企业家才能则是企业潜力的终极来源。就中国特定的文化背景而言,在大多数成功的企业中都存在一个明确的灵魂人物,如海尔的张瑞敏、联想的柳传志等。企业家的声誉已经和企业的声誉融为一体,企业间的竞争实际上变成了企业家间的竞争。西藏的上市公司最初主要由国有企业改制而来,公司的管理层也是行政任命为主,由于股权变更等原因,情况有所改变,但仔细分析8家公司总经理和高管队伍,发现高学历、高职称的专业型人才还是较少。

企业文化则是企业可持续成长的重要基因。企业文化包括价值观层面、制度层面和企业行为层面。价值观是企业文化的内核,以价值观为基础外化为企业制度,成为企业共同遵守的准则,并最终表现为企业行为。企业文化同企业战略和核心能力之间又有着水乳交融的联系。价值观不仅会对战略的决策过程产生直接的影响,而且还会外化到企业的整个管理过程中去,并在有形层面表现为各种管理制度,在无形层面表现为企业特有的"管理过程能力"。企业文化最初的形成离不开企业家精神的作用,企业家精神是造就企业文化的重要基因。而在企业家精神逐步转化形成企业文化之后,企业文化的进一步发展又离不开企业的战略演进和能力提升。由于在上市公司公开信息披露中没有这方面的资料,通过网络搜索,发现仅有西藏天路股份有限公司、西藏诺迪康药业股份有限公司两家公司有网站,有公司概况、企业文化和公司社会责任等相关介绍,但内容都过于简单。其他公司则没有找到主页,未能查到相关信息。从这两家公司网页的资料看,与建立成熟的企业文化还有相当的差距,建立与企业持续成长相适应的文化还有漫长的道路要走。

(四)人力资源

曹兴(2009)等通过对企业开展问卷和抽样调查的方式检验企业知识状态对企业技术核心能力的影响,认为企业知识状态及其属性构成对企业技术核心能力具有显著的影响,也反映企业持续竞争的内在原因,体现了企业能力的知识本质,尤其是企业技术核心能力的知识本质。

一个高素质的人才,不仅拥有所在行业的技术基础知识,更由于其拥有的隐性的不能言传的独特经验和技能,不能被取代以及在市场中轻易获得,从而成为企业最重要的资源。尊重知识、尊重人才的价值观,强调凝聚力和合作性,鼓励创新的企业文化,有利于技术核心能力的形成和提升,因而以组织结构为载体的知识存量是技术核心能力形成和提升的保障。企业核心能力的培育和持续性作用的发挥,很大程度上在于创建学习型组织,必须有一支高素质的员工队伍,在不断学习中增加企业专用资产、不可模仿的隐性知识等。要积极进行全员学习、全程学习、团队学习,不仅重视个人学习和个人智力开发,更要重视团队学习和群体智力开发。

2002年,西藏大学的教师对西藏7家上市公司的人力资源状况进行了统计调查,结果表明:上市公司员工大专(含大专)以上学历层次占上市公司员工总人数的15.67%,其中本科生比例占3.07%,硕士生比例占0.65%,博士生占0.09%;大专以下学历层次占上市公司员工总人数的84.33%。这一情况近年来应该有所改善,但要满足建立着眼于企业持续发展的核心能力的需要,还有很大的差距。

三、建设核心能力的对策建议

企业核心能力是企业成长最有力、最主要的驱动力,核心能力的培育是一个复杂的系统工程,需要从多方面努力。

(一)通过产业整合,实现规模和能力的扩张

西藏上市公司的一个突出特点是,依托当地资源,与西藏经济发展密切相关。西藏矿业属于矿产资源开发,西藏旅游借助于西藏丰富的旅游资源,西藏药业和奇正藏药是利用西藏丰富的药材资源对传统的藏医药进行研制、开发和生产,西藏发展和西藏天路虽然分属不同行业,但从它们的主营业务收入的来源看,两家公司99%的收入来源于西藏自治区内。要想提升公司的核心能力,还必须与西藏的经济社会发展紧密结合才有出路。

近几年,西藏自治区的发展思路一直是"中国特色、西藏特点",旅游、矿业、建筑、建材、藏药等特色优势产业已成为带动经济发展的支柱产业。为进一步实现跨越式发展,自治区国资委一直在积极推进国有资本向经济发展带动性强的特色优势产业聚集,自治区政府在产业规划的制定以及各种政策上给予相应支持,制定出台了《深化全区国有企业改革的意见》,并设立5亿元的产业发展和国有企业改革基金。2009年10月14日,以西藏天路为资本平台的西藏天路建筑工业集团的成立,为五大产业整合重组打响了头炮。而除去3家已被借壳重组的公司,剩下的6家公司的行业分布都能与政府整合产业的思路结合起来。

这样的结合能使地方政府借助上市公司的资本运作平台,更有效地实现融资、重组、资源整合的目标,实现产业发展和升级。而上市公司通过融入地

方经济社会发展的大趋势,得到地方政府和社会各界的支持,尤其是政策方面的倾斜,能在产业整合中发挥已有的优势,快速发展壮大,实现规模的扩张和核心能力的提升。

(二)从战略高度重视企业创新

创新是提高企业核心能力的重要途径,主要包括:技术创新,技术是当今经济最主要的生产要素,技术创新可以扩大企业的市场需求,可以提高产品的质量和降低产成本,使企业具有强大的竞争力和生命力;制度创新,现代产权制度不仅仅是讲产权清晰,更重要的是看企业内部的产权结构是否合理,是否有利于各种资源要素,尤其是知识的作用在企业经营中的有效发挥;企业文化创新,企业文化的内容十分丰富,主要包括经营性企业文化、管理性企业文化和体制性企业文化。

为了在激烈的市场竞争中提高自身竞争力,上市公司应从战略高度重视创新,把技术进步和科技创新作为最关键的因素,落实到生产经营活动的各环节中。建立企业创新体系,不断完善技术创新体制,形成促进技术进步的良性循环机制,强化以创新求生存、图发展的内在动力。加大科技投入,增强企业的自主开发能力,上市公司可以借助资本市场的融资渠道,为其创新活动提供源源不断的资金支持。要把宝贵的募集资金用在刀刃上,加大科技投入。

上市公司要重视创新型人才开发,建立人才培养和合理使用的机制,营造有利于创新的企业文化和环境。

(三)管理——提升核心能力的重要手段

立足于资源和能力,企业在创新的基础上对有关要素进行有效整合与协调,才能够形成企业的核心能力。企业核心能力具有整体性,要求企业核心能力形成要素达到最佳或比较合理的动态组合。企业不断创新使得形成企业核心能力的形成要素不断改变,形成企业核心能力要素的作用方式也不断变化,因此有必要有效地整合和协调创新后的要素,使其贡献于企业核心能力这个整体。显然,科学的决策和管理是企业核心能力形成和持续发展的保证。培育适宜的核心能力管理模式是提高企业核心竞争力的重要途径,要积极探索适合企业发展特点的管理模式,如通过战略管理解决企业产业选择问题和在产业内的竞争地位问题、通过完善独立董事制度解决上市公司法人治理结构、通过建立有效激励约束机制的股票期权制度和经理人市场提高决策的透明度等等。只有形成有自身特色的管理模式,才能把企业体制改革的活力和技术进步的威力充分发挥出来,才能保证核心能力能够在创新和资源要素的不断整合与协调过程中自我完善和发展,保持企业持续发展的长久动力。

(四)以人为本,打造高素质的员工队伍

在企业核心能力的形成过程中,人力资本也发挥了极为重要的作用。人是最具有能动性的无形资源的载体,只有运营这些资源的人才可能使有形资源与无形资源相互作用,形成能力,进而形成企业的核心能力。因此,企业核心能力的形成是人的主观能动性得以充分发挥的结果。企业要在激烈的市场竞争中占有一席之地,形成自己的核心能力,就必须打造一支高素质的人才队伍。要创造条件,努力提高企业管理人员的素质,提高企业管理人员的素质是增强企业核心竞争力的前提。企业管理者直接参与企业的最高管理,制定企业战略,领导企业的未来发展,因而培养、塑造优秀的管理队伍,健全企业的独立人格就显得尤为重要。还要选拔和培养一批专业性、技术性人才,特别是技术创新、市场开发以及管理方面的人才。由于技术和管理知识与企业其他资源相结合可转化为具有平均价值的产品和服务,为企业带来超额利润,因此知识成为企业的利润源泉,人才成为企业核心能力的基础。

(五)建立起基于长远发展并兼顾社会进步的企业文化

当企业核心能力形成之后,核心能力是靠企业文化来体现和维持的。优秀的企业文化不仅是核心能力生成的加速剂,而且是核心能力得以持久的黏合剂。优秀的企业文化能够创立员工真心向往的共同愿景,使他们对企业目标产生真心的追求和持久强大的精神动力。而缺乏优秀文化的支撑,企业就缺乏一种向心力和凝聚力,员工的智慧不能发掘,核心能力也就成了无源之水,无本之木。因此,企业文化得以体现和保持企业核心能力的重要途径就是利用其培育的向心力和凝聚力,挖掘人力资本的智慧,一方面通过将知识转化为价值,另一方面通过节约产品的研发成本、制造成本、营销成本和管理成本等途径来影响企业核心能力的形成和维持。

美国兰德公司曾花20年时间跟踪了500家世界大公司,发现其中百年不衰的企业有一个共同的特点,就是他们始终坚持四种价值观:一是人的价值高于物的价值,二是共同价值高于个人价值,三是社会价值高于利润价值,四是用户价值高于生产价值。而这正是打造企业核心竞争力的一个重要"着力点",同时也是发挥企业核心能力的重要"支点"。这些价值伴随着企业的发展变迁和经营活动的成败考验,日积月累沉淀为企业文化,渗透在企业经营和管理的每一个环节,并转化为企业凝聚力和活力的源泉。任何一家希望实现可持续发展的上市公司,都必须充分认识到企业文化的必要性和不可估量的巨大作用,在市场竞争中依靠文化来带动生产力,从而提高竞争力。

参考文献

[1]侯霞、李原:《浅谈西藏上市公司智力资本投资》,载《西藏大学学报》2003年第2期。

[2]李正图:《论我国企业核心竞争力的辨识和培育》,载《上海经济研究》2009年第6期。

[3]韩佳泉、付绍亭:《企业核心竞争力研究综述》,载《黑龙江电力》2009年第3期。

[4]钟陆文:《市场、核心能力与企业持续发展》,经济科学出版社2006年版。

[5]李兴旺:《核心能力的培养模式》,载《企业经济》2003年第4期。

[6]汤学俊:《企业可持续成长的途径》,社会科学文献出版社2007年版。

[7]王春和:《中国民营企业可持续发展研究》,中国经济出版社2007年版。

[8]曹兴、杨威、彭耿、张亮、伍励:《企业知识状态属性与企业技术核心能力关系的实证研究》,载《中国软科学》2009年第3期。

[9]张道宏、刘力昌、毛红霞:《我国上市公司可持续发展问题研究》,载《唐都学刊》2004年第1期。

[10]杨杜:《企业成长论》,中国人民大学出版社1996年版。

西藏上市公司融资策略选择与绩效分析

秦国华

一、融资的概念及相关理论

融资是一个公司资金筹集的行为与过程,就是公司根据自身的生产经营状况、资金拥有状况,以及公司未来经营发展的需要,通过科学的预测和决策,采用一定的方式,从一定的渠道向公司的投资者和债权人筹集资金,组织资金的供应,以保证公司正常生产需要、经营管理活动需要的理财行为。公司筹集资金的动机应该遵循一定的原则,通过一定的渠道和一定的方式去进行。

公司融资渠道总的来说有两种。一是内源融资,主要是指公司的自有资金和在生产经营过程中的资金积累部分(包括留存收益以及经营活动中提取的折旧),它不需要实际对外支付利息或者股息,不会减少公司的现金流量。同时,由于资金来源于公司内部,不会发生融资费用,使得内源融资的成本要远远低于外源融资,因此在理论上是公司首选的一种融资方式。但公司内源融资能力的大小取决于公司的利润水平、净资产规模和投资者预期等因素。二是外源融资,就是通过一定方式向公司之外的其他经济主体筹集资金。随着技术的进步和生产规模的扩大,单纯依靠内源融资已很难满足公司的资金需求,外源融资已逐渐成为公司获得资金的重要方式。外源融资主要包括间接融资和直接融资两种方式。

1958年美国经济学家莫迪利安尼(Modigliani)和米勒(Miller)提出了MM定理:"在一定的条件下,企业无论以负债筹资还是以权益资本筹资都不影响企业的市场总价值。"在此之后,许多经济学家从公司财务角度讨论了公司资本结构与公司价值之间的关系,对MM定理作了各种修正。梅耶斯

(Myers)、斯科特(Scott)提出了平衡理论,认为随着公司债务的增加而上升的公司风险制约了公司无限追求免税优惠的欲望,因此公司最佳资本结构就是平衡免税优惠收益与债务上升带来的财务危机成本的结果。平衡理论在20世纪70年代一度成为公司资本结构理论中的主流学派。后来还有詹森(Jensen)和麦克林(Meckling)提出的代理成本理论和罗斯(Ross)提出的信号—激励模型等等。他们从不同的视角考察了公司融资问题,并且得出了较为一致的认识:(1)债务融资具有抵税好处,只有当债务融资超过一定点时,破产成本和代理成本增加才会抵消公司节税利益,因此公司应保持一定的债务比例;(2)债务融资对管理者具有激励作用,可降低由于所有权和控制权分离而产生的代理成本;(3)债务融资向市场传递的是积极信号,有助于提高公司市场价值。总之,公司融资应首选内源融资,若需外源融资,应首选举债,然后才发行股票。这就是来自现代融资理论的"融资定律"。

由于发展中国家与发达国家市场化程度不同,特别是经济证券化程度不同,不同类型国家的公司融资模式是不同的。经过长期的演进和发展,发达国家的金融市场体系已经相当成熟和完善,公司制度已非常完善,公司行为也非常理性化。美国公司融资方式的选择遵循的是所谓的"啄食顺序理论",即公司融资一般会先依靠内源融资,然后再求助于外源融资;而在外源融资中,公司一般优先选择发行债券融资,资金不足时再发行股票融资。从历史的纵向比较中可以反映出美国公司融资的特点:其一,美国公司内源融资比重高,20世纪80—90年代,美国公司内源融资占资金来源总额的比重一直在65%以上,最高的1992年甚至达到97%,平均为71%;其二,美国公司在外源融资中优先选择债务融资,而股权融资则相对受到冷落,整个80年代美国公司发行新股寥寥无几,多数年份新股发行为负值,这意味着许多公司通过举债来回购股票,从侧面反映了美国公司注重债务融资。

二、西藏上市公司融资方式的选择

在发达的金融市场上,投资者购买股票在很大程度上看该公司股票的股利支付率,股利支付率的高低影响着投资者的收益率。相对而言,我国的金融市场还不够完善,上市公司初始质地不佳,股市还存在投机气氛,同成熟的市场经济国家相比较,中国上市公司的融资行为存在着较明显的股权融资倾向。实证研究表明,我国上市公司融资结构和融资顺序与西方发达国家恰恰相反,融资顺序表现为股权融资、短期债务融资、长期债务融资和内源融资。

西藏位于中国的西南边陲,其股票市场起步比较晚。自1995年西藏明珠在上海证券交易所上市以来,目前已有8家上市公司。这8家公司融资方式既相似于中国其他上市公司,又有其独特之处。

表1　西藏上市公司历年资产负债率变化

单位:亿元

年份	资产总额	流动负债总额	长期负债总额	流动负债占总资产比率(%)	长期负债占总资产比率(%)
2001	47.95	14.51	2.38	30.26	4.96
2002	49.22	16.02	2.50	32.55	5.08
2003	49.92	25.93	1.43	51.94	2.86
2004	54.27	25.40	3.09	46.80	5.69
2005	54.43	26.61	2.56	48.89	4.70
2006	58.67	27.47	5.34	46.82	9.10

资料来源:根据2001—2006年西藏8家上市公司财务报表分析得出。

从表1可以看出西藏上市公司长期负债占总资产比率整体上是很低的,是国内上市公司平均值的1/3,甚至有的上市公司没有长期负债,其融资渠道主要通过短期债务融资。而流动负债占总资产比率又过高,加大了公司偿债的风险。8家公司2006年总的流动负债占总资产比率达到46.82%,就是说全部资产中接近一半要在一年甚至几个月内抽离公司,这给资金的运用和安排带来了很多不利的影响,肯定会对正常的生产经营活动造成冲击。

表2　西藏上市公司再融资情况

上市公司	融资时间	融资方式	融资额度(万元)
西藏旅游	2006-05-27	非公开增发3 000万股,每股6.90元	20 428
西藏金珠	1998-07-17; 2000-11-29	配股10∶1.847,配股价格6.60元/股;配股10∶3,配股价格10.9元/股	12 605.22
五洲明珠	1997-07-21	配股10∶3,配股价格5.50元/股	7 335.13
西藏发展	2000-03-17	配股10∶1.765,配股价格10.00元/股	7 539
西藏矿业	2000-01-04	配股10∶1.579,配股价格7.09元/股	8 731.34

资料来源:西藏8家上市公司财务报表。

从表2中可以看出,西藏上市公司股权融资实际上也只是以上市时发行新股融资为主,利用股票市场再融资的金额也非常小,这应该是由于经营业绩不善,缺乏良好的投资项目造成的。

影响西藏上市公司融资结构的原因主要有以下几点:

(一)从融资成本上分析

股权融资的显性成本主要包括股利和发行费用等,我国关于股利的政策上的缺陷使股利成本没有"硬约束",因此这种成本不具有强迫性,上市公司可以低比例分配,甚至不分红。相比较而言,负债的成本则是刚性的,负债的还本付息是强迫执行的,如果公司不能在规定的期限内还本付息,不仅信誉会受损,还有可能导致破产。因此,在我国的市场环境下,股权融资成本反而低于债权融资成本,公司在进行融资时首先考虑显性成本十分低廉的股权融资方式。

(二)经营状况不佳影响长期负债融资和股权再融资

贷款是长期负债融资的一项重要组成部分,公司申请贷款其中有一个条件是公司资金使用效益及经济效益良好。西藏上市公司的总体经营状况不佳,导致经济效益低下,使其无法顺利获得长期贷款,最终使负债融资不足,影响融资结构。而经营状况也影响到在股票市场上的再融资情况,西藏上市公司的再融资也仅5.55亿元。

(三)债务融资渠道不通畅

从现实情况来看,不但西藏上市公司甚至整个国内资本市场的发展都存在着结构失衡的现象。在股票市场蓬勃发展的同时,我国公司债券市场发展缓慢,发行规模过小,发行条件和程序烦琐,导致公司缺乏发行债券的动力和积极性。而西藏上市公司根本无债券发行,长期负债融资只有长期贷款。但西藏商业银行的功能尚不完善,而长期贷款的风险又较大,使得金融机构并不偏好长期贷款。这两个因素导致负债融资的渠道不畅,从而影响了其融资能力的发挥和资本结构的优化。

(四)资本规模与公司融资效率成正比

西藏地处青藏高原,属于经济滞后地带,其股票市场起步晚,发展相对较慢,公司规模较小,影响了公司的发展,负债融资的渠道和规模也受到一定程度的影响,因此,上市公司的负债融资效率也相应较低,不得不选择股权融资,从而降低了公司的融资效率。

三、西藏上市公司融资结构与公司业绩的相互影响

不同的融资方式对公司的价值或"收益前景"影响是不同的,股权融资与债权融资是目前公司最重要的两种融资方式。股权融资具有增加公司核心资本,降低公司资产负债率,扩大公司生产规模,为增加公司收益提供保证,同时还可改善公司治理结构等优点,不利之处在于成本较高。债务融资优点主要表现为融资成本相对较低,且具有显著的财务杠杆效应;不利之处在于破产成本较高。因此现代公司必须慎重选择融资方式,优化资本结构。

表3 西藏上市公司历年盈利与股利分配情况

年份	总净利润(亿元)	简单平均每股收益(元)	分配股利情况(家)
2001	0.7	0.04	5
2002	-1.72	-0.15	3
2003	-3.70	-0.31	1
2004	-0.09	0.01	—
2005	-1.66	-0.12	—
2006	0.99	0.07	3

资料来源:根据西藏上市公司历年财务报表数据计算得出。

由表3可以看出,西藏8家上市公司的总体业绩不好,总体亏损大于总体收益。根据统计,2001—2005年,无亏损公司仅西藏发展和西藏天路两家,亏损较多的公司分别是西藏金珠和西藏珠峰;而2006年西藏上市公司表现较好,均产生盈利,但盈利的数额很小,对公司的发展产生的影响较小。这导致西藏上市公司在选择融资方式时内源融资无法得到保证,同时在外源融资中,债权融资比例也相当低,缺乏财务杠杆效应。

(一)资本使用效率不高导致业绩不佳

西藏上市公司融资结构单一,呈现较强的股权融资偏好。公司内部控制人在进行融资时,感到可以很轻松地融资,股本扩张对上市公司经营者也不构成额外的压力,因此上市公司在募股资金时比较盲目,拿到资金又没有好的投资项目,造成浪费。从上市公司公开信息可以看到,部分公司募集资金没有按照招股说明书的承诺投向相应项目,通过发行股票和配股、增发再融资不但没有促进公司的正常发展,反而造成了资金使用偏离融资目的和低效使用等问题。

(二)不利于公司成长和公司治理

大量廉价权益资本的流入,使上市公司的投资行为非常随意,募集资本的使用效率普遍不高,投资方向混乱,而且股权融资偏好使公司无法获得财务杠杆效应,对公司价值最大化产生不利影响。从一般意义上说,公司治理结构及其有效性与公司融资结构密切相关。建立一套有效的公司治理结构,关键在于明确能真正承担公司最终经营风险的外部出资人,并形成一套机制,使外部出资人有动力和压力从经理市场择优选拔公司经理人员,并有效监督和约束他们的经营行为。股权结构的不合理、国有股比重太大导致治理结构的失衡即内部人控制,内部人控制又成为股权融资偏好的重要原因,股权融资比例的扩大又强化了内部人控制,增加了改善公司治理结构的难度。

(三)经营业绩普遍低下又影响融资结构调整

由于业绩低下,融资时内源融资无法得到保证,也无法顺利地获得长期的商业贷款,只有靠短期负债融资。西藏上市公司的长期资产负债率非常之低,而流动负债率过高,结构非常不合理,导致了很高的经营风险。

四、结论与建议

通过以上对西藏上市公司融资决策问题的分析,我们可以发现,西藏上市公司的融资决策不同于西方融资理论中经典的"融资定律",存在股权融资偏好。公司的资产负债率偏低,融资顺序表现为股权融资、短期债务融资、长期债务融资、内源融资,股权融资结构和融资顺序都有一定的问题存在。笔者认为主要是因为西藏上市公司面临的融资环境与成熟的资本市场有很大差异。目前西藏上市公司融资结构的不合理对其健康发展造成了很大的消极影响,融资过程中强烈的股权偏好导致资金使用效率不高、公司业绩下滑,也不利于公司治理机制的改善。

针对西藏上市公司融资决策存在的问题,笔者对优化西藏上市公司资本结构、规范其融资决策提出以下几点建议,希望能对西藏上市公司融资决策向合理化发展有所帮助。

(一)强化内功,提高上市公司盈利能力

西藏上市公司的问题不只是一个融资方式的问题,其深层次的根源在于,上市公司的质量不高,缺乏核心竞争能力,赢利能力差,这直接影响到上市公司再融资的选择——因为已经无法取得股权再融资和长期负债融资,它们只能利用短期负债融资。融资期限短,无法用来配置长期资产,限制了上市公司生产能力的发展;短期负债融资也给公司的经营带来巨大的风险,因为随时可能面临偿债的压力,资金运转会非常紧张。要解决问题,必须从两方面着手:从公司内部加强管理、挖掘潜力,提高盈利水平;从公司外部寻找良好的投资项目,让资金得到更有效的利用。

(二)优化上市公司的资本结构

最优资本结构,是指公司价值达到最大,同时公司综合资本成本最低并且符合利益相关要求的资本结构。一般来说,资本市场应当有两个基本组成部分——债市和股市,分别承担债权融资和债权交易、股权融资和股权交易的职能。西藏上市公司在债务融资方面只有通过长期负债方式进行,因此必须推动债券市场发展,改变这种资本市场发展过程中的畸形状况,推动资本市场的均衡发展,优化上市公司融资结构。

(三)完善商业银行的贷款机制,扩展融资渠道

这也是改善上市公司资本结构和公司绩效关系的必要措施,让商业银行能够真正从自身的利益出发,积极推行公平的贷款方式,给西藏上市公司创造一个合理的融资环境,从而改善上市公司资本结构和业绩之间的关系。

(四)提高证券市场的有效性,完善市场规则

应加强市场监管,培育有效、规范的中介市场,以实现证券市场的透明。要建立一套机制,使得公司可以依靠自身信用,根据自身经营状况以及资本市场行情决定是否采取上市或配股融资等决策,也让公司独自承担市场风险。针对目前存在的强烈股权偏好融资,可以考虑采取政策弱化上市公司股权融资偏好,如采取措施强制上市公司发放股利等。

(五)不断完善上市公司治理结构

上市公司应该逐步建立有效的股权激励机制、兼并破产机制等,从而使上市公司能够按照现代公司制度的方式运作,这是公司采取合理融资决策的一个重要条件。而实际上,公司融资决策与公司治理是紧密相关的,适宜的资本结构,在一定程度上也决定了公司治理效率的好坏。优化股权结构应做好以下工作:分期分批、多渠道、有步骤地进行国有股减持;解决国有股的产权主体问题,使占股份比例较大的国有股能够对公司管理起到强有力的监控作用;进一步培育法人投资主体,提高法人股东的持股比例,使其发挥对上市公司实行主动监控的作用。

参考文献

[1]李文亮:《我国上市公司股权融资偏好的原因及对策》,载《经济师》2005年第1期。

[2]杨兴全:《上市公司融资效率问题研究》,中国财政经济出版社2005年版。

[3]陆正飞:《中国上市公司融资行为与融资结构研究》,北京大学出版社2005年版。

[4]吴晓求:《中国上市公司:资本结构与公司治理》,中国人民大学出版社2003年版。

[5]黄少安、张岗:《中国上市公司股权融资偏好分析》,载《经济研究》2005年第11期。

[6]李慧:《影响我国上市公司外源融资行为的若干因素分析》,载《经济问题》2006年第8期。

西藏上市公司无形资产经营与可持续发展

秦国华

一、无形资产是实现企业可持续发展的基础和有效途径

无形资产是指企业拥有或使用的、具备获利能力且能以货币计量的没有实物形态的资产,从外延上可以划分为技术性无形资产和经营性无形资产,主要包括专利权、非专利技术、商标权、土地使用权、商誉等。随着知识经济时代的来临和经济全球化进程的加快,市场竞争日益国际化,传统的国内局部市场内的竞争和主要建立在规模经济之上的初级竞争已逐步演变为全球市场范围内建立在知识、专有技术和经营诀窍之上的高级、复杂竞争,由此企业拥有的无形资产在构建企业核心竞争力、取得长期竞争优势、实现企业可持续发展方面发挥着越来越重要的作用。西方大量经验研究结论表明:无形资产对经济增长、生产率提高和企业价值创造都会发挥明显的推动作用。自20世纪80年代以来,由于无形资产在市场经济和企业经营活动中发挥的作用越来越大,我国企业纷纷加大了对无形资产的投资和管理。薛云奎、王志台(2001)研究发现我国上市公司的单位无形资产对企业经营业绩的贡献高于固定资产。王化成等(2005)采用实证研究方法分析了我国上市公司中无形资产对企业经营业绩的贡献,以及资本市场中上市公司无形资产信息披露对投资者的有用性,研究结果表明,无形资产与企业未来的业绩有着显著的正向关系,无形资产信息具有价值相关性。

可持续发展这一名词是从发展经济学中借用过来的。从发展经济学的意义来说,可持续发展大致包含以下含义:能够保证资源与环境长期支持增长,是既满足当代人的需求,又不损害后代人满足发展需求的能力。上市公司可持续发展可以理解为如下两层含义:第一,上市公司如何科学地进行规划和管理,在追求永续发展的过程中既考虑近期经营业绩和市场扩大化,又考虑长期持续的利润增长,提升其竞争优势和市场价值,以使公司保持持久发展的状态;第二,上市公司的发展目标应与国民经济的可持续发展保持一致,努力实现公司与外部环境的和谐统一。培养核心竞争力和不断创新是实现上市公司可持续发展的基本手段。核心竞争力是指企业独特拥有的,能为消费者带来特殊效用,使企业在某市场上长期具有竞争优势的内在能力资源。核心竞争力具有这样几个特点:体现了知识和技术的结合、有价值、稀有性、模仿和学习成本很高、不可替代和难以模仿、植根于企业内部等。核心竞争能力能为企业不断创造新的利润增长点,为企业向新领域的成功开拓提供坚实的基础。创新是企业持续发展的基础,通过技术、制度、文化等方面的不断创新,企业才可能打破产品和行业的生命周期规律,不断适应市场环境的变化,保持活力,在激烈的竞争中生存和发展。

无形资产恰恰与创新和核心竞争力培育有着密切的联系。首先,技术创新是企业科技进步的源泉,是现代产业发展的动力,技术创新与进步是无形资产的主要来源。企业在无形资源的竞争中,需要有自主知识产权。自主知识产权是与使用他人知识产权相对的概念,指产品生产者对产品中包含的核心技术拥有自己的知识产权,这其中主要是专利权(也称工业产权),也包含部分的著作权和商标权。企业没有自主知识产权,没有属于企业的专利技术、技术创新及其成果,也就没有核心竞争力。在知识经济的时代,自主知识产权构成了企业核心竞争力的关键要素之一。一些企业有一条重要的理念:控制知识产权,就是控制收益所得,就是控制自己的生命。其次,现代企业制度体现的是企业资源配置的高效性,而这种高效率能否充分发挥,依靠领先核心技术和技术创新。一个企业要形成和提高自己的核心竞争力,必须有自己的核心技术,核心技术是核心竞争力的核心。由于无形资产与创新和核心竞争力培育有密切联系,并且构成企业竞争优势的源泉,因此企业开发和管理、运作无形资产的过程,实际上就是培育企业核心竞争力、发挥企业核心竞争优势的过程。无形资产,是提高创新能力和培育企业核心竞争力、实现可持续发展的基础和有效途径。

二、西藏上市公司无形资产信息披露及表现出的问题

2006年,财政部颁布了新的《企业会计准则》,其中关于无形资产的部分规定作了大幅改动,对于改进无形资产的计量和信息披露将有很大影响。尤其是对无形资产的计价、有关不确定寿命无形资产的会计处理、资产减值损失确认等会计事项作出了明确规定。

对于研发费用,新准则规定要求区分研究阶段支出与开发阶段支出,对开发阶段的支出在满足相关条件的情况下,可以资本化,确认为无形资产。这条规定适应了知识经济时代信息披露的要求,对于研发费用支出较大的企业影响较大,鼓励企业增加研发的投入,更好地形成企业的核心竞争力。修改后的《企业会计准则》还明确规定:"企业自创商誉以及内部产生的品牌、报刊名等,不应确认为无形资产。"这样,商誉的核算更为明确,即在企业合并中购买方对合并成本大于合并中取得的被购买方可辨认净资产公允价值份额的差额。

根据新的《企业会计准则》的相关规定,对西藏上市公司2007年度财务报告进行解读,对无形资产和研发费用、商誉情况进行了整理,具体情况如表1所示。

表1 西藏上市公司无形资产、研发费用和商誉信息披露情况

公司名称	无形资产期末余额及占总资产比重	种类及占无形资产比例	无形资产转销额及减值准备提取	无形资产核算方法披露	研发费用	商誉
五洲明珠	4 141.27万元占4.95%	土地使用权96.73% 计算机软件0.46% 专有技术2.53% 设计技术0.28%	无	计价方法、摊销方法及摊销年限确定	披露核算方法,无研发费用	商誉1 941.63万元,商誉核算方法
ST雅砻	66.87万元占0.54%	土地使用权49.33% 软件11.44% 社保刷卡系统2.62% 五种药品经营权33.79% 注册商标2.82%	减值确认和准备计提方法、对一项土地使用权和一项非专利技术计提减值准备1 206.80万元	计价方法、摊销方法及摊销年限确定	披露核算方法,无研发费用	对商誉全额计提减值准备385.24万元,商誉核算方法

续表

公司名称	无形资产期末余额及占总资产比重	种类及占无形资产比例	无形资产转销额及减值准备提取	无形资产核算方法披露	研发费用	商誉
西藏旅游	569.99万元占0.98%	土地使用权98.60% 财务软件1.40%	减值确认和准备计提方法	计价方法、摊销方法及摊销年限确定	无	商誉核算方法
西藏发展	5 051.00万元占5.41%	土地使用权57.67% 非专利技术16.89% 商标使用权25.44%	减值确认和准备计提方法	计价方法、摊销方法及摊销年限确定	披露核算方法，无研发费用	无
西藏矿业	2 091.15万元占1.95%	土地使用权61.53% 采矿权37.37% 其他1.10%	减值确认和准备计提方法	计价方法、摊销方法及摊销年限确定	无（勘探成本、工业性盐田实验支出列入长期待摊费用）	商誉核算方法
西藏药业	7 999.61万元占9.62%	土地使用权43.34% 专有技术56.66%	减值确认和准备计提方法、对专有技术转销金额329.35万元	计价方法、摊销方法及摊销年限确定	计入开发阶段的支出1 971.27万元	商誉931.47万元，商誉核算方法
ST珠峰	5 242.86万元占9.78%	土地使用权100.00%	减值确认和准备计提方法	计价方法、摊销方法及摊销年限确定	无	商誉41.09万元，商誉核算方法
西藏天路	8 697.27万元占4.43%	土地使用权100.00%	减值确认和准备计提方法	计价方法、摊销方法及摊销年限确定	披露核算方法，无研发费用	无

资料来源：西藏各上市公司2007年年度财务报告。

从8个上市公司信息披露的情况看，基本符合《企业会计准则》的要求。在数据披露中，所有公司均披露了无形资产原值、摊销额、本期摊销额、期末余额等数据，也披露了无形资产具体项目名称和原值、摊销额、期末余额等数据，部分公司还披露了具体无形资产项目摊销年限和剩余摊销月份的数据。在核算方法披露上,都披露了计价方法、摊销方法及摊销年限确定等,减值确认和减值准备计提方法除一个公司外均予以披露。研发费用和商誉的披露情况也基本符合要求,个别公司由于没有相关的核算内容,所以也没有披露核算方法。

尽管披露基本符合要求,但从信息中还是可以观察到在无形资产信息披露和日常管理中,存在一些值得注意的问题:

(一)无形资产整体规模较低,结构不合理,质量较差

从西藏8家上市公司的数据来看,无形资产占总资产比重最高的不超过10%,整体规模较低,这与知识经济的时代特征是不相符的。企业无形资产的比例小、规模低,使无形资产的作用发挥受到很大的限制,无法形成规模效益,不能给企业带来超额回报。以美国为例,很多企业无形资产占资产总值的比例达到了50%~60%,无形资产已经成为企业核心竞争力的主要体现,评价企业价值一定要看无形资产,尤其是核心技术、品牌等。

另外,西藏上市公司无形资产的结构也不合理,土地使用权在无形资产中占了很大比重,其中有4家公司在95%以上,其余4家公司也基本在50%左右。在国外上市公司中占较大比重的商标权、专利权、专有技术等知识型无形资产在上市公司报表中却微乎其微,而这些知识型无形资产对提高产品性能、拓展市场、培育核心竞争力才真正能起到很大作用。

从规模和结构两方面可以看出,西藏上市公司的无形资产质量比较差,缺乏知识型无形资产,没有形成以无形资产为核心的竞争优势。仅有土地使用权是无法使企业建立起核心竞争能力的。从披露的信息来看,有的企业把从市场上购买的商品化的软件,如财务软件,也作为无形资产核算,实际上并没有太大意义。无形资产规模小、质量差是西藏上市公司缺乏竞争优势的重要原因,这也直接导致了西藏上市公司经营不善、业绩普遍较差、市场形象不佳,不能起到带动地方经济发展的龙头作用。

(二)自主开发投入不足

在知识经济时代,随着技术和产品更新频率的加快和竞争的加剧,许多企业开始更加注重自主研究开发,目的是获得技术创新成果形成新的无形资产。科技成果与知识产权是形成无形资产的重要基础和必不可少的依托,这是因为无形资产是人类智力、知识的物化产物,是科技成果、知识产权融入经济,直接进入生产经营过程,转化为现实的强大生产力,发挥巨大的增值效用的结果。不断获得新的技术以形成新的无形资产与竞争优势是企业持续发展的必要支持。研究开发项目一旦成功,就会给企业带来巨大利益,但也面临巨大的

风险。如果研究项目不能获得最终成果,企业也会遭受很大的损失。但从占领行业发展的先机、树立核心竞争力的角度来看,这种投资是必需的,而且收益巨大。

在西藏的8家上市公司中,只有西藏药业在开发方面有一定投入,但数额仅有不到2 000万元,占销售收入的比重仅为2.39%,远低于国外同行业的水平,相比国内制药业上市公司也偏低,对企业后续发展非常不利。而其他几家上市公司在这方面基本没有投入,如果没有科技成果和知识产权的优势,它们在未来的市场竞争中的地位可想而知。

(三)无形资产经营活动落后

无形资产作为一种在知识经济时代具有极高的价值创造潜力的资产,企业应该充分加以利用,通过转让、投资、联营等方式与其他生产力要素结合,使资产保值、增值并获取最佳的经济效益。例如,摩托罗拉公司实行"资金未到,专利先行"的战略,从20世纪80年代起在我国逐步申请了大量移动通讯领域的专利,搭起专利保护网,随后才输入资金、技术,建厂生产销售。但在西藏几家上市公司的财务报告中,没有发现任何有关无形资产经营活动的信息和说明,上市公司没有充分发挥现有的无形资产在增强竞争实力和开拓市场方面的作用。在西藏药业2007年年度报告中,可以看到企业"将复方南板蓝根胶囊、水母雪莲细胞培养技术、金石感冒茶、小青龙胶囊、骨松宝丸剂和酶联免疫反映加速器实用新型专利技术等几项已经不能给公司带来未来经济利益的专有技术予以转销",转销金额共计约329.35万元。这些专有技术是否得到了充分利用?是否可以通过经营活动进行再利用?为什么这么多专有技术会产生价值减损而被转销?是否存在无形资产管理中的漏洞而未能及时发现价值减损的情况?对于这些问题上市公司都没有进行说明,可能也反映出企业在无形资产经营和管理中的消极和不作为。

(四)信息法定披露特征明显,自愿披露不足

作为我国上市公司监管机构的证监会,已经对上市公司拥有的无形资产的信息披露提出了比较严格的要求。由于对上市公司无形资产的披露是一个被迫的要求,所以上市公司在对其无形资产进行披露的过程中均遵守了相关规定。但从西藏8家上市公司的信息披露来看,对无形资产披露的内容仅局限于《企业会计准则——无形资产》中关于无形资产披露的基本内容要求,披露内容相对比较简单统一,缺乏多样性和层次性。对于无形资产的其他具体、详细的信息没有任何额外的披露或说明,对投资者理解相关信息帮助不大。信息披露中缺乏关于R&D的有效信息,使企业无法将其真正的实力展示给

投资者,投资者也无法对公司技术革新及产品开发活动所产生的效益进行客观评价,导致企业价值低估的情况发生,从而使企业和投资者双方难以形成双赢局面。

信息披露内容简单也表现出西藏上市公司无形资产基础薄弱,体现了公司管理者对无形资产的重要性缺乏足够的认识。

三、加强西藏上市公司无形资产经营管理的对策与建议

(一)充分认识无形资产的作用,树立无形资产经营的意识和观念

无形资产是提高创新能力和培育企业核心竞争力、实现可持续发展的基础。无形资产的运营比有形资产具有更大的运作空间,企业无形资产的升值比有形资产具有更快的速度和更大的空间,一些国际知名企业的无形资产大于甚至几倍于企业的有形资产。知识经济时代的到来,使各种无形资产——品牌、知识产权、软件、媒体内容和技能的价值迅速升值,在企业总资产中的比重越来越高。我国上市公司所体现的无形资产无论从数量上,还是从其所占资产比例来说,均未能体现出其应有的价值,与国外企业相比差距甚大,未能反映出我国上市公司运营中无形资产的真实水平。没有无形资产,或无形资产被忽略的企业是没有发展前景的。因此,必须在资产占有者和经营者中树立无形资产的意识和观念,重视无形资产的开发、利用以及保护问题,并使之成为企业必要的生产因素,建立起企业的核心竞争力。

(二)加大对知识型无形资产开发和引进的投资力度

公司需要加大对无形资产的投资力度,提高无形资产的拥有量。因为现阶段我国上市公司拥有的无形资产数量虽然在逐年增加,但是与同期固定资产相比,其投资增长速度还是比较低,占总资产的比重非常小。同时,能对上市公司经营业绩做出较大贡献的知识型无形资产项目和数量都比较少,不利于企业的可持续发展。加大对知识型无形资产的投入与开发,可以改善现有无形资产结构不合理的现状,可以充分发挥知识型无形资产在提高产品性能质量、拓展产品市场、树立企业形象等方面的巨大作用,从而增强企业获取超额收益的能力。

(三)加强无形资产经营运作

公司要努力挖掘无形资产的价值创造潜力。无形资产的无形性,一方面增加了其管理的不经济性,另一方面也创造了使用它的非竞争性和获取报酬的递增。因此,公司要尽量扩大无形资产的使用范围来增加其收益。企业可以采取无形资产转化、许可证贸易、无形资产投资等渠道实现无形资产超额收

益。实施品牌战略是上市公司实现可持续发展的重要途径。现代市场竞争从某种意义上讲就是品牌的竞争,据联合国工业计划署调查表明,名牌在整个产品品牌中所占比例不足3%,但其市场占有率却高达40%以上。我国企业要以品牌战略为导向,促进企业为争创名牌而积极开展技术创新、提高产品技术含量、扩大企业知名度、提高售后服务质量、加快产品更新速度等一系列的内部经营管理创新活动,使企业在创造名牌、运作名牌和维护名牌声誉的过程中形成自己独特的技术专长、知识产权和管理经营,构建起企业强大的核心竞争优势,最终实现持续发展。

(四)建立内部管理机构和管理制度

无形资产的管理涉及企业各个方面的工作,必须建立一个无形资产管理机构,对企业无形资产的开发、引进、应用、投资、保护进行统筹安排和控制,并协调企业内外关系,维护企业无形资产的安全完整。无形资产管理涉及法律、经济、技术、政策等多方面的知识,同时还要求管理人员具备较强的分析能力和组织协调能力,这就要求管理人员队伍素质必须很高。企业还要健全内部无形资产的管理制度,比如技术资料的管理存放制度、技术人员的技术开发协议制度等,寻求用相关的法律来维护企业拥有的无形资产的正当权益。企业应建立无形资产绩效评价分析体系,对无形资产的使用效率与效益、资产保值增值等进行定期分析评价,为提高企业绩效提供决策依据。

参考文献

[1]刘霞玲:《无形资产价值体现存在的问题与对策》,载《商场现代化》2005年第11期。

[2]蔡玉琴:《我国上市公司无形资产与经营业绩关系的实证分析》,载《技术经济与管理研究》2006年第3期。

[3]王化成、卢闯、李春玲:《企业无形资产与未来业绩的相关性研究》,载《中国软科学》2005年第10期。

[4]薛云奎、王志台:《无形资产信息披露及其价值相关性研究》,载《会计研究》2001年第11期。

[5]张道红、刘力昌、毛红霞:《我国上市公司可持续发展问题研究》,载《唐都学刊》2004年第1期。

[6]张立:《论企业无形资产管理与核心竞争力的培育》,载《大连理工大学学报》2001年第9期。

西藏上市公司营运资金管理研究

秦国华

营运资金是公司持有的流动性较高的资产,与经营活动全过程密切关联,在公司生存、发展和获利中是不可或缺的。在企业中,营运资金与经营活动全过程相关联,日常营运资金管理也特别突出流动性管理,目的是为了使资金在企业经营活动中有序流动、良性循环,在流动与循环中更好更快地实现企业价值补偿与增值,所以,营运资金的运行成为企业整体资金周转的支撑,关乎企业持续生存和健康发展。公司缺乏营运资金会导致流动资产比率下降,造成无法及时补充生产消耗的存货而导致生产中断、无法满足需求形成损失等后果,同时还意味着公司偿还债务的能力变弱,在无法按时偿本付息时便会导致财务危机。

本文希望通过对西藏上市公司的营运资金管理进行分析,发现管理中存在的问题,提出解决对策,更好地促进公司的可持续发展。

一、营运资金管理研究综述

(一)国外营运资金管理与评价研究

国外关于营运资金管理的研究始于20世纪30年代。但在20世纪70年代以前,营运资金管理研究的主要内容是对各营运资金项目(主要是应收账款、存货等流动资产)进行优化。W. D. Knight(1972)、Keith V. Smith (1979)等学者提出:应该将营运资金作为一个整体进行研究,单独研究每项流动资产的最优水平是不合适的,当将各项流动资产上的投资联合起来进行研究时,决策的性质不应当是最优化,而应该是满意化。1989年,John J. Hampton 和 Cecilia L. Wagner 出版了《营运资金管理》一书,其内容不仅包括流动资产管理,而且拓展到了信用评级、短期融资、消费者信贷等内容。从盈利性和风险性两个角度考察,将流动资金的存量配置与其相应的资金来源联系起来,从总体上观察和研究如何据此制定合理的营运资金政策。营运资金管理研究的内容从单独流动资产管理到整体营运资金管理,这种基本研究内容框架直到现在也未发生明显变化。

与营运资金管理研究内容相适应,营运资金管理绩效评价方法也在不断发展。早期的营运资金管理绩效评价多采用流动资产周转率(或周转期)指标进行评价,主要衡量公司各项流动资产的周转效率。Richard V. D. 和 E. J. Laughlin(1980)提出采用现金周期(Cash Conversion Cycle)指标,用以反映公司营运资金管理状况的全貌。James A. Gentry, R. Vaidyanathan 和 Hei Wai Lee(1990)在此基础上提出加权现金周期概念。美国 REL 咨询公司和 CFO 杂志自 1997 年开始对美国最大的 1 000 家公司开展的营运资金调查最初采用营运资金周转期(DWC,Days of Working Capital)和变现效率(CCE,Cash Conversion Efficiency)两个指标的等权平均对公司进行排名,2003 年后,该调查改用营运资金周转期作为公司营运资金管理绩效排名的唯一指标。

(二)国内营运资金管理与评价研究

国内对营运资金管理的研究是从 20 世纪 90 年代后才开始的,总体来看,对营运资金管理的研究没有得到应有的重视,大多数研究仅是对某个营运资金项目的孤立研究,对营运资金的系统研究比较少。评价指标也局限于用流动比率、速动比率评价偿债能力和以应收账款、存货周转率指标评价营运能力。

毛付根(1995)提出:在评估一个企业的净营运资本状况时,必须同时从盈利性和风险性两个角度进行考察,应从流动资产与流动负债之间的相互关系着手,将流动资金的存量配置与其相应资金来源联系起来,从总体上观察和研究如何据此制定合理的营运资金政策。杨雄胜等(2000)结合中国现实分析了现行应收账款周转率、存货周转率指标在理论与方法上存在的不足,对上述指标进行了修正和优化。王竹泉、马广林(2005)提出了将跨地区经营公司营运资金管理的重心转移到渠道控制上的新理念,并倡导将营运资金管理研究与供应链管理、渠道管理和客户关系管理等研究有机结合起来。谢福泉、邓伟(2003)选用营运资金充足率、长期债务与营运资金比率、销售对营运资金比率和营运资金主营业务利润率等四项指标,分别对煤炭上市公司的偿债能力、营运能力、盈利能力进行了实证分析。刘翰林(2006)用"营运资金需要量/主营业务收入"指标对上证 180 指数成分股进行实证研究,提出公司所处的行业是影响公司营运资金需要量的一个因素,但它是复杂地、多方位地起作用的。王丽娜、高绪亮(2008)对国内外营运资本政策研究进行了梳理,对研究方法和评价指标进行了分析。逢咏梅、宋艳(2009)通过对沪深两市上市公司营运资金管理效率与公司经营绩效关系的实证分析后发现:我国上市公司的营运资金管理效率与其主营业务资产收益率负相关,但与其托宾Q值正相关。应收账款周转期、存货周转期及应付账款周转期均与主营业务资产收益率呈负相关关系。周纹羽(2009)选取上证180指数中的80家制造业企业作为研究样本,把营运资金分为营销渠道的营运资金、生产渠道的营运资金和采购渠道的营运资金分别进行研究,认为营销渠道的策略选择管理企业倾向于选择风险较低的中庸型营运资金管理策略,而生产和采购渠道企业愿意选择高风险、高收益的激进型策略。

二、评价指标选择

(一)营运资金管理的基本理念

从总体上看,营运资金管理中应当注意以下三个基本理念。

1. 风险与收益的衡量

营运资金持有量的高低,影响着企业的收益和风险。较高的营运资金持有量,意味着在固定资产、流动负债和业务量一定的情况下,流动资产额较高,这会使企业有较大把握按时支付到期债务,及时供应生产材料和准时向客户提供产品,从而保证生产经营平稳地进行,风险性较小。但是由于流动资产的收益性一般低于固定资产,所以较高的总资产拥有量和较高的流动资产比重会降低企业的收益性。而较低的营运资金持有量带来的后果正好相反。因此,营运资金持有量的确定实际上就是对收益和风险这两者进行权衡与选择。

2. 资金结构平衡

公司的资金投资不同类别的资产与不同的资金筹集方式会带来不一样的风险收益状况。公司流动资金的主要来源有短期来源(流动负债)和长期来源(长期负债和权益资本)。公司一般根据自身的经营规模、销售能力、信用水平、现金收支状况和短期筹资能力等综合因素对两种资金来源进行分析。公司一定时期的流动资产规模如果略大于公司当期流动负债,说明有一部分流动资产以长期负债或权益资本的方式融通,能使公司的短期财务风险保持在一个较为稳健的状况。但占有较多的流动资产不仅会增加机会成本,还会由于公司长期资金来源的增加而相应增加公司的资金成本,降低公司盈利水平。反之则说明公司流动资产完全依赖流动负债融通,公司财务风险大,而盈利能力强。

营运资金管理的平衡还需要考虑流动资产与长期资产的比例、流动负债与长期负债的比例、流动资产与流动负债的比例、流动资产内部比例结构、流动负债内部比例结构等因素。

3. 经营效率与财务弹性

加速营运资本的周转,可以提高资金的使用效果,增强盈利能力。但单纯强调提高营运资金周转效率可能会导致企业执行过度紧缩的信用政策和降价促销等手段,千方百计地加速应收账款、存货等流动资产的周转,反而可能会对企业的利润产生不利的影响,因此在分析经营效率时必须与利润结合。

在营运资金管理中要注意财务弹性,要考虑自身变换的可能性,以便在需要时能及时调整营运资金的结构。弹性会影响营运资金的规模,如果现有营运资金的弹性不好,又需要对营运资金结构进行调整,面对这种情况企业有两个选择:第一是牺牲信用和收益,将弹性较小的营运资金强行转换形态;第二是增加具有弹性的营运资金的规模,用于准备短期债务的偿付和财务调整,这样会增加企业的资金成本,减少收益。

(二)评价指标的选择及评价重点

结合营运资金管理应该重点考虑的三个基本理念,选择了以下五个指标,对西藏上市公司的营运能力、盈利能力、偿债能力进行评价。

1. 营运资金充足率

$$营运资金充足率 = \frac{自有资本-长期负债-长期资产}{调整的流动资产-流动负债}$$
$$= \frac{流动资产-流动负债}{调整的流动资产-流动负债}$$

其中:调整的流动资产=流动负债×2(一般理论上公认的流动比率应保持在2比较合理)。

营运资金充足率指标越大说明企业的营运资金充足,但最好为1,过大可能有资金呆滞现象;反之则表示存在较高的风险,对企业不利。具体数值分析还必须考虑公司所处的行业、季节性经营等特殊情况。

2. 长期债务与营运资金比率

$$长期债务与营运资金比率 = \frac{长期负债}{营运资金}$$

长期债务会随时间延续不断转化为流动负债,并需动用流动资产来偿还。保持长期债务不超过营运资金,就不会因这种转化而造成流动资产小于流动负债的局面,从而使长期债权人和短期债权人感到贷款有安全保障。长期负债与营运资金比率越低,不仅表明企业的短期偿债能力越强,而且还预示着企业未来偿还长期债务的保障程度也越强。

3. 销售对营运资金比率

$$销售对营运资金比率 = \frac{主营业务销售净额}{营运资金平均余额}$$

这一指标用于衡量企业的营运能力,如果这一比率高,表示企业以较少的营运资金,获得较多的销售收入,营运资金运用有效率。但这一指标如果过高,可能是营运资金不足,在没有其他资金可动用时,最后将造成不利的后果。如果比率低,则意味着存在营运资金呆滞的现象,未能有效运用营运资金。

4. 营运资金主营业务利润率

$$营运资金主营业务利润率 = \frac{主营业务利润}{营运资金平均余额}$$

该指标用于衡量盈利能力,选择主营业务利润来计算是为了排除净利润中包含的非正常或非经常的项目,不高估企业的获利能力。

5. WSR (WCR-to-Sales Ratio)

$$WSR = \frac{营运资金需要量}{主营业务收入}$$

其中:营运资金需要量(WCR)=(应收账款+应收票据+其他应收款+存货+预付账款)−(应付账款+应付票据+预收账款+其他应付款)

企业生产经营过程中资金供给和需求情况是否平衡主要通过营运资金需求得以反映。营运资金需求是指生产经营过程中的资金占用(流动资产的部分项目)与生产经营过程中的资金来源(流动负债的部分项目)之差额。该公式根据现行会计制度做了一定修改。选择 WSR 主要考虑它可以反映营运资金周转的效率,同时可以消除企业规模因素的影响。

三、西藏上市公司营运资金管理评价

研究选用了西藏上市公司 2006 年、2007 年、2008 年年度报告的数据。研究中的所有数据资料均来自于上市公司在证券交易所公开披露的报告,数据截至各公司 2008 年年度报告,其他信息截至 2009 年 12 月 31 日。因奇正藏药上市时间较短,公开披露的信息较少,故在我们的研究中没有包括。具体指标如表 1 所示。

表 1 西藏上市公司营运资金管理评价指标

公司名称	营运资金充足率			长期债务与营运资金比率			销售对营运资金比率		营业利润营运资金比率		WSR		
	2006	2007	2008	2006	2007	2008	2007	2008	2007	2008	2006	2007	2008
五洲明珠	0.00	0.03	0.05	−19.43	2.52	1.08	94.72	41.95	2.87	0.91	0.41	0.33	0.14
ST 雅砻	0.57	0.07	−0.15	0.00	1.87	−0.89	1.33	−17.71	−1.66	10.76	1.43	0.28	−0.42
西藏旅游	0.57	1.72	0.96	0.81	0.28	1.13	0.74	0.24	0.06	−0.19	0.69	1.84	3.43
西藏发展	1.53	2.17	1.55	0.19	0.13	0.13	0.72	0.94	0.22	0.14	1.51	1.32	0.69
西藏矿业	0.10	0.14	0.37	6.82	4.17	2.23	12.12	8.24	1.45	0.99	0.43	0.33	0.27
西藏天路	0.50	1.19	0.65	0.83	0.44	0.56	1.48	1.20	0.04	0.02	0.42	0.64	0.67
西藏药业	0.08	−0.26	−0.05	0.22	−0.05	−0.51	−14.88	−11.67	−2.48	0.05	0.20	−0.16	0.03
ST 珠峰	−0.37	−0.54	−0.60	−0.39	−0.30	−0.39	−2.62	−1.81	0.37	−0.13	−0.02	0.04	0.06

资料来源：根据西藏上市公司 2006 年、2007 年、2008 年度报告计算整理得出。

通过对上述表格数据的分析，我们可以得出以下结论。

（一）个别公司指标变动极大，对营运资金缺乏有效的管理

分析结果显示，西藏发展、西藏矿业两家公司 2006—2008 年三个年度的各项指标较稳定，表明公司经营情况稳定，营运资金管理政策没有很大变化。部分公司各年度的评价指标变动很大，表明公司的经营环境或常规的营运资金管理政策有较大变化，没有合理运用指标对营运资金进行分析和管理，甚至可能是缺乏有效的营运资金管理手段。ST 珠峰的各项指标显示公司的营运资金比较缺乏，很明显是由于公司连续亏损、资金匮乏所致，公司的经营风险较大。

（二）营运效率分析

营运资金充足率是反映企业营运资金是否充足的指标，西藏发展和西藏旅游两家公司营运资金较为充足，西藏发展连续 3 年营运资金充足率均大于 1.5，西藏旅游均保持在 1 左右，西藏天路指标也较为稳定。结合销售对营运资金比率分析，显示这三家公司的营运资金使用效率一般，但管理非常稳健。

西藏矿业营运资金充足率较低，长期债务与营运资金比率三年均大于 2，销售对营运资金比率较高。一般情况下说明企业营运资金不足，长期负债较多，风险大，经营状况不佳。但是矿业不同于其他的企业，在经营过程中没有较多环节，只是挖掘、销售，这种情况下企业不需要过多的营运资金也可以正

常运营。而西藏矿业的销售对营运资金的比率又很高,说明其营运能力很强,以较少的营运资金获得较高的销售收入,营运效率非常高,资金周转快。而西藏药业、ST珠峰两家公司明显营运资金不足,一定程度上已经影响到公司的正常经营。

(三)偿债能力分析

除五洲明珠、西藏矿业两家公司外,多数公司利用长期债务融资比较少,长期债务与营运资金比率指标均较低,反映偿债压力较小。融资策略倾向于保守,未有效地利用财务杠杆效应。

个别公司营运资金充足率过低,显示短期偿债压力大。其中ST珠峰营运资金为负值,即营运资金净额小于零,企业流动资产小于流动负债。其中2008年年末短期借款占流动负债的比例达53.23%,虽然短期借款成本低,但偿还期在1年以内,还债压力大,也就是企业流动资产完全依赖流动负债融通、甚至是短融长投,企业债务偿还吃紧,财务风险很大。

(四)盈利能力分析

通过销售对营运资金比率与营运资金主营业务利润率相比较,可以分析各个公司的生产成本管理水平的高低。从指标来看,几家公司销售对营运资金比率远高于营业利润营运资金比率,显示生产成本还是比较高的。尤其是五洲明珠,两个指标之间差距巨大,应该有很大的压缩成本的空间,可能也是公司采取过于保守的融资和管理政策所致。

从指标看,西藏矿业和五洲明珠的盈利能力相对较好,营业利润与营运资金比率在几家公司中较高。

(五)营运资金融资策略分析

西藏发展、西藏旅游、西藏天路三家公司营运资金充足率接近于1,显示营运资金充足;但销售对营运资金比率也仅为1左右,表明营运效率较低。短期财务风险保持在一个较为稳健的状况下,各项指标都较为均衡,结构合理,风险可控,公司保持着适中的营运资本持有量,属稳健型营运资金融资策略。

五洲明珠、西藏矿业、ST雅砻三家公司营运资金持有量较小,依靠商业信用的方式融通流动资产,属于配合型偏激进的融资方式,可以增强资金的盈利性,在市场销售稳定的情况下有效地提高资金的营运效率。

西藏药业、ST珠峰两家公司其营运资金明显不足,需要依靠长期负债补充营运资金,属于偏激进的融资方式,实际上也是两家公司连续亏损导致了营运资金的缺乏,资金管理存在一定风险。

(六)WSR 分析

刘翰林(2006)用 WSR 指标对上证 180 指数成分股进行实证研究,计算出制造业 WSR 行业均值 2004 年、2005 年分别为 0.462 8 和 0.375 9。从西藏三家制造业企业的情况看,五洲明珠三年的指标较为接近,显示公司营运资金供需平衡,且周转速度接近制造业平均水平;西藏发展指标偏高,说明营运资金占用过大,周转速度慢,有资金呆滞的可能;西藏药业指标较低,显示有营运资金不足的倾向。

从整体看,西藏旅游的 WSR 数值最高。根据刘翰林的研究,社会服务业 WSR 行业均值 2004 年为 0.966 0,显然西藏旅游远高于此,说明公司营运资金占用过多,效率太低,未能给企业带来良好的效益。

综上所述,西藏上市公司在营运资金管理方面还处于较低的水平,突出的问题表现在:有的公司对营运资金缺乏有效的管理,管理政策变化较大,没有很好地控制风险和增加企业收益;有的企业营运资金占用过大,周转速度慢,没有合理利用资金;个别公司融资方式不合理,短期债务过大,给企业带来很大的经营风险。因此需要加强管理,合理控制风险,加快资金运动。

四、改善西藏上市公司营运资金管理的策略

西藏上市公司在营运资金管理方面是存在一些问题的,但这是由于多种因素造成的,要真正解决必须提高企业整体的盈利能力和营运能力,增强财务管理水平和风险意识。仅就营运资金管理而言,需要注意以下几个方面。

(一)加强融资管理,注意权衡风险与收益

营运资金管理中的风险与收益很大程度上是由融资策略决定的。营运资金的融资政策应围绕企业经营战略、投融资战略进行长远规划和阶段安排,对其中的风险与收益权衡应置于企业价值最大化目标下考虑,从企业不同变化发展阶段的经营特点与财务收支特征来思考经营资产的投融资策略。在动态的融资策略与投资策略的组合中,充分考虑融资能力与偿还债务能力是否配比,努力维持与之相匹配的流动资产持有量,保持一定的财务弹性,在使企业实现财务风险可控的同时,努力降低资金成本。

西藏上市公司规模较小,可以考虑充分利用商业信用和短期银行借款筹集短期资金。财务人员要在分析、比较的基础上,选择筹资组合,在尽可能多地使用流动负债的基础上,注意本企业的清偿能力,保证企业的信誉,给企业带来最大的收益。

(二)制定管理政策,实行动态管理

企业的经营方向、经营目标及其投融资等问题有战略考虑和阶段政策,而维持企业日常经营的营运资金如果缺乏匹配性的策略,那么就大大削弱了实现企业目标的基础。如果只是围绕短期经营进行资金运作,缺乏管理政策指导,企业就会缺乏财务弹性,以至于疲于应付日常收支,营运资金还是捉襟见肘。营运资金是在不断流动的过程中实现价值的补偿和增值的,因此要树立流动资金管理的动态观念,充分认识到资金的时间价值,加速营运资金周转。要细化供应、销售两个与外界相连的经营端点的动态管理,强化存货、应收账款的科学管理和前瞻性管理。计划存货取得方式、一般储备量与保险储备量、预测存货资金占用,在分级归口的控制体制下,严格各种原材料、各生产程序的半成品之间的匹配性管理,减少库存资金占用,防止存货资金沉淀。考虑企业外部市场行情、同业竞争、主要客户信息动态,将企业销售经营与财务资金结算、商业信用管理等紧密衔接,采用合适的销售方式和货款结算方式,实施有的放矢的应收账款管理。

(三)掌握企业资金运动规律,合理配置资金

不同类型的企业资金运动的规律是不同的,营运资金和现金流量与所处的行业、企业的生命周期、经营理念、风险控制等都有密切的关联。由于资金的有限性,营运资金管理必须重视资金的合理配置。在加强营运资金管理的过程中,必须首先了解和掌握企业资金运动的规律,根据经营需要合理安排资金,协调企业资金管理、存货、应收款项管理的相关政策。

(四)加强预算管理

财务预算能使企业及时得到资金运动的各种信息,正确预测风险,并采取措施防范风险,提高效益。应站在企业全局的角度,构建科学的预测体系,通过预算编制和管理来协调管理职能,强化经营中的营运资金和现金流量管理。经营活动中的资金运动变化复杂频繁,企业要积极疏导财务调控障碍,提高财务执行力,实现企业内部财务与非财务部门职能的有机衔接、协调管理。同时企业各生产经营部门在履行其供应、生产、销售等经营责任的同时,也应承担其相应的资金周转、资产安全等责任。企业根据组织管理特点和经营活动程序,实施周期性的、滚动式的现金流量管理,提高营运资金的财务效率,有效约束与规避营运资金不必要的低效运作与浪费。

(五)建立风险预警机制

对经营活动中的资金运动实施监控,适时调整优化财务结构。营运资金的日常管理应关注流动资产的品质、占用资金的流动性和流动效率,消除流动

资产不流动现象,适时调整与优化财务结构,这是现代企业主动性的财务管理,规避财务风险的管理重点之一。企业必须设计财务指标体系,进行财务风险预警,全面评价整体经营的抗风险能力,尤其是反映企业营运能力和偿债能力的指标。通过指标分析和管理,加强资金调度和合理使用,避免财务风险。

参考文献

[1]王竹泉、逢咏梅、孙建强:《国内外营运资金管理研究的回顾与展望》,载《会计研究》2007年第2期。

[2]谢福泉、邓伟:《煤炭上市公司营运资金实证分析评价》,载《煤炭经济研究》2003年第6期。

[3]刘翰林:《营运资金需要量与行业因素——基于上证180指数成分股的实证研究》,载《杭州电子科技大学学报》2006年第3期。

[4]王丽娜、高旭亮:《营运资本政策研究综述》,载《财会研究》2008年第17期。

[5]逢咏梅、宋艳:《营运资金管理效率与公司经营绩效分析》,载《财会通讯》2009年第5期。

[6]周纹羽:《我国制造业上市公司营运资金管理策略选择的实证分析》,载《商场现代化》2009年第13期。

[7]啜华:《试析营运资金的财务分析及其管理》,载《财会月刊》2008年第5期。

[8]毛付根:《论营运资金管理的基本原理》,载《会计研究》1995年第1期。

[9]杨雄胜、缪艳娟、刘彩霞:《改进周转率指标的现实思考》,载《会计研究》2004年第4期。

西藏上市公司股利分配政策研究

秦国华

西部大开发战略的实施和青藏铁路的开通,给西藏的上市公司带来了良好的发展机遇,西藏的资本市场将步入高速发展期。本文试图通过对西藏上市公司历年来股利分配的梳理与研究,为规范股利政策提供一定的理论依据。本文主要采用分析公司年度报表的方法,以股利政策为依据,结合我国证券市场的实际,深入分析目前我国西藏上市公司股利政策存在的问题,并提出相关的建议。所有的数据分析均来源于上市公司的财务报告,数据截止期为 2006 年 12 月 31 日。

一、国内外股利政策研究分析

(一)相关的研究概况

对于投资者而言,资本收益和股利是投资者获取投资收益的两个主要途径。随着西方股市的逐渐完善,发达国家的股价由原来的频繁变动趋于平稳,投资者的眼光也从关注股价的增长转移到股利上来。西方理论界关于股利政策的理论因此也得到了快速发展,涌现了多种多样的股利政策理论。

在 1961 年以前,有关股利政策的学术文章基本上只是描述性的。1961 年,美国经济学家 Modigliani 和财务学家 Miller 发表了题为 "Dividend Policy, Growth and the Valuation of Shares"的文章,率先提出了股利无关论,即股利政策与公司价值无关(简称"MM 定理")。支持这个理论成立的假设非常严格,包括完善的竞争假设、信息完备假设、交易成本为零假设、理性投资者假设。虽然这些假设与现实世界有一定的差距,但是由于该理论在严格的假设下是正确的,所以它仍被学术界广泛认可,成为现代资本结构理论的基石。由于在现实世界中,MM定理的基本假设不可能存在,所以在60年代以后,研究者围绕并渐渐放宽MM定理的假设,得出了一系列更加完善的股利政策理论,如信号假说理论、代理成本理论等。

(二)发达国家股利政策现状和差异根源分析

股利的支付形式主要有现金股利、股票股利、财产股利、负债股利和股票回购。现金股利和股票股利是最常用的两种方式。如果从全球视角考察国外上市公司股利政策的问题,就可以发现,派现一直是公司主要的股利支付方式。股利政策随各国的具体情况而有所差别,典型的有:

1. 美国的股利政策

美国绝大多数公司实行的是高支付率的稳定股利政策。据纽约证券市场资料显示,美国的股利支付率一般在50%左右。美国股利政策形成的主要原因是分散化的股权结构。1863年美国《国家银行法》以及1933年的《格拉斯—斯蒂格尔法》对金融混业经营进行了严格限制,1940年的《投资公司法》禁止机构集中持股,要求共同基金必须分散持股。这使得尽管美国的机构投资者在公司股权结构中所占的比例越来越大,但其在投资目的和投资行为上却与个人投资者比较相似,对红利和股价十分敏感。而美国公司为了保持股价稳定,不得不实行稳定的股利政策,支付较高的股利,否则股票表现不理想的话,股东往往会"用脚投票",这将导致公司被收购接管。

2. 日本的股利政策

东京证券交易所的资料显示,日本一直执行低支付率的稳定股利政策,股利支付率一般在35%以下。日本股利政策形成的主要原因是:(1)法人交叉持股的股权结构。日本公司的一个重要特点是法人持股比例很大,并且法人往往交叉持股。这就使得日本公司的股权结构非常稳定,法人的投资目的和投资行为与个人投资者有很大差异。个人投资目的主要是为了获得股息和股票差价,使得投资收益最大化,所以投资行为往往趋于短期化。而在日本的法人交叉持股情况下,法人的投资目的主要是在生产经营上与被持股企业建立起长期稳定的业务关系,对股利的要求不高。在法人交叉持股情况下,如果抬高分红,其实是互相支付,股利相互抵消,只有个人股东得利,法人公司只是增加了分红压力而已,因此日本公司也具有压低分红的动机。(2)经营目标上的差异。日本公司一般把追求公司长期发展放在第一位,产品开发、市场份额受到极大重视,股东投资回报则放在次要地位。这样,在利润分配上就表现为公司普遍重积累、轻分配。

(三)我国上市公司股利政策的现状及原因分析

按照时间发展顺序对中国上市公司的股利政策进行考察,我们不难发现以下特点:

(1)上市公司回报股东的意识不强。在2003年之前,不分配公司占全部上市公司的比例很大,部分上市公司已经具备派现能力却不给投资者分红,因为直接利用留存收益的资金相比于与银行等机构打交道借款要方便得多,这种情况伴随着证券监管部门出台的政策而有所改善。

(2)在股利分配形式中股票股利占有重要地位,而西方发达国家的上市公司出于维护公司控制权和保持公司每股收益稳定增长的考虑,主要采用现金股利而很少采用股票股利形式。在我国,长久以来的上市公司一股独大的股权结构,使公司没有必要担心企业控制权问题,其高度关注的是实现股本扩张,以便为将来的再筹资创造有利条件。加之我国市场的投机气氛较浓,支付股票股利往往成为炒作股价的题材为庄家所利用。因此,许多上市公司选择了送红股的分配方式,这也构成中国上市公司股利政策的一大特色。

(3)上市公司股利分配中的短期行为严重,股利政策缺乏连续性和稳定性。多数上市公司没有明确的股利政策目标,因而在股利政策的制定和实施上缺乏长远打算,带有很大的盲目性和随意性。能够不间断派现,使股利政策保持连续性的公司很少。即使是一些连续派现的公司,派现数额在各年度间的分配也很不均衡。

我国上市公司股利政策中存在的种种不规范、不合理的现象,主要是由于影响上市公司股利政策决策目标和决策行为的深层次体制性因素造成的。我国的证券市场只有十几年的发展历史,与西方国家相比运行还不规范、不成熟。大多数上市公司的收益都呈现刚上市时业绩良好,之后逐步变差的过程,表明我国上市公司盈利持久性差。部分企业改制名不符实,虽然通过上市筹集了资金,但相应的管理跟不上,现代企业制度的建立还不规范。

二、西藏上市公司股利分配政策分析

(一)西藏上市公司股利分配政策状况

西藏的上市公司到现在为止一共8家,这8家上市公司的股利分配政策虽然各有差异,但是也表现出一些共同的特点和相同的倾向性。这些特点一方面是由中国上市公司和证券市场的特殊性决定的,另一方面也是西藏上市公司股利政策不规范的体现。西藏上市公司发放股利情况如表1所示。

表1 西藏上市公司股利分配情况

年份	五洲明珠 600873	西藏旅游 600749	ST雅砻 600773	西藏发展 000752	西藏矿业 000762	西藏药业 600211	ST珠峰 600338	西藏天路 600326
1995	派2.10元	—	—	—	—	—	—	—
1996	派1.40元	未	送1.6	—	—	—	—	—
1997	未	送2,转4	转4	未	未	—	—	—
1998	未	未	未	送1,转6	送5,转4,派1.24元	—	—	—
1999	未	未	未	送1.87408,转2.81111	未	未	—	—
2000	未	未	送2,派1.00元	派0.40元	派0.20元	派2.00元	派0.30元	派0.50元
2001	未	未	转1	未	派0.15元	派0.50元	派0.50元	派1.00元,转8
2002	未	未	转4	派0.30元	未	未	未	派1.50元
2003	未	未	未	未	未	未	未	派1.50元
2004	未	未	未	未	未	未	未	未
2005	未	未	未	未	未	未	未	未
2006	派0.10元	未	未	送0.46,转4.54	未	未	未	派1.00元

说明：(1)表中"—"表示当年尚未上市，"未"表示当年未分配股利，"派"表示派送现金股利，"送"表示送红股，"转"表示以资本公积金转增股本；(2)派、送、转均以每10股为基数；(3)数据根据上市公司财务报告整理得出。

从表中可以发现，西藏上市公司股利分配比较随意，主要体现在以下几个方面：

1. 股利政策缺乏稳定性和连续性，不分配现象严重

其一，为了均衡公司股利水平，维持公司的良好形象，西方上市公司一般都倾向于保持稳定的股利政策。然而，西藏上市公司在股利分配形式上都是频繁多变，缺乏连续性。其二，不分配现象严重。从上表中可以看出，从1997年至2005年，五洲明珠从未进行过股利分配，而西藏旅游也只在1997年进行过一次分配，之后就再也没有进行过分配。从2002年开始，西藏上市公司不分配现象越来越严重，2004年和2005年竟没有一家公司进行股利分配。从上述问题可以看出上市公司的管理层对维持公司形象、维护股票价格可能没有明确的目标，没有制定股利政策或者是制定了但执行比较随意，不太重视对

股东的回报。而且多次出现较大比例的送股和以资本公积金转增股本的行为,有盲目迎合市场炒作需要之嫌,从众行为明显。这也从一个侧面反映出我国的证券市场有效性不强,投机气氛较浓的特点。

2. 派现具有阶段性,股利分配的政策性特征明显

西藏上市公司现金股利分配情况呈现出阶段性。在 2000 年以前,西藏上市公司没有进行过现金股利的分配,有能力分配现金股利的公司都把利润用于来年其他项目发展或弥补资金缺口。如西藏发展,1997 年实现净利润 1 871.51 万元,年末未分配利润为 1 497.21 万元,但因公司上市才半年多,处于发展期,基建工程量大,项目募集资金缺口达 4 000 多万,故从公司长远利益考虑,公司未进行利润分配。类似情况还有西藏药业、西藏矿业等。2000 年年底,证监会将分红派现作为上市公司再筹资的必要条件,于是各家上市公司纷纷进行派现。2000 年,进行派现的公司达 6 家,西藏旅游因为当年盈利很少,所以没有进行分配,而五洲明珠则是因为亏损,也没有进行分配。2001 年,进行派现的有 4 家。2001 年之后,数量又下降了,只有西藏发展和西藏天路进行了派现。

3. 存在超能力派现的情况

上市公司超能力派现包含了两种情况:一是每股派现大于每股收益,表示当年利润不足以支付股利,需动用历年的结余资金发放现金股利;二是派发的现金股利超出公司现金流量。在西藏 6 家曾派现的企业中,共有 18 个派现数据,但是分析这些公司派现年度的现金流量表,其中有 8 个现金流量表数据为负。西藏发展在进行过派现的两年中现金流量表数据均为负值。而西藏天路 2003 年的现金分红比率超过 80%,派发的现金股利超出公司现金流量,2006 年又在现金流量为负值的情况下派现。上市公司在经营活动现金流量为负的情况下还派现或者派现金额大大超过公司当期的现金流量,是一种比较危险的做法,这可能导致企业用于日常周转的资金不敷使用,企业可能会陷入财务困境。

4. 现金股利成为股利分配的主要形式,但每股现金股利偏低

从西藏上市公司股利分配的情况可以看出,现金股利分配的次数为 18 次,股票股利分配的次数为 10 次,股利分配的主要形式是现金股利。但现金股利分配的数额偏低,分配中最大值为每 10 股派 2.10 元,最小值仅为每 10 股派 0.10 元,大多数派现是"蜻蜓点水"式,对股东的回报较低。而股票股利的分配却相反,在 10 次股票股利的分配中,每 10 股送转 4 股以上的就占 7 次。相比之下,股票股利分配显得比较大方,一定程度上迎合了市场炒作的

需要。

(二)西藏上市公司股利分配不规范原因剖析

通过对西藏上市公司股利分配现状的了解和对公司年度报表的解读,可以得出西藏上市公司在股利分配上的种种不规范现象以及股利分配的影响因素。造成这种不规范行为的原因,除了上市公司自身的原因之外,还有制度和政策上的原因。

1. 西藏上市公司持续盈利能力不强,经营现金流量不充裕

西藏的 8 家上市公司,没有一家的业绩多年持续增长。在西藏,真正能保持持续盈利的公司应该是具有区域垄断优势的企业,也就是能充分利用西藏独有的资源,并且要有突出主业的企业。在这方面做得很好的是西藏发展,其他的公司要么是走多元化战略路线,要么是没有充分利用西藏的资源,因此投资失误多,企业盈利能力差。而目前西藏的资本市场不发达,筹资渠道单一,西藏企业资本的形成长期依赖于信贷和资本盈余的逐步积累,资产负债率偏高,盈利能力差的公司则倾向于将留存收益用于改善公司的财务状况,避免财务结构的进一步恶化。

2. 公司治理机制不完备

由于西藏上市公司起步晚的原因,西藏上市公司的公司治理还处于比较原始的状态,眼光还只停留在公司治理结构的层面上,侧重于公司的内部治理结构方面,较多地注重对公司股东大会、董事会、监事会和高层经营者之间的相互制约。但是现代的科学决策认为:公司的有效运行和科学决策是由通过股东大会、董事会和监事会发挥作用的内部监控机制和一系列通过证券市场、产品市场和经理市场发挥作用的外部治理机制共同作用才能达到的。

3. 上市公司管理层不重视流通股股东利益和公司的市场形象

股东对公司投资的根本目的之一就是获得稳定的回报。现金股利分配是回报股东、维护股东利益的重要方式,因此现金股利分配应从股东利益出发,实现股东利益最大化。信号传递理论认为,由于管理当局与企业外部投资者之间存在着信息不对称,因此稳定的股利政策能向投资者传递有充足的收益为投资项目融资并能为股东支付现金股利的信息,有利于公司建立良好的市场形象,维持股价的稳定,并为以后的再融资打下良好的基础。西藏上市公司在分配股利时,大都没有将股东利益最大化放在第一位,股利分配政策经常变化且不连续,随意性很大。这些反映了西藏上市公司的领导者对这些问题还缺乏正确的认识。

4. 融资渠道不畅通，市场监管手段落后，导致管理层对股利分配不重视

西藏企业资本的形成长期依赖于信贷，还本付息给企业经营带来了巨大的压力，尤其是在企业经营业绩不好的时候，会加大企业的财务风险。而几家上市公司的业绩表现并不好，银行不愿意发放长期贷款，企业借款筹资出现了困难。根据上市公司2006年年度报告显示，8家上市公司总体的短期负债占资产比重达到46.82%，而长期负债占资产比重仅为9.10%，融资结构极不合理，财务风险非常高。对于股权再融资，由于业绩不佳，也无法顺利进行。于是，融资渠道就集中于利用内部留存收益上了，而内部融资成本低、使用方便，利润留存自然就成了公司融资的首选。

另外，我国证券监管部门监管的观念和手段还比较落后，对上市公司和公司管理层的考核机制并不完善，自然在规范公司股利政策方面无法做到有规可据，这也导致上市公司管理层对股利分配的不重视。

三、改进西藏上市公司股利分配的建议

股利分配作为上市公司的核心财务政策之一，由于其既关系到股东利益和福利水平，又关系到公司的筹资决策、股票价格、市场形象、未来发展等各个方面，因此对公司的发展有着独特的重要作用，制定有益于公司长期发展的股利政策，是一个不可忽视的问题。目前西藏上市公司对股利政策还不够重视，股利政策制定的盲目性和随意性较大，因此对于科学地制定股利政策进行引导和规范十分必要。

（一）利用股权分置改革促进西藏上市公司的发展

股权分置改革，是为了解决我国上市公司非流通股暂不流通问题而进行的改革。股权分置改革的一项核心制度安排是通过非流通股股东的单方承诺，减轻二级市场股份流通的压力，稳定公司股价，改善公司治理，提升公司经营业绩。西藏上市公司在2006年，已全部完成股权分置改革，西藏的上市公司进入了全流通时代。过去的非流通股东的价值，现在并不取决于每股净利润，而是取决于公司在二级市场的股票价格，若公司的成长性好、业绩好、分红能力高，股票价格可能远远高于净资产。这样就使得上市公司管理层有积极性去搞好上市公司，提高其业绩，并通过持续稳定的股利政策来稳定公司的股价，维护良好的市场形象。

（二）对公司内在竞争力的培养

要执行持续稳定的股利政策，就要先加强西藏上市公司自身的实力，培养核心竞争力，提高盈利能力，形成科学的公司发展战略。从公司报表中可以看

出,西藏发展和西藏天路是西藏两家发展势头强劲的公司,它们之所以能保持较好的盈利能力,就是因为公司有明确的经营目标,利用西藏的资源,充分发挥其相对垄断的产品和经营优势,立足西藏市场的占有率,有计划地拓展区外的市场,走的是一条稳中求发展的路线。其实每个公司都应该反思自己的成长之路,认真思考公司的发展战略,努力发挥好自己的优势,减少投资失误。

(三)要建立完善的公司治理机制

股权分置改革只是强化上市公司产权约束的前提,西藏上市公司还必须建立起有效的公司治理结构,切实提高其盈利能力,股东投资回报的提高才有保证。公司治理是通过一套包括内部和外部的制度或机制来协调公司与所有利益相关者之间的利益关系,以保证公司决策的科学化,从而最终维护公司各方面的利益。西藏上市公司狭义上的法人治理结构基本具备,但现代意义上的治理机制缺少,尤其是公司外部治理机制方面。今后西藏上市公司要更注重外部治理机制作用的发挥,实现公司的有效运行和科学决策。

(四)政府需加快发展西藏的资本市场,拓宽西藏企业的融资渠道

一是要积极优化产业结构,做大、做强特色产业,引导上市公司利用高原独特的资源和垄断优势,在高原特色生物产业、特色农产品加工业、优势矿产业、藏医药业、民族手工业、特色旅游业上有所作为。二是应该创造条件,鼓励企业选择适合自身的方式,在资本市场直接融资,逐步提高直接融资比重。三是加大宣传力度,树立西藏企业形象、打造西藏品牌,提高西藏对外开放的水平,出台政策鼓励和支持内地的资金、技术、管理、人才到西藏来拓展发展空间。

总之,制约公司股利政策选择的因素比较多,公司在制定股利政策时,既要考虑法律制度的限制,又要考虑公司在不同时期的财务状况,还要考虑股东的意见和要求等问题。因此,股利政策的选择与制定是一个极其复杂的问题。但是,股利政策作为公司三大财务决策之一,在公司经营中起着至关重要的作用。正确的股利政策有利于公司股权结构的稳定和公司经营的持续发展,因此,西藏上市公司应该提高对股利政策的重视程度,认真分析影响和制约股利政策的因素,统筹考虑,选择符合公司需要的合理的股利政策,以实现各种利益关系的均衡。

参考文献

[1]李常青:《股利政策理论与实证研究》,中国人民大学出版社2001年版。

[2]何小莲、蒋巍:《我国上市公司现金股利政策的行业影响分析》,载《杭州电子科技

大学学报》2005年第2期。

[3]刘英男、祝捷:《我国上市公司股利政策现状及效应分析》,载《东北财经大学学报》2002年第5期。

[4]敖天平:《我国上市公司的股利政策分析》,载《经济师》2004年第6期。

[5]陈浪南等:《我国股利政策信号传递作用的实证研究》,载《金融研究》2002年第10期。

西藏上市公司实现可持续发展的对策研究

秦国华

上市公司是我国经济运行中最具发展优势的群体,是资本市场投资价值的源泉,是推动企业改革和带动行业成长的中坚力量。上市公司持续、稳定、健康发展不仅能保持国民经济的增长,带动地方经济发展,而且能提升经济循环的效率,从经济结构优化等方面提高经济发展的质量。

一、上市公司可持续发展

20世纪90年代以来,可持续发展成为研究的热点。从发展经济学的意义来说,可持续发展大致包含以下含义:能够保证资源与环境长期支持增长,既满足当代人的需求,又不损害后代人满足需求的能力,使人口、经济、社会、资源、环境协调发展。当人们将发展经济学的可持续发展概念引入企业的发展研究中来时,其含义就有所变化了。英国经济学家马歇尔在其著作《经济学原理》中,用森林中的树木生长规律来描述企业的成长原理。他指出:"一个企业成长、壮大,但以后也许会停滞、衰退,在其转折点,存在着生命力与衰退力的平衡或均衡。"彭罗斯(1959)提出了企业成长的概念,认为"企业的成长是一个过程,规模是一种状态。成长过程的结果是大规模化"。美国经济学家希克斯(H. G. Hicks)说,"所谓组织成长,就是规模扩大或者向预定目标前进"。美国资深财务学家罗伯特·C. 希金斯(1977)提出持续增长原理。他认为,企业在不增发新股并保持目前经营效率和财务政策的条件下,其销售所能增长的最大比率,一般用可持续增长率或可支持增长率来表示,它实际上是一种平衡增长。我国学者杨杜(1996)则认为,"企业成长不仅具有量的扩张,还包括质的变化。量的扩张包含销售额的增加、资产的增长、人员的增加等;而资源结构改善、业务领域变化、组织变革与创新等与量的扩张无关的结构性变动,则属于企业质的变化"。

综合国内外学者的研究,我们认为,上市公司可持续发展的基本含义是指:上市公司科学地进行规划和管理,提升其竞争优势和市场价值,保证资源与环境长期支持企业发展,通过不断的创新活动,形成良好的成长机制,在一个较长的时期内实现经济效益稳步增长,运行效率不断提高,企业规模不断扩大,企业在行业中的地位保持不变或有所提高。这一含义需要从以下几方面来理解:(1)上市公司的持续发展应该从一个较长的时间跨度来考察;(2)上市公司持续发展的途径是持续创新,企业组织的持续创新是企业组织成员和整个组织的智慧在生产经营活动中的具体运用和体现,是企业组织持续发展的源泉;(3)上市公司持续发展的内在表现是企业有良好的成长机制,包括动力机制和约束机制等;(4)上市公司持续发展的外在表现是企业经济效益稳步增长,企业组织运行效率不断提高,企业规模不断扩大,企业在行业中的地位保持不变或有所提高;(5)上市公司持续发展是一个动态的概念,在企业组织的长期发展过程中可能存在着低谷,但停滞或徘徊是暂时的;(6)要实现可持续发展需要资源与环境的长期支持与和谐发展。

二、西藏上市公司发展现状及可持续发展面临的特殊环境

目前西藏上市公司仅有9家,其中8家都是在2000年前上市的,奇正藏药是2009年在中小板西藏板块上市的。在老的8家公司中,有3家公司已被区外公司重组:ST珠峰的大股东已变成新疆塔城国际资源公司,ST雅砻被上海闸北区国资委旗下的上海北方城投公司借壳,西藏明珠则被山东五洲投资集团借壳后更名为"五洲明珠"。除去中小板的奇正藏药,其余8家流通盘最大的西藏天路为3.35亿股,其他大多在1亿~2.5亿股左右,最小的西藏药业总股本仅1.3亿股,流通盘仅6 800万股,总体的流通市值不高。西藏板块老的8家公司在上市后的业绩总体不佳,发展不快,没有充分发挥上市公司应有的融资功能。仅西藏天路和西藏旅游在2007年实施过一次增发,西藏发展和西藏矿业在2000年配过一次股,五洲明珠更早在1997年实施过配股后便失去了融资功能。对股东的回报方面也很少,五洲明珠在1997年年底后的12年间仅在2006年实施过每10股派0.1元,西藏旅游1998年至今仅实施过一次10转增5,西藏发展2002年至今仅实施过一次10转增5、一次10派0.2元。而西藏药业、ST珠峰2001年年底至今8年,ST雅砻2002年年底至今都没有实施过任何形式的分红。① 总体来看西藏上市公司呈现数量少、股本小、业绩差、再融资能力弱、资源密集型、缺乏产业聚集等特点,未能实现持续发展。

相比之下,地处西藏的上市公司,在发展过程中肯定会受到西藏特殊的企业外部环境的影响。

(一)社会发展

通过和平解放和随后的民主改革,社会主义制度得以在西藏实现。然而,这种脱胎于封建农奴制的新制度,并不能超越社会发展循序演变的一些必要过程。今天,西藏社会事业虽然取得了长足发展,然而,相对于内地省份,其整体受教育水平、科技水平、人民的健康素质及先进文化的影响力和渗透力都比较滞后,尤其是人们的思想观念与发展现代文明的要求相差甚远。影响西藏人民思想观念的一个重要因素是藏传佛教。藏传佛教深深扎根于藏民族的思想观念之中,也深深地影响着藏民族的思维方式并渗透到该地区社会生活的各个方面,这是西藏历史的一个重要特点。藏传佛教作为一种宗教思潮,在西藏历史上曾经起到过凝聚、融合与文化传播的积极作用,但它的某些极端化的教义,又几乎窒息了人们的思想,使社会发展进程较为缓慢。以达赖为首的上层反动集团,在境外反华势力的支持下,披着宗教的外衣,打着人权的幌子,不断进行分裂祖国的破坏活动,也对西藏地区的经济社会发展产生了一定阻碍。2008 年拉萨"3·14"事件之后的 3 月 17 日、18 日两个交易日内,西藏板块所有 8 只股票几乎全部跌停,不仅影响了上市公司正常的生产经营活动,而且严重损害了投资者的利益,甚至改变了投资者对西藏上市公司的投资信心,为公司进一步融资扩大再生产增加了难度。

(二)经济及产业发展环境

近年来西藏经济以两位数的年增长速度快速发展,高于同期全国的平均水平,并已形成几个有影响的龙头企业,如西藏药业、西藏旅游、西藏矿业等。但整体来看,落后的经济环境和产业环境还是没有得到明显改善。

企业的经济环境,是指企业面临的社会经济条件及其运行状况、发展趋势、产业结构、交通运输、资源等情况,是制约企业生存和发展的重要因素。西藏企业面临的经济环境中的不利因素主要有以下几个方面:

---

① 数据均来源于上海证券交易所、深圳证券交易所网站信息公告,截至 2009 年 12 月 31 日。

1. 西藏的经济总量还非常小,规模不大。2009年西藏自治区的GDP是441.36亿元,同年广东省的GDP是39 081.59亿元,是西藏的88倍之多,①相比较而言,西藏的经济总量还非常小,经济实力不强。

2. 能源短缺,交通落后。能源和交通问题一直是制约西藏经济发展的两大瓶颈因素。能源方面,煤、石油、天然气的缺乏导致了电力的缺乏。西藏目前绝大多数地区的主要动力供能为小水电,仅能满足部分城镇居民生活所需,难以满足工业等现代产业发展的需要。交通方面,截至2009年,西藏公路总通车里程53 845公里,但有铺装路面总里程才3 279公里,仅占总通车里程的6%。② 由于受地形、气候条件制约,铁路和航空运输的成本很高,难以满足企业交通运输方面的要求。

3. 优势产业不突出,第三产业主要靠政府投资推动,这种外生力量推动的消费型经济增长,与当地相关产业的关联度较小,对经济拉动的作用也较小。2009年,在全区生产总值中,第一、二、三产业增加值所占比重分别为14.5%、30.9%、54.6%。③ 表面来看产业结构已经趋于"三、二、一"形态,似乎已经接近了中等发达国家的水平。但事实上,西藏第三产业的产值大户是交通运输仓储及邮电通讯业、批发零售贸易及餐饮业、国家机关政党机关和社会团体等行业,大多数是在中央政府和西藏地方政府的特别扶植下发展起来的,而不是市场动力自发推动的结果。另外,在第三产业中,为生活服务的市场呈现出较为发达的状态,而为生产服务的部门却呈现不发达的状态,这样导致的结果是产业之间关联性不强,不能相互促进地发展。

4. 技术落后,人才缺乏。西藏农牧业在国民经济中所占比例较大,农牧业产品价值低、商品率低、效益低,抵抗自然灾害能力弱;第二产业在国民经济中所占比例较低,技术落后,产值低,开发新产品及开拓市场的能力较差。这些问题都与教育落后和劳动力素质低有关。

(三)人力资源水平

内生经济增长理论认为:经济系统内生决定的技术进步、知识和人力资本的积累等是经济增长的"发动机",最终决定经济的长期增长。然而,西藏所处的自然地理区位以及经济社会发展的阶段,决定了人才的匮乏程度。2008年,西藏的自然科学技术人员共45 644人,其中教学人员有33 063人,再除去

---

① 2009年西藏自治区国民经济和社会发展统计公报,西藏统计信息网,2010-4-9。
② 2009年西藏自治区国民经济和社会发展统计公报,西藏统计信息网,2010-4-9。
③ 西藏统计局:《西藏统计年鉴(2009)》,中国统计出版社2009年版。

农业、科技、卫生技术人员,只剩下工程技术人员2 185人,人数甚至还比不上内地一个大规模企业的工程技术人员。[①] 此外,相当部分的专业技术人员和高学历人员集中在政府部门,尽管上市公司作为西藏优秀企业代表,也集中了相当部分的人才,但面对整体人才匮乏的局面,也未能形成有效的人才集聚。

另外,西藏上市公司大多是由原国有企业改制而来,成立仓促,建立现代企业制度所需要的配套环境并不完善。企业忽视持续经营,过于关注眼前利益而忽视长期战略规划,忙于选择投机项目,疏于系统规划和长远考虑。不仅企业未真正经历过市场的培育,很多企业家也没能经历过市场竞争的历练,大都缺乏有远见的战略方向,经营决策主要以机会为导向,缺乏可持续的成长方式,盲目贪求大而全,缺乏独到的核心能力建设。他们表现出来的更多是竞争性消耗,缺乏战略性思维和共识,主要靠强权领导而不是战略领导,无形中为企业的健康发展埋下了隐患。

(四)自然条件约束

西藏地域辽阔,但适合生活与生产的空间极其有限,约占总面积73%的地区是人们还难以利用的高山、高寒以及冰川丘陵等。同时,西藏气候干冷,高原环境下霜冻、冰雹、泥石流、山洪等自然灾害频繁,造成对人类活动难以预料的各种困难。

由于地理位置的边远性、生态环境的脆弱性、人口居住的分散性等条件的约束,西藏工业几乎全部依靠当地的资源优势,产业布局受资源基础和交通条件制约明显。能源工业、矿产业、建筑和建材业、畜产品加工业和民族手工业为主的工业结构分布呈现出与资源分布相吻合的特点。如水能发电主要集中在雅鲁藏布江干支流,矿产采掘主要集中在"一江两河"和藏东"西南三江地区"。轻工业中以传统藏药业、饮料食品业为支柱,现代工业极不发达,更谈不上自然和人文资源的多元化综合开发和产业的协调可持续发展。地理环境和交通的制约,也使得西藏的市场环境相对封闭,市场容量很小。例如上市公司中的西藏发展,多年来99%以上的主营业务收入来源于西藏,竞争压力相对较小,但市场缺乏成长性,难以实现规模的扩张和快速发展。

---

① 狄方耀:《西藏经济学导论》,西藏人民出版社2006年第2版,第454页。

三、西藏上市公司实现可持续发展的对策建议

(一)通过产业整合与重组,实现规模和能力的扩张

西藏上市公司的一个突出特点是,依托当地资源,与西藏经济发展密切相关。西藏矿业属于矿产资源开发,西藏旅游借助于西藏丰富的旅游资源,西藏药业和奇正藏药利用西藏丰富的药材资源对传统的藏医药进行研制、开发和生产,西藏发展和西藏天路虽然分属不同行业,但从它们的主营业务收入来源看,两家公司99%的收入来源于西藏自治区内。要想实现可持续发展,还是必须与西藏的经济社会发展紧密结合才有出路。必须遵循市场原则和经济规律,以市场化的运作方式对产业进行整合与重组,提高竞争能力,强化发展优势。

近几年来,西藏自治区的发展思路一直是"中国特色、西藏特点",旅游、矿业、建筑、建材、藏药等特色优势产业已成为带动经济发展的支柱产业,对地方经济的发展产生了明显的拉动效应。为进一步实现跨越式发展,自治区一直在积极推进国有资本向经济发展带动性强的特色优势产业聚集,自治区政府在产业规划的制定以及各种政策上给予相应支持,制定出台"深化全区国有企业改革的意见",并设立5亿元的产业发展和国有企业改革基金。2009年10月14日,以西藏天路为资本平台的西藏天路建筑工业集团的成立,为五大产业整合重组打响了头炮。而除去3家已被借壳重组的公司,剩下6家公司的行业分布都能与政府整合产业的思路结合起来。这样的结合能使地方政府借助上市公司的资本运作平台,更有效地实现融资、重组、资源整合的目标,实现产业发展和升级。而上市公司通过融入地方经济社会发展的大趋势,得到地方政府和社会各界的支持,尤其是政策方面的倾斜,能在产业整合中发挥已有的优势,快速发展壮大,实现规模的扩张和核心能力的提升。

(二)合理利用资本平台融通资金,实现规模扩张

规模经济存在的根本原因是生产或经营活动存在"不可分割性",在一定条件下,企业的长期平均成本随着生产或经营规模的扩大而下降。随着企业规模的扩张可以扩大市场份额,提高企业抗风险能力,有利于吸收先进技术与管理经验,也可以为当地经济发展做出更多的贡献。西藏上市公司大多股本规模较小,除去中小板的奇正藏药,其余8家流通盘最大的西藏天路为3.35亿股,其他大多在1亿~2.5亿股左右,企业抗风险能力和快速扩张能力有限。在下一步的产业整合与重组的过程中,融资是必须面对的重要问题。

从国际经验看,发展和利用资本市场是优化资源配置,促进产业结构调整

的一种有效手段。资本市场是筹集资金的重要渠道。由于资本市场上的金融工具收益较高,能吸引众多的投资者,他们在踊跃购买证券的同时,向市场提供了源源不断的巨额长期资金来源。运用资本手段实现产业重组是现代市场经济条件下迅速扩张生产规模、提高产业集中度的一大法宝。西藏上市公司要合理利用资本平台,以资本为纽带,打破地区、部门、所有制界限,通过换股、购并等外部交易方式组建一批跨地区、跨行业、跨所有制甚至跨国经营的具有综合功能的股份制大型企业集团,推动产业结构调整和升级。

(三)合理利用资源

可持续发展既要考虑当前发展的需要,又要考虑未来发展的需要。注重自然生态平衡,减少环境污染,保护和节约自然资源,维护人类社会的长远利益和长久发展,这是企业生存和发展的条件和机会。只有实现了资源的永续发展,企业才能生生不息地发展下去。

西藏上市公司由于受到生态环境、地理位置、人口分布等自然条件的约束,难以像一般的企业一样在短时间内实现大规模的快速扩张。但西藏特殊的自然环境和资源,也给企业带来另一种发展思路:合理利用自然条件和自然资源,依靠科技进步,积极采用无害工艺,大力降低原材料和能源消耗,实现低投入、高产出,走资源节约型和环境友好型发展之路。如西藏药业,从事藏药的研发、生产与销售,素质和基础都不错,有政策扶持,具有资源垄断优势,市场竞争不激烈,比较优势明显,极具发展前景。

(四)加强公司治理,提升管理水平

国内外证券市场的事实证明,治理结构完善、管理水平高的公司,其股票价格往往可以高溢价,投资价值更高,公司的可持续发展能力更强。对于上市公司而言,要通过改善董事会结构、建立和完善独立董事制度、加强决策的规范性、提高决策的透明度、加强制度建设来完善公司法人治理结构。

科学的决策和管理是企业核心能力形成和持续发展的保证,培育适宜的核心能力管理模式是实现可持续发展的重要途径,必须积极探索适合企业发展特点的管理模式。只有形成有自身特色的管理模式,才能把企业体制改革的活力和技术进步的威力充分发挥出来,才能在创新和资源要素的不断整合与协调过程中自我完善和发展,提高核心能力,保持企业持续发展的长久动力。上市公司要通过战略管理解决企业产业选择问题和在产业内的竞争地位问题,通过建立有效激励约束机制的股票期权制度和经理人市场提高决策的科学性。

(五)从战略高度重视企业创新

没有创新,企业就没有发展的活力,更谈不上可持续发展,创新是企业发展的生命线。企业创新要以社会发展、市场需求为依据,以管理人员、技术人员的创新意识和创造性思维为基础,以高新技术开发为动力,以创新产品和服务为主线,以创新组织设置、管理制度、经营模式为保证,以开拓新市场为舞台,以不断发展的竞争优势和不断提高的企业境界作为企业奋斗的目标。

为了在激烈的市场竞争中提高自身竞争力,上市公司应从战略高度重视创新,把技术进步和科技创新作为最关键的因素,落实到生产经营活动的各环节中。建立企业创新体系,不断完善技术创新体制,形成促进技术进步的良性循环机制,强化以创新求生存、图发展的内在动力。加大科技投入,增强企业的自主开发能力,上市公司可以借助资本市场的融资渠道,为其创新活动提供源源不断的资金支持,要把宝贵的募集资金用在刀刃上,加大科技投入。上市公司要重视创新型人才开发,建立人才培养和合理使用的机制,营造有利于创新的企业文化和环境。

(六)实现战略管理

企业管理中最重要的问题是企业战略,树立战略管理理念,从容应对产业变革。企业战略是企业竞争力的决定性因素,战略管理是企业经营的首位活动。对我国大多数企业而言,战略管理仍属空白。正由于缺乏战略管理,企业只好盲目跟随市场走,市场流行什么,企业就投资什么,其后果必然是被市场所淘汰,因而树立战略管理理念对我国上市公司具有紧迫性。因为我国正处于经济体制转轨、增长转型的大转折时期,经济发展模式的变革将加速传统产业的衰退;而且,在以信息技术为核心的产业革命的冲击下,产业边界越来越模糊,产业变革越来越快,产业生命周期缩短和产业结构知识化等对企业管理提出了新的挑战,企业从容应对产业方面的大变革是企业可持续发展的关键。尤其是作为衰退产业中的企业如何顺应产业成长周期,及时进行战略调整和产业创新,是企业管理中的紧迫问题之一。公司经营战略的制定需要分析外部环境的变化和竞争对手的情况,需要充分认识自身的优势和劣势。公司的总体战略无论多么宏伟,都需要一整套详细战略来分解实施。中国的市场情况异常复杂,一方面宏观环境变化迅速,另一方面中国的区域市场存在严重的割据现象。西藏上市公司要想实现可持续发展,需要跨越诸多"成长中的陷阱",但一个缺乏现实可行战略的公司注定要掉进陷阱之中。

(七)以人为本,打造高素质的员工队伍

企业可持续发展最宝贵的资源是人才,而企业高层管理人员的素质,从根本上决定了企业能否实现可持续发展。企业管理者直接参与企业的最高管理,制定企业战略,领导企业的未来发展,因而培养、塑造优秀的管理队伍,健全企业的独立人格就显得尤为重要。企业高层管理人员如果存在理念上的短视并且热衷于眼前利益的追求,就会在企业经营管理中采取短期行为而急功近利,破坏企业长期发展的根基。要创造条件,努力提高企业管理人员的素质和能力。

一支相对稳定并且保持活力的员工队伍是企业可持续发展的重要支持,应努力建设一支与企业长期发展同呼吸、共命运的生力军,创造条件使员工关心企业长远目标,为企业长远发展发挥才智,并使其从企业长远发展中获得越来越多的利益。要选拔和培养一批专业性、技术性人才,特别是技术创新、市场开发以及管理方面的人才。由于技术和管理知识与企业其他资源相结合可转化为具有平均价值的产品和服务,为企业带来超额利润,因此知识成为企业的利润源泉,人才成为企业核心能力的基础。

(八)建立起基于长远发展并兼顾社会进步的企业文化

企业文化是现代企业可持续发展的战略性投资行为。这种投资通过阶段性、长期性的有形投入,以文化形式作用于企业的经营发展过程中,在企业内部形成稳固的凝聚力和向心力,发挥员工最大的潜能,创造企业文明和企业效益,为企业发展发挥其独有的规范功能和导向功能。企业文化在社会中形成独特的文化个性和良好的舆论氛围,为企业竞争发挥出强大的辐射功能和号召功能。企业文化所包含的经营理念、发展哲学、企业精神、员工信念、行为价值观、文化特质等,是企业可持续发展所需要的精神财富。优秀的企业文化能够创立员工真心向往的共同愿景,使他们对企业目标产生真心的追求和持久、强大的精神动力。任何一家希望实现可持续发展的上市公司,都必须充分认识到企业文化的必要性和不可估量的巨大作用,在市场竞争中依靠文化来带动生产力,从而提高竞争力。

参考文献

[1]张道宏、刘力昌、毛红霞:《我国上市公司可持续发展问题研究》,载《唐都学刊》2004年第1期。

[2]汤学俊:《企业可持续成长的途径》,社会科学文献出版社2007年版。

[3]姚禄仕、蔡咏、陈燕、聂瑞:《上市公司可持续发展问题研究》,载《证券市场导报》2007年第5期。

[4]李兴旺:《核心能力的培养模式》,载《企业经济》2003年第4期。

[5]杨杜:《企业成长论》,中国人民大学出版社1996年版。

[6]王春和:《中国民营企业可持续发展研究》,中国经济出版社2007年版。

[7]曹兴、杨威、彭耿、张亮、伍励:《企业知识状态属性与企业技术核心能力关系的实证研究》,载《中国软科学》2009年第3期。

[8]许闵:《浅析上市公司可持续发展》,载《经济问题探索》2006年第2期。

[9]2009年西藏自治区国民经济和社会发展统计公报,西藏统计信息网,2010-4-9。

[10]西藏统计局:《西藏统计年鉴(2009)》,中国统计出版社2009年版。

[11]狄方耀:《西藏经济学导论》,西藏人民出版社2006年第2版。

西藏上市公司财务可持续发展状态分析
——基于希金斯 SGR 模型

张晓雁　李爱琴

西藏自治区上市公司的发展现状如何？是保持可持续发展，还是发展过度或发展不足？造成其发展现状的成因是什么？能否在实现可持续发展的前提下节约公司财务资源？基于上述思考，本文结合希金斯 SGR 模型对西藏上市公司可持续发展问题进行实证分析。

一、问题的提出

随着我国资本市场的发展，作为西藏自治区经济骨干的上市公司，无论是上市数量还是规模都有了很大的发展，不仅为振兴西藏经济融入了大量资金，而且在促进西藏资源配置优化、资本形成和市场化进程等方面发挥了很大作用。总体看来，西藏上市公司数量少（至今仅 9 家），分布于矿业、制药、旅游等行业，反映了西藏资源型区域经济特色，并且依托优势资源的产业已成为西藏的支柱产业。但这些公司上市后并没有充分发挥上市公司应有的融资功能，也未能给股东以丰厚的回报，在地区产业结构、区域经济、技术发展、城乡统筹等方面的功能发挥受制于西藏地理区位、生态环境、历史基础、人口和基础设施等方面的限制，可持续发展能力普遍不高。

2010 年 1 月 18 日，中央召开第五次西藏工作座谈会，会议提出"确保西藏经济社会跨越式发展"的战略决策，必将给西藏带来新的重大发展机遇。如何实现西藏上市公司的可持续发展呢？不可否认，规模的扩大是企业在激烈的市场竞争中生存和发展的必经之路，但是一味强调规模的扩张和高速度增长，忽略企业与资源、环境及利益相关者之间的协调均衡发展，将会使企业失去持续的竞争能力，甚至衰亡破产。"因为增长过快而破产的公司数量与因为增长太慢而破产的公司数量几乎一样多。"超出自身资源极限的过快增长和落后于同行业平均水平的过于缓慢的增长都是危及企业生存的。从财务角度看,快速增长会使一个公司的财务资源变得紧张,甚至可能导致破产;而增长缓慢的公司不能适应市场的需求,很容易成为其他公司的收购对象,因此企业可持续发展的研究非常重要。

本文提出的西藏上市公司财务可持续发展是企业在可预见的未来,销售水平稳步上升,盈利能力不断改善,在实现企业平衡增长的同时,提高财务资源的使用效率,最终使企业各利益主体的合理需求最大程度得到满足。从财务视角研究企业可持续发展应该包含可持续增长模型和相应的财务活动两个方面。可持续增长模型的核心是企业可持续增长率,可持续增长率作为一项财务分析比率,利用企业已有的相关财务信息评估企业的可持续增长能力,具有系统性、综合性、可操作性强的特点,通常作为衡量企业可持续发展能力的指标。

二、研究模型

美国财务学家罗伯特·C. 希金斯是可持续增长定量研究的开拓者。他把可持续增长率(Sustainable Growth Rate)定义为:在不需要耗尽财务资源的情况下,公司销售所能增长的最大比率。他认为企业无限的增长可能会使过去所制定的财务政策失效。销售的增加要求更多的所有类型的资产,这些必须付现购买。滚存利润和附加的新增借款带来的仅仅是数量有限的现金。除非公司准备发售普通股股票,否则在不过度使用公司资源的情况下,这个限量会封住公司所能取得的增长率的上限,即可持续增长率。从模型数据收集难易程度及对模型运用和可理解性、可操作性方面综合考虑,本文在研究西藏上市公司可持续发展状况时,选取希金斯的可持续增长模型,即希金斯 SGR 模型。

可持续"增长"模型是否能描述企业可持续"发展"状态呢?笔者认为,"增长"体现了企业在发展过程中的"量",而"发展"反映了企业发展的"质",只有量的积累才会有质的飞跃,二者是内在一致的,因此可持续增长模型可以作为企业可持续发展的评价指标。

希金斯 SGR 模型假定:(1)企业意图以市场条件所允许下的增长率相同的比率增长;(2)企业已经有且打算继续维持一个目标资本结构和目标股利政策;(3)管理者不愿意或不可能发售新股。

在不改变资本结构的条件下,随着权益的增长,负债也应同比例增长;负债的增长和权益的增长共同决定了资产所能扩展的速度。而资产所能扩展的速度又限制了销售的增长率。因此,归根结底限制销售增长率的就是股东权益的增长率。即：

$$SGR = b(NP/S)(S/A)(1+D/E)$$

式中,SGR——可持续增长率;b——留存收益率;NP/S——销售净利率;S/A——总资产周转率;D/E——产权比率,即期末负债/期初股东权益。

上式表明可持续增长率与企业的经营效率(体现为销售净利率和资产周转率)和财务政策(体现为留存收益率和权益乘数)之间存在着依存关系,直接切入可持续增长的本质,认为企业的可持续增长率即所有者权益的增长率,是不采用股权融资的前提下,企业发展速度能达到的最大值。

三、结果分析

本文以西藏上市公司为研究对象,检验西藏上市公司可持续发展状况并分析其成因,为了尽可能避免随机因素的影响,通常需要选择较长一段时间的数据才有说服力。因此在选取样本时,笔者选择 2004—2008 年共 5 年的年度公司财务与治理数据来分析,数据来源于深圳国泰安数据库(CSMAR)。利用希金斯 SGR 模型,计算西藏上市公司 2004—2008 年的季度可持续增长率,由于需要与实际增长率比较分析,所以笔者选择对应期间营业收入增长率表示实际增长率,并进行总体描述性统计分析。再进一步由每年的总体可持续增长率与实际增长率两组对应样本,运用 SPSS 16.0 统计软件包,利用威尔柯克森符号秩检验法(Wilcoxon Signed Ranks Test)Z 统计值检验可持续增长率与实际增长率是否一致。由于西藏上市公司数量极少,因此在数据分析中,采用季度数据,即以季度作为可持续发展期间,剔除 ST 及数据不全的公司,共得到 6 家上市公司的 120 组数据。

(一)描述性统计分析

对西藏 6 家上市公司 5 年希金斯 SGR 与实际增长率的描述性统计如表 1 所示。

由表 1 可以得出,总体样本希金斯 SGR 模型计算出的可持续增长率均值明显低于实际增长率,前者的最值与实际增长率相差悬殊,且标准差低于后者。值得注意的是,西藏上市公司可持续增长率的最大值与最小值表现异常,标准差高,能够得出这些公司在 5 年中实际发展情况异常,存在增长不足或增长过快的可能性,因此需要进一步对两组数据进行详细分析。

表 1　描述性统计表

	N	Mean	Std. Deviation	Minimum	Maximum
Higgins SGR	120	0.007 754 06	0.034 458 998	−0.208 145	0.092 596
Growth Rate	120	0.169 912 56	0.620 295 439	−0.791 606	3.547 634

(二)是否实现了可持续增长

希金斯 SGR 模型确定了公司的可持续增长率,如果实际营业收入增长率(g)超过或者低于可持续增长率(SGR),就意味着公司财务管理在某些方面有失控的现象。反之,如果实际营业收入增长率等于可持续增长,则公司实现了可持续增长。

由于希金斯 SGR 模型与实际增长率分布类型未知且两样本相关,为检验可持续增长率与实际增长率是否存在显著差异,即检验西藏上市公司是否实现了可持续发展,本文采取非参数检验(Nonparametric Tests)方法。即不假定总体分布的具体形式,从数据本身获得所需要的信息,通过推断方法获得结构关系,并逐步建立对希金斯 SGR 模型可持续增长率与实际增长率是否存在显著差异的数学描述。利用 SPSS 16.0 中两个相关样本检验过程(2 Related Samples Tests Procedure)的威尔柯克森符号秩检验法(Wilcoxon Signed Ranks Test),对希金斯 SGR 模型与实际增长率进行检验。

建立待检验原假设:可持续增长率(SGR)与营业收入增长率(g)没有显著差别。备择假设:可持续增长比率(SGR)与营业收入增长率(g)存在显著差别。检验为置信度是 95% 的双侧检验。如果可持续增长率和实际增长率的 Z 值与渐进的双尾显著性概率大于 0.05,接受原假设,样本公司实现了可持续增长;反之,拒绝无显著性差异的原假设,意味着样本公司可持续增长率和实际增长率不一致,未实现可持续增长。西藏上市公司可持续增长率与实际增长率威尔柯克森符号秩和检验结果如表 2 所示。从表中给出的 5 年的可持续增长率和实际增长率的 Z 值与渐进的双尾显著性概率(<0.05),说明拒绝无显著性差异的原假设,意味着样本公司 5 年间可持续增长率和实际增长率不一致,未实现可持续增长。

表 2　威尔柯克森秩和检验结果表

	Growth Rate－Higgins SGR
Z	－2.388
Asymp. Sig. (2－tailed)	0.017

(三)增长过快还是增长不足

增长过快或不足都是不利的,因此需要对未实现可持续增长的性质进行分析,可通过分析"秩"(Ranks)得出结论。表 3 是样本公司 5 年希金斯 SGR 模型与实际增长率威尔柯克森符号秩和检验秩计算结果表。

表 3　秩(Ranks)计算结果表

		N	Mean Ranks	Sum of Ranks
Growth Rate－Higgins SGR	Negative Ranks	47a	57.83	2 718.00
	Positive Ranks	73b	62.22	4 542.00
	Ties	0c		

a. Growth Rate＜Higgins SGR　b. Growth Rate＞Higgins SGR　c. Growth Rate＝Higgins SGR

从秩计算结果可以看出,样本公司 5 年数据的结(Ties)为零,说明在样本中没有可持续增长率与实际增长率相等的公司。正秩数(Positive Ranks)为 73,占总数的 60.83%;负秩数(Negative Ranks)仅为 47,占总数的 39.17%,正秩数比负秩数高。由此可以得出,2004—2008 年西藏上市公司可持续增长率小于实际增长率,实际的高速增长是与企业内源性股权资本增长不相匹配的过快增长,会过度消耗企业财务资源。

四、政策建议

在对可持续增长模型与实际增长率进行了实证分析后,将进一步探讨在实际增长率与可持续发展率不一致的情况下,对企业的财务资源进行最合理的配置,以达到企业价值的最大化。5 年数据实证结论是西藏上市公司未实现可持续发展,实际增长速度过快,在一定程度上过度消耗了企业财务资源。这些公司面临的主要决策便是在不耗尽内源性股权资本的情况下,做好融资规划。而西藏上市公司在资本筹集方面相对于其他省市,面临再融资能力弱的困难,解决上市公司资金需求,需要政府、资本市场等多方面的努力。基于本文实证结论,笔者提出以下政策建议。

(一)西藏上市公司解决资本需要的融资策略

1. 增发新股。若公司愿意而且有能力在资本市场筹集新的权益资本,将为新的销售增长提供大量资金,其可持续增长问题可得以改善。资本市场作为一种直接融资场所,更能体现金融市场交易关系,其建立和发展对于促进西藏地区上市公司发展具有重要意义。但西藏资本市场无论是股票市场还是借贷市场,发展都较缓慢,直接融资渠道较为狭窄,上市公司难以利用。

2. 改善资本结构,提高财务杠杆作用。即扩大负债额度,通过增加负债比率来获得更多债务资本,支持较高销售增长。财务杠杆具有当资产报酬率大于债务利息率时能够增加股东每股盈余的正向作用。但公司筹集债务资本存在极限,或者说公司承受财务风险的能力都是有限度的,随着财务杠杆的提高,股东和债权人承担的风险将与新增资本一起增加。

同时,上市公司可通过提高资产收益率解决资本需要。企业提高资产收益率的途径有:降低成本,提高售价,加快存货与应收账款等资产的周转速度,提高资金使用效率以绝对或相对获取更多资金支持销售增长。西藏上市公司多数是资源依赖性企业,因此提高资产收益率的途径首先是推动资源型向高科技型转化。资源型企业需要从整体上加大技改的力度,提高产品的加工深度和综合利用能力,增强产品的附加值和科技含量,将资源优势转化为产业优势、经济优势,使企业拥有财务资源优势,进而使西藏上市公司提高资产收益率。

(二)政府部门推进上市公司可持续发展的政策建议

1. 优化企业资本融通的基础环境。西藏上市公司面临的资本市场无论是股票市场还是借贷市场发展都较缓慢,直接融资渠道狭窄,具体表现为:股票市场不发达,西藏上市公司数目较少,融资能力较低,上市公司的经济效益较差且呈下滑之势;证券经营机构数量少,发展程度低。因此,政府等监管部门应出台相关政策,激励西藏上市公司增发新股、债券、可转换债券等融资工具,为上市公司的融资工具发行、交易和管理规范化提供基础性条件。

2. 加快产业整合与扩张。近几年,西藏自治区的发展思路是"中国特色、西藏特点",旅游、矿业、建筑建材、藏药等特色优势产业已成为带动经济发展的支柱产业。为进一步实现跨越式发展,实现西藏上市公司可持续发展,相关部门应加大与有关地(市)、部门和企业的沟通协调力度,整合资源、盘活存量、优化增量,积极推进企业改革,推进国有资本向经济发展带动性强的特色优势产业聚集,推动西藏经济布局和结构的战略性调整,挖掘西藏上市公司的发展潜力,确保西藏经济社会跨越式发展,为上市公司发展提供良好的经济环境,带来新的重大发展机遇。

参考文献

[1]罗伯特·C. 希金斯(Robert C. Higgins):《财务管理分析》,沈艺峰等译,北京大学出版社 2003 年第 6 版。

[2]陈兴述、陈煦:《对我国上市公司盈利质量与可持续发展能力的实证研究》,载《上海经济研究》2008 年第 5 期。

[3]王星:《非参数统计》,中国人民大学出版社 2005 年版。

[4]郭复初、郑亚光:《经济可持续发展财务论》,中国经济出版社 2006 年版。

[5]陈育俭:《增长率、财务政策与企业可持续发展》,载《内蒙古农业大学学报》2010 年第 1 期。

完善上市公司股权分置改革的思考

杨西平

一、股权分置改革概述

股权分置是指中国的上市公司中存在着非流通股与流通股两类股份,除了持股成本的巨大差异和流通权不同之外,赋予每份股份的其他权利均相同。由于持股的成本有巨大差异,造成了两类股东之间的严重不公。市场的上市公司内部普遍形成了"两种不同性质的股票"(即非流通股和社会流通股),这两类股票形成了"不同股不同价"的市场制度与结构。"不同股",是指同一家上市公司的所有股票,存在两类不同的类型:非流通股和流通股;"不同价",是指这两类股票的交易价格是不相同的,且价格相差甚大。股权分置具有以下特点:

1. 股权分置是中国股市所特有的现象,与中国股市同时诞生;
2. 股权分置的对象是中国 A 股市场的上市公司;
3. 股权分置的前提是包含"两种不同股票"和"两种不同价格"的市场制度与结构问题;
4. 股权分置具有不对等、不平等的特点。

股权分置改革就是通过改革我国股市股权结构不合理的状况,把国有股、法人股等不能上市流通的股票变为流通股,保证股票市场健康发展。国家为了保证绝对控制权,规定国有企业上市时,国家股占 70%～75%,社会公众股占 25%～30%,同时规定,国家股暂不上市流通,成为非流通股。到 1996 年,股权分置模式完全成型,中国股市出现了国家股、法人股、自然人股和外资股多种成分。

二、推进上市公司股权分置改革的积极作用

(一)有助于上市公司理财终极目标的实现

股权分置改革后,各类股东(包括原来的流通股和非流通股股东),特别是大股东将更加切实地关注公司利润的提高、财务指标的改善和经营业绩的增长,将更加关注经营者的经营行为,促使决策者作出有利于公司发展的投资决策,这些有助于提高公司的经营与管理效率,提升公司业绩。上市公司只有不断地投资和经营投资回报率高的项目才能实现企业价值的增加,从而实现股票价格的上涨和股东财富的增加,从整体上提高上市公司的质量,使上市公司理财终极目标得以实现。

(二)使流通股股东和非流通股股东形成了共同的利益机制

股权分置改革后,公司市值的波动会影响到各类股东的利益,股市的价格信号功能开始发挥效力,特别是一些大股东主动维护市值的意识会更强,在公司投融资决策中会把市值损益等因素考虑进去,使原来的流通股股东和非流通股股东形成共同的利益机制。上市公司的股东实现了真正的同股同权同价,并且上市公司在股权融资方面会比以前谨慎得多,如果没有收益良好的融资项目,上市公司一般不会轻易增发股票,这能够引导上市公司进行理性投资,过去那种无论有无好项目都一味增发圈钱的现象将会有所改观。

(三)避免上市公司的盲目融资

股权分置改革能够避免上市公司的盲目融资。由于对价除权的缘故,上市公司的估值水平会相应回落,因总股本不变,市盈率也会跟着回落,最终会带动发行市盈率下降。随着发行市盈率的下降,单个上市公司融资额会减少。若股利不变会使股权融资成本上升,必然会对上市公司的股权融资冲动产生抑制作用。股权分置改革引入了公司市值考核等指标,出于维护市值的考虑,上市公司在融资定价时会倾向于定低价,以减少对市值的冲击,代理人不得不考虑融资结构优化的问题,在融资方式的选择上会向较优融资顺序靠拢,从而改变在融资方式选择上的偏好和弱化股权融资的倾向,避免上市公司的盲目融资行为。

(四)引导中国资本市场进入"新并购时代"

股权分置改革为资本市场并购提供了交易上的便利,包括交易成本的降低和流动性的改善,同时相关并购法律法规的完善促进了并购活动的开展。目前中国涉及并购重组的法律法规主要有《公司法》、《证券法》、《外资企业法》、证监会发布的《上市公司收购管理办法》以及国务院和相关部委制定的法

规条例等。法律法规的健全和融资渠道的多样化为并购提供了可能,公司在并购重组时可以借助多种工具来降低并购成本,引导和促进中国资本市场进入"新并购时代"。

(五)使公司治理目标更加明晰

股权分置改革有助于彻底改变过去国有大股东的股权不能在市场上自由流通,不能分享良好的公司经营成果引致股票价格上涨所带来的直接经济利益,而导致公司治理效率低下的现象。通过股权分置改革能够改变二级市场的股价与大股东和上市公司高管没有直接利益关系的现象,从而使上市公司所有股票都可以在市场上自由流通,国有股东可以直接从良好的经营成果中获取股票价格上涨所带来的直接经济利益,使公司治理目标更加明晰和合理。

虽然股权分置改革对于促进我国股市发展有着积极的意义,但目前我国上市公司股权分置改革中仍存在着诸多的问题和不利影响,归纳起来主要表现在:一是容易导致国有资产的流失;二是对价水平不合理不能切实保护投资者,特别是公众投资者的合法权益;三是信息披露和监管不到位,难以充分体现股改对资本市场的激励作用;四是权利的不对等、承担义务的不对等,使得不同股东获得收益和所承担的风险的不对等、不平等;五是不利于国有资产管理体制改革的深化;等等。

三、完善上市公司股权分置改革的几点建议

(一)对公司管理层进行股权激励

由于公司管理层与公司股东两者的利益不统一,从而产生道德风险和逆向选择问题。如果股东与管理者为了利益而引起冲突,将会增大代理成本,并且对公司价值产生影响。这种代理成本和利益冲突主要体现在股东与经理之间,如公司管理层在职期间为自己过度支付和消费、减少分红、控制与他们收入相关的绩效评价指标等行为的动机,都会损害全体股东的利益。通过给予上市公司管理者股份或者期权等措施,对公司管理层进行股权激励,能够将公司管理层与全体股东的利益有机地统一起来,使公司的管理者能够从股东利益最大化的目标出发进行经营与管理,以最大限度地降低股东与经理之间的代理成本,并提升公司的价值。

(二)运用创新证券进行投融资

近年来出现了如零息债券、可调整利率票据、浮动利率票据、卖方选择权债券、信用升级的债务证券、应收回证券、可调整收益优先股、可转换的可调整优先股、收益竞标优先股等创新证券。其特点是不易通过现存证券的

组合来复制,能够满足不同需求的投资者。例如有的投资者要求在低风险时能分享公司成长的收益,有的投资者要求有较高的流动性或随时可以变现,有的投资者则要求更少的税收负担,等等。投资者愿意为符合自己要求的证券品种支付更高的价格。因此上市公司在融资决策时,可根据公司自身情况和市场需求,采用合适的创新证券募集资金,以降低发行成本和提高融资能力。

(三)提高投资者关系管理水平

投资者关系是指上市公司与公司的股权、债权投资人或潜在投资者之间的关系,也包括与投资者沟通过程中,上市公司与资本市场各类中介机构之间的关系。通过改善和提高投资者关系管理水平,以加强公司同财经界和其他各界进行信息沟通,规范资本市场运作,实现外部对公司经营约束的激励机制,保护投资者利益,实现股东价值及相关利益者价值最大化,缓解监管机构的压力。它能够使投资者看好公司的前景,关注公司的发展策略和方向,并进行股权融资和参与到公司的经营与管理中去,为公司未来再融资奠定市场基础。

(四)积极完善公司治理结构

完善公司治理结构要从改善内、外部公司治理结构两方面入手,特别是要加强机构投资者等外部投资者在上市公司公司治理中的监督作用。机构投资者在持股份额、专业知识、监督成本方面的优势,对上市公司的治理能够起到比较明显的作用。同时经理人市场的存在使上市公司管理层人员对于自身价值的维护显得非常重要,如果管理人员不能够按照全体股东的理财目标使企业健康发展,将会面临自身价值贬值的问题。因此应积极完善公司治理结构,以促进股东财富最大化目标的实现。

(五)加强信息披露和监管

与许多国家一样,我国上市公司面临的最重要的问题是控制权壁垒(即通过种种方式设置壁垒来维护现存大股东的控股地位)的问题。股权分置改革为控制权壁垒的解决奠定了基础,但控制权壁垒问题的最终解决还有赖于信息披露的提高。通过加强信息披露和监管,可以减少上市公司虚假的财务报告,从而减少控股股东损害中小股东利益可能性的发生。

参考文献

[1]李晓莉、杨建平:《股权分置改革相关问题探讨》,载《财会月刊》2006年第17期。
[2]《股权分置改革政策法规》,深圳证券交易所网站,2007。

[3]《股权分置改革研究》,股权分置改革网,2007。
[4]《后股权分置时代公司融资》,股权分置改革网,2007。
[5]《股权分置改革对公司理财影响小议》,金融界网站,2006。

西藏中小企业财务与会计问题研究

改革开放30年西藏乡镇企业发展历程回顾

李爱琴

西藏乡镇企业是在民族手工业和社队企业的基础上发展壮大的。改革开放30年来,在自治区党委、人民政府的直接领导下,西藏乡镇企业经历了从无到有、从小到大、从少到多、逐步积累、逐步发展的过程,已成为西藏农牧区经济的重要支柱、吸纳农牧区劳动力的主要渠道和农牧民增收的重要来源。本文通过对西藏乡镇企业发展的史料进行全面梳理,客观地界定了西藏乡镇企业发展的历史阶段。

西藏乡镇企业按照其发展的特点,总体分为以下五个阶段。

一、萌芽阶段(1965—1977年)

西藏乡镇企业萌芽于西藏和平解放初期的农村副业和民族手工业。西藏和平解放初期,刚脱胎于封建农奴社会的农村产业部门主要是农业,工业、建筑业、交通运输业、商业服务业极少。中央根据西藏落后的经济状况和单一的经济成分,于1961年4月的《中共中央关于西藏工作方针的指示》中提出"集中力量发展农业、大力发展牧业、同时发展商业和为农、牧服务的手工业"的政策措施。西藏工委和自治区筹委会也相应制定了《关于农村和牧区当前若干具体政策的规定》,明确指出,"积极恢复和发展农村的铁、木、石、泥和制皮、做鞋、陶瓷、纺织、造纸、缝纫等手工业生产,帮助解决原料、工具、资金和销售上的困难,帮助提高技术,降低成本,增加品种数量。其产品可自产自销,并免预征税",并提倡发展家畜、家禽、打猎、采药等副业生产和民间运输业,其收益免予征税。在这些政策措施的推动下,西藏农牧区的手工业和副业得到了较大发展。

1965年,中央、国务院颁发《关于大力发展农村副业生产的指示》,指出集体副业应当以生产队经营为主。同年7月,西藏工委根据中央指示精神,在堆龙德庆县和达孜县进行了人民公社化试点工作,手工业开始纳入集体经济组织运行轨道,进行归类、合并。1970年西藏大部分农村推行了人民公社化制度。到1975年,西藏除阿里和8个边境乡外,在1 921个乡都建立了人民公社,全面实现了西藏农牧业的社会主义改造。① 这一期间,特别是1971—1975年,由于受到"文化大革命"的影响,对社会主义与资本主义不加区别,把商品经济也视为资本主义,错误地把民族手工业、个体户、商业服务业都当成"资本主义尾巴"割掉,有些地方不适当地限制社员从事家庭副业和多种经营,加之农业实行偏重于种植业的单一产业结构政策,因而农村只能办些"四坊"(磨、粉、油、豆腐坊)、"五匠"(铁、木、泥、石、篾匠)等手工业和传统农副业产品加工,其规模小,收入微薄。

这一时期的西藏社队企业是在挫折和困难中求生存、求发展的,其规模很小,收入微薄,作为农村经济的补充成分勉强生存。

二、恢复、发展社队企业和家庭副业阶段(1978—1983年)

1978年12月,党召开了具有伟大历史意义的十一届三中全会,会议从思想路线、政治路线、组织路线上拨乱反正,对长期以来在政治和经济上的一些"左"的做法和认识作了纠正,并决定将党的工作重点转移到社会主义现代化建设上来。同年颁布的《中共中央关于加快农业发展若干问题的决定》提出了"社队企业要有一个大发展"的重大战略。1979年7月,国务院又颁布了《关于发展社队企业若干问题的规定(试行草案)》,首次以法规的形式肯定了社队企业在我国的政治和经济中的地位,并指出社队企业是实现农业现代化、逐步缩小城乡差距和工农差别、加快农村生产力发展的重要载体。自治区党委和人民政府针对西藏以农牧业为主,农牧业人口占80%以上的特殊区情,制定了许多有利于发展社队企业和家庭副业的方针政策。随着这些政策的贯彻落实,西藏社队企业有了一定的发展,出现了以简单手工业劳动为基础,以家庭劳动为基本特点的个体企业。个别农村社区的农牧民为了扩大经营,在其共同利益的基础上合伙投入资金、劳力、劳动资料,开始走上联合经营之路。到

---

① 中共西藏自治区委党史研究室:《中国新时期农村的变革:西藏卷》,中共党史出版社1997年版。

1979年,全区社队企业收入271.29万元,农牧民每人平均从社队企业收入中获得1.81元。[①]

1980年,自治区党委根据中央第一次西藏工作座谈会精神,从西藏实际出发,实行"放、免、减、保"四字方针,采取特殊政策让农牧民休养生息,发展生产,尽快富裕起来,对多种经营、社队企业、民族手工业做了新的规定,并颁发了《关于农牧区若干经济改革的规定》,明确指出"各地要积极支持和鼓励社队,充分利用当地资源,大力发展手工业和副业生产,搞好社队企业",并规定"免征城乡集体经营的民族手工业、建筑业、运输业、服务性行业等企业和个体手工业、小商小贩的工商税两年。社队和农牧民群众上市出售、交换的农、牧、副产品一律不收税",到1982年,自治区党委和人民政府决定对"人民公社的社(队)企业,继续免征工商税"。这些政策的实施,有力地推动了非农业的发展。许多县、社从当地实际出发,开办了种植场、养殖场、运输队、建筑队,还设立了数千个商业、饮食服务点。到1984年,社队企业产值达3 433万元,农村社会总产值中非农业产值比重上升,由1965年的2.3%提高到1984年的14.81%。[②] 随着社队企业和家庭副业的发展,单一农业结构发生了根本性转变,农业经济开始从只重视种植业生产向林、牧、副、渔五业综合发展转变(见图1),农村经济开始从只重视农业生产向同时大力发展工、商、建、运输业综合经营转变。

这一时期,自治区党委和人民政府对社队企业在经营范围、经营方式、计划、供销、贷款、税收等方面作出的一系列重要决策,成为社队企业发展的基本政策依据和制度保障,使西藏社队企业获得了一定的发展,为改革开放后的乡镇企业崛起奠定了必要的物质基础,这标志着西藏乡镇企业从此步入了恢复起步阶段。

三、起步阶段(1984—1991年)

1984年3月1日,国务院转发农牧渔业部《关于开创社队企业新局面的报告》(下称《通知》),为乡镇企业的大发展奠定了基础。《通知》根据农村经济发展的新情况将社队企业正式更改为乡镇企业,即乡镇企业是社(乡)队(村)举办的企业,部分社员联营的合作制企业,其他形式的合作制企业和个体企

---

① 中国乡镇企业年鉴编辑部:《中国乡镇企业年鉴》,中国农业出版社1988年版。
② 索朗嘉措:《西藏乡镇企业:发展成就未来》,载《西藏研究》1995年第3期。

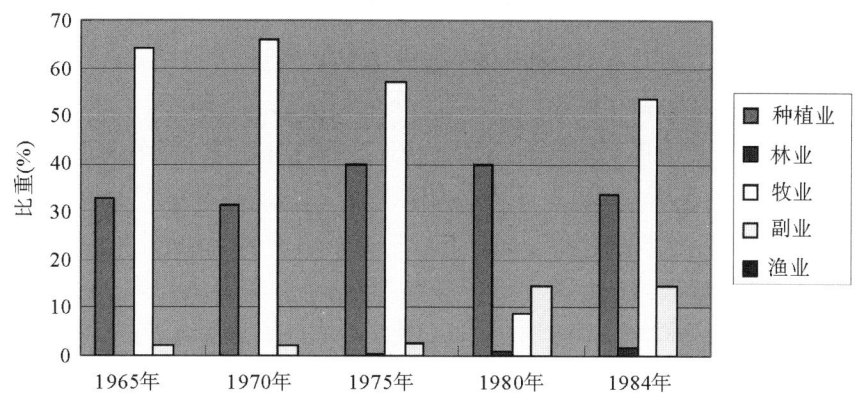

图1 西藏农业经济结构变化图

数据来源:《西藏统计年鉴(2000)》,中国统计出版社,第148页。

业。《通知》明确指出:"乡镇企业是多种经营的重要组成部分,是农业生产的重要支柱,是广大农民群众走向共同富裕的重要途径,是国家财政收入的重要来源,是国民经济的一支重要力量,是国营企业的重要补充。"《通知》是西藏乡镇企业发展史上的一个重要里程碑。1985年9月,《中共中央关于制订国民经济和社会发展第七个五年计划的建议》又指出,"发展乡镇企业是振兴我国农村经济的必由之路",要积极地"鼓励农民兴办乡镇企业"。自治区党委和政府根据党中央发展乡镇企业的精神,结合西藏实际,批准成立了多种经营、乡镇企业管理局,各地、县也先后成立了相应的管理机构。为了解决发展乡镇企业资金困难的问题,设立了多种经营、乡镇企业扶持资金,实行"定向投放,限期使用,到期收回,按期周转"的办法。这些措施为西藏乡镇企业的发展创造了宽松的经济环境和有利的社会条件,极大地调动了农牧民大力发展多种经营、乡镇企业的积极性,使西藏乡镇企业如雨后春笋般蓬勃发展起来。到1985年,全区乡镇企业总数达951个,从业人数为10 917人,总收入3 243万元,与1979年相比,乡镇企业总收入增长了11.95倍,农牧民每人平均从乡镇企业中获得18.84元收入。[①]

1988年2月,自治区党委、人民政府召开了全区农牧区工作会议,强调调

---

① 中共西藏自治区委党史研究室:《中国新时期农村的变革:西藏卷》,中共党史出版社1997年版。

整农牧业和多种经营的比例,强调农牧业社会化服务和双层经营,乡镇企业也开始重视发展加工业、建筑业、运输业、餐饮业和修理服务业等第二、第三产业。为了促进乡镇企业的快速发展和产业结构的调整,一方面,各级政府和企事业单位积极为乡镇企业提供信息,培训技术人员;另一方面,金融机构加大了对乡镇企业的信用支持,流动资金贷款利率按民族手工业贷款利率执行,生产设备贷款利率为4.8%,自治区财政局也设立了发展乡镇企业有偿周转金,1985年安排30万元,1986年安排50万元,以后逐年增加,这笔周转金帮助一些地方办典型示范集体企业,发挥了很好的作用。通过以上措施,有效地调动了各地发展乡镇企业的积极性,促进了多种经营乡镇企业持续、快速、协调地发展,初步形成了乡办、村办、联户办、户办"四轮驱动"的发展格局,乡镇企业产业结构得到了明显的改善。到1991年,全区乡镇企业达8 669个,从业人数45 172人,总收入2.03亿元。[①]

这一期间,西藏乡镇企业数量、总收入和吸纳就业人数剧增。1985—1991年间,乡镇企业由951个增加到8 669个,增长了8.1倍;总收入由3 243万元增加到2.03亿元,增长了5.3倍;从业人数由10 917人增加到45 172人,增长了3.1倍。但乡镇企业整体上还停留在低水平、小规模的经营层次上,虽已经起步,但起点非常低。因此可以认为,1984—1991年是西藏乡镇企业的起步阶段。

四、发展阶段(1992—1998年)

1992年年初,邓小平同志南行讲话,开创了我国现代化建设事业的新局面。国务院批转了农业部《关于促进乡镇企业持续健康发展的报告》,提出了10条扶持乡镇企业发展的政策,肯定了乡镇企业在国民经济中的地位和作用。同年8月,自治区召开了全区首次乡镇企业工作会议,提出"加快发展乡镇企业是兴藏富民的一项重大战略任务";并作出了《关于大力发展乡镇企业的决定》,明确了今后一个时期西藏乡镇企业发展的思路、目标和方向,确立了乡镇企业在发展农牧区经济、改善人民生活水平等方面的重要地位和作用,其颁布是西藏乡镇企业发展史上的第二个里程碑。1993年,国务院发布《关于加快中西部地区乡镇企业发展的决定》,指出要把加快发展乡镇企业作为中西

---

① 中共西藏自治区委党史研究室:《中国新时期农村的变革:西藏卷》,中共党史出版社1997年版。

部地区经济工作的一个战略重点,并在产业政策、信贷政策等方面给予扶持。自治区政府依据当地实际,提出了依靠发展乡镇企业振兴西藏经济的战略措施。随着该决定的贯彻落实,西藏乡镇企业发展迎来了第二个春天。各地从实际出发,制订了相关配套措施,乡镇企业启动、发展速度加快,其生产经营领域开始延伸、拓宽到农副产品加工、建筑建材、采矿和流通服务业等第二、第三产业。到1995年,全区乡镇企业总产值达2.8亿元,固定资产原值达1.2亿元,人均创产值8 000多元。[①]

1997年1月1日颁布实施的《中华人民共和国乡镇企业法》,为乡镇企业的改革、发展和提高奠定了法律基础。1月14日,国务院召开了全国乡镇企业工作会议;3月11日,中央下发了《中共中央、国务院转发农业部〈关于我国乡镇企业情况和今后改革与发展意见的报告〉的通知》(下称《通知》)。自治区各级政府和乡镇企业主管部门紧紧围绕《乡镇企业法》和《通知》精神,坚持"合理规划,正确引导,大力扶持,多轮驱动"的方针,加大对优势乡镇企业资金、技术和人才的扶持力度和乡镇企业小区建设。到1998年,全区乡镇企业973家,拥有固定资产4.4亿元,总产值达5亿元,比"八五"末增长78.6%,比上年增长25%,完成增加值1.9亿元。产值超千万元的企业10个,比1992年增长66.7%。已建成乡镇企业工贸园区4个,全区农牧民人均纯收入的35%来自乡镇企业和多种经营。[②]

这一时期,乡镇企业经过全面改革和调整,显现出以下特征:第一,通过不断深化以产权制度为重点的改革,初步形成了投资主体和产权结构的多元化格局,到1998年,乡村集体企业762家,占总数的78.3%,股份合作制企业11家占1.13%,其他企业占20.6%;第二,通过产业布局调整,乡镇企业发展同小城镇建设、农业产业化之间的联系日益紧密,"村村冒烟、户户点火"的初始状况有了根本改变,1998年初步建成了乡镇企业工贸园区4个[③];第三,通过增长方式的调整,对小型、微利、亏损企业,根据情况分别采取承包、拍卖、联营、兼并等办法,盘活存量资产,提高资本使用效率,搞活了乡村集体企业,同时关闭了一些占地多、污染环境严重的企业,使资源与环境的损失成本明显下降。

---

① 中共西藏自治区委党史研究室:《中国新时期农村的变革:西藏卷》,中共党史出版社1997版。

② 索朗嘉措:《西藏乡镇企业:发展成就未来》,载《西藏研究》1995年第3期。

③ 中国乡镇企业年鉴编辑部:《中国乡镇企业年鉴》,中国农业出版社1999年版。

五、快速发展阶段(1999年至今)

1999年6月,自治区党委和人民政府召开了全区第二次乡镇企业工作会议,颁布了《关于加快乡镇企业发展的决定》。该决定明确了"十五"期间加快乡镇企业发展的指导思想、目标和任务,提出发展乡镇企业要坚持"三个有利于"标准,贯彻"合理规划,正确引导,大力扶持,多轮驱动"的原则,实现区内与区外结合,农村与城镇结合,抓大与促小结合,发展与提高结合,立足特色、优势资源,突出特色产业、拳头产品,依托主要城镇,依靠科技进步,以市场供求为导向,以经济效益为中心,以改革开放为动力,促进乡镇企业快速发展",并制定了加快乡镇企业发展的一系列优惠政策。《关于加快乡镇企业发展的决定》的颁布是西藏乡镇企业发展史上的第三个里程碑,标志着西藏乡镇企业进入快速发展阶段。到2000年年底,全区乡镇企业1 107家,总产值16.8亿元,乡镇企业固定资产总额逾7亿元,产值千万元以上的企业已有16家。[①]

2001年6月,党中央、国务院在北京召开了第四次西藏工作座谈会,会上第一次明确提出西藏应走出一条不同于内地的发展之路,即跨越式发展之路。西藏自治区同时将促进乡镇企业跨越式发展作为实现西藏社会经济跨越式发展的重要组成部分。为了配合西藏跨越式发展战略实施,2002年自治区政府出台了《关于培育和发展农牧业产业化经营龙头企业的意见》,在财税、金融、土地、外经贸、人才等方面给予了诸多优惠政策,并确定了第一批7家自治区级龙头企业,这7家自治区级龙头企业平均固定资产超过1亿元,平均工业产值超过8 000万元,以实现乡镇企业、农牧业产业化经营龙头企业由加快发展转向跨越式发展。到2005年,西藏共有乡镇企业1 260家,从业人员达2.5万多人,总产值达12.5亿元,同比增长19%;实现增加值3亿元,同比增长17%;销售收入10亿元,同比增长16%;上缴税金5 381万元,同比增长43%;实现利润1.3亿元,同比增长18%。[②]

进入"十一五"期间,西藏乡镇企业坚持数量扩张、质量提高和结构优化并重,以促进农牧民就业增收为出发点,以"扶企业、上加工、抓劳务、拓市场、育组织"为重点,实现了乡镇企业、多种经营和农牧业产业化经营龙头企业由加快发展到跨越式发展的新突破。2007年,乡镇企业965家,乡镇企业从业人

---

① 索朗嘉措:《西藏乡镇企业:发展成就未来》,载《西藏研究》1995年第3期。
② 西藏社会科学院:《中国西藏发展报告》,西藏人民出版社2008年版。

员达51 961人(固定工28 578人),占全区农村劳动力的4.62%,实现总产值23.5亿元,占西藏农村社会总产值的23.01%,增加值5.17亿元,营业收入19.98亿元,支付职工的工资总额为3.69亿元。其中,自治区级农牧业产业化经营龙头企业产值达10.5亿元,销售收入9亿元,税后利润1.26亿元,初步形成了三级龙头企业协调发展的格局和农牧业产业化经营体系。[①]

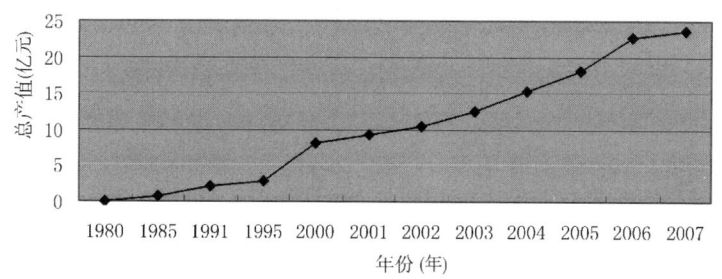

图2　1980—2007年西藏乡镇企业总产值变化趋势图

数据来源:《中国乡镇企业统计年鉴(1998—2008)》。

进入21世纪,西藏乡镇企业进入了快速发展轨道,显现出以下新特点:

第一,保持了较高的增长速度。进入21世纪,西藏乡镇企业进入了快速发展轨道,总产值同比增长基本保持在14%以上(除2006年外)。乡镇企业总产值占农村社会总值的比重逐年上升。1994年乡镇企业总产值占农业总产值的7.08%,到2007年,乡镇企业总产值占农村社会总产值的23.01%。

第二,产业结构进一步优化。1978年以前,西藏社队企业从事行业非常少,产业档次低。随着乡镇企业的发展壮大,延伸了农业的生产链,以农畜产品为原料的加工工业和流通业,在工商业中的比重逐步上升,推进农业产业化经营,形成了第一、二、三产业融为一体的综合格局。到2006年,全区乡镇企业955家,农业企业153家,占16%;工业企业193家,占20.2%;建筑企业192家,占20.1%;交通运输仓储企业40家,占4.2%;批发零售企业178家,占18.6%;住宿饮食企业88家,占9.2%;社会服务企业49家,占5.1%;其他企业62家,占6.5%。[②]

第三,所有制结构显现出多元化。西藏乡镇企业发展初期,乡镇集体所有

---

① 西藏社会科学院:《中国西藏发展报告》,西藏人民出版社2008年版。
② 西藏社会科学院:《中国西藏发展报告》,西藏人民出版社2008年版。

制企业占主体,主要是乡办或村办集体企业。1992年后,特别是进入21世纪以后,个体私营企业发展较快,个体私营企业所占比重大幅度上升。1998年个体企业211家,占总数的21.7%,到2006年,私营乡镇企业达409家,占总数的42.8%。

第四,农牧业产业化经营龙头企业稳定发展。2007年有国家级龙头企业3家,自治区级龙头企业13家,地(市)级龙头企业54家,初步形成了国家、自治区、地(市)三级龙头企业协调发展的格局和农牧业产业化经营体系的雏形。其中自治区级龙头企业产值达10.5亿元,销售收入9亿元,税后利润1.26亿元。[①]

参考文献

[1]中共西藏自治区委党史研究室:《中国新时期农村的变革:西藏卷》,中共党史出版社1997年版。

[2]中国乡镇企业年鉴编辑部:《中国乡镇企业年鉴》,中国农业出版社1988年版。

[3]索朗嘉措:《西藏乡镇企业:发展成就未来》,载《西藏研究》1995年第3期。

[4]中共西藏自治区委党史研究室:《中国新时期农村的变革:西藏卷》,中共党史出版社1997年版。

[5]西藏社会科学院:《中国西藏发展报告》,西藏人民出版社2008年版。

---

① 西藏社会科学院:《中国西藏发展报告》,西藏人民出版社2008年版。

改革开放30年西藏乡镇企业发展取得的成就与基本经验

李爱琴

改革开放30年来,在党中央、国务院一系列方针政策指引下,在自治区党委和政府的直接领导下,在各级党委领导以及各有关部门的重视和支持下,西藏乡镇企业的发展经历了一个从小到大、从弱到强的过程,取得了巨大成就。西藏乡镇企业的发展,不仅增强了自身综合实力,对于优化西藏农村产业结构、增加农牧民收入、吸纳农牧民就业、推进城镇化、壮大县域经济和保持西藏社会稳定等方面具有不可替代的重要作用,而且已经成为西藏农牧区经济的重要支柱。

一、改革开放30年西藏乡镇企业发展取得的历史成就

(一)乡镇企业综合实力增强

改革开放30年来,尤其是进入21世纪,西藏乡镇企业进入了快速发展阶段,不仅经济总量进一步扩大,而且在规模、结构、效益等方面也取得了明显的成绩。

首先,经济总量持续增加。2007年,乡镇企业总产值达23.5亿元,比1978年增长12倍以上,比上年增长16.3%。增加值达5.17亿元,比上年增长14.9%。[①]

其次,企业规模实力不断增强。2007年,乡镇企业实现营业收入达19.98亿元,利润2.8亿元,分别比上年增长17.5%和40%;自治区级农牧业产业化经营龙头企业实现产值10.5亿元,销售收入9亿元,税后利润1.26亿元,分

---

① 西藏社会科学院:《中国西藏发展报告》,西藏人民出版社2008年版。

别比上年增长14.1%、4.8%和7%。① 培育了一批如奇正藏药厂、金田酒业工贸公司、5100矿泉水厂、西藏圣鹿科技农业股份有限公司、西藏绿宝食品开发有限公司等优秀乡镇企业。"十一五"时期,西藏乡镇企业将实现总资产上亿元的企业达到10家,产值超千万元的企业达到35家,自治区级农牧业产业化龙头企业达到20家。②

最后,社会贡献稳步提升。2007年,乡镇企业从业人员达5.2万人,工资性收入达3.69亿元,比上年增长15.6%和13.9%。③ 仅2005年,13家自治区级农牧业产业化经营辐射农牧民17.4万人,支付农牧民原料收购资金2.6亿元。④

(二)乡镇企业的发展优化了西藏农村产业结构

产业结构是指各类产业之间和各产业内部各类生产之间的经济关系、组成方式和比例关系,主要包括两个方面的规定性:一是各产业之间及产业内部的比例关系,构成了产业结构量的规定性;二是各产业之间及产业内部的联系方式或关联方式,构成了农村产业结构质的规定性。西藏乡镇企业的崛起和发展,改变了农牧区单一的经济结构,推动了农牧区经济迅速发展。自治区成立初期,西藏农牧区经济基本上是一种自然经济特征十分明显的单一的农业经济,工业、建筑业、交通运输业、商业服务极少。20世纪70年代,西藏社队企业的发展促进了农牧区非农业的发展。非农业的发展,从根本上改变了长期形成的偏重于种植业的单一农业结构,农业经济开始从只重视种植业生产向林、牧、副、渔五业综合发展转变。农村社会总产值中非农业产值比重上升,由1965年的2.3%提高到1984年的14.81%。20世纪80年代中期之后,随着西藏乡镇企业的迅速发展壮大,其经营领域由单纯的民族手工业拓宽到工业、商业、建筑业、运输业、服务业等各行各业,促进了农牧区产业结构的调整,农牧区的第二、三产业得到了进一步发展。到1999年,农林牧副渔、工业、建筑业、运输业和商业分别占农村社会总产值的89.4%、2.9%、2.1%、2.8%、2.8%。⑤ 进入21世纪,随着乡镇企业产业结构的调整,进一步促进了生产要素的合理流动,农牧区产业结构也得到了优化。截至2007年,农林牧副渔、工

---

① 西藏社会科学院:《中国西藏发展报告》,西藏人民出版社2008年版。
② 西藏社会科学院:《中国西藏发展报告》,西藏人民出版社2006年版。
③ 西藏社会科学院:《中国西藏发展报告》,西藏人民出版社2008年版。
④ 西藏社会科学院:《中国西藏发展报告》,西藏人民出版社2006年版。
⑤ 西藏自治区统计局:《西藏统计年鉴》,中国统计出版社2000年版。

业、建筑业、运输业和商业分别占农村社会总产值的78.2%、2.9%、10.1%、5.2%、3.6%。① (见图1)

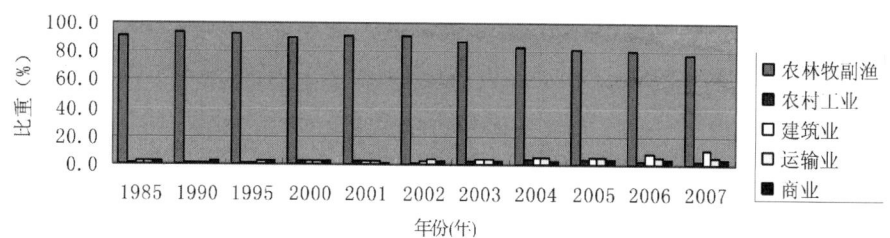

图1　1985—2007年西藏农业产业结构变化趋势
资料来源：《西藏统计年鉴(2008)》。

(三)乡镇企业已成为农牧民增收的重要来源

纵观西藏农村经济改革，民主改革将土地、牲畜分给了农牧民，但小农经济无力使农牧民富裕起来；组织互助组乃至人民公社，单靠集体经济也无法使农牧民富裕起来，甚至连温饱问题也没有得到彻底的解决。② 党的十一届三中全会以后，乡镇企业的崛起使西藏农村首次涌现出18家万元户，乡镇企业的发展为全区农牧民带来了越来越多的经济收入，成为农牧民致富和实现小康生活的主要途径。1984—1994年，农牧民从乡镇企业和多种经营中直接得到的收入累计为37.8亿元，农牧民人均2 039.5元，平均每年可得185.4元，其中乡镇企业职工人均收入由1984年的1 725元增加到1994年的4 464元，增长了1.6倍。③ 进入21世纪，随着乡镇企业及农业产业化经营的发展，农牧民收益逐年提高。仅2007年，乡镇企业支付职工的工资总额为3.69亿元(其中固定工收入2.57亿元)，比上年增长13.9%，农牧民纯收入的36.8%来自乡镇企业④。可见乡镇企业的发展过程，也是农牧民收入提高的过程。

(四)乡镇企业已成为吸纳农牧区剩余劳动力就业的重要渠道

随着农牧业生产力水平的不断提高，许多农牧民从农牧业中解放出来，出现了大量的农村剩余劳动力。而乡镇企业的崛起，恰恰解决了这一棘手的社

---

① 西藏自治区统计局：《西藏统计年鉴》，中国统计出版社2008年版。
② 索朗嘉措：《西藏乡镇企业：发展·成就·未来》，载《西藏研究》1995年第3期。
③ 中共西藏自治区委党史研究室编：《中国新时期农村的变革(西藏卷)》，中共党史出版社1997年版。
④ 西藏社会科学院：《中国西藏发展报告》，西藏人民出版社2008年版。

会问题。西藏乡镇企业的从业人数基本上来自于农牧区剩余劳动力。乡镇企业发展初期,1980年全区乡镇企业就业人数仅为9 800人。① 进入90年代特别是21世纪之后,乡镇企业吸纳农牧区剩余劳动力就业的功能不断增强,乡镇企业职工人数稳步增长。到2007年,全区乡镇企业就业人数达51 961人,是1980年的5.3倍,占农村劳动力总数的4.62%,在一定程度上缓解了西藏的就业压力,优化了农村劳动力就业结构。从西藏乡镇企业发展的全过程来看(见图2),除1990—1993年从业人员增减变化起伏较大外,总体上西藏乡镇企业吸纳农牧民就业显增长趋势。

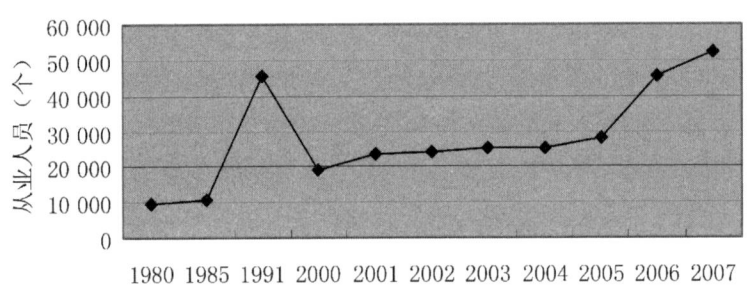

图2　1985—2007年西藏乡镇企业从业人员变化趋势

资料来源:《中国乡镇企业统计年鉴(2000—2008)》。

(五)乡镇企业已成为推进西藏城镇化的重要力量

推进城镇化建设是统筹城乡发展、缩小城乡差别、促进城乡一体化的重要途径。从国内外城镇化水平比较看,西藏农村经济范围内城镇化水平很低。城镇化水平低,必将制约着西藏农村经济快速发展。1978年西藏城镇人口为25.92万,城镇化率为14.5%。西藏乡镇企业的发展,不仅为小城镇建设提供了资金来源,还带动了农村剩余劳动力向小城镇转移。乡镇企业每年按税后利润的5%向所在乡村的行政组织交纳支农建农金,还拿出一定量的资金建商店、工厂以及其他社会公益事业设施,这也促进了农村服务业的发展,为农牧民市民化和农村城镇化创造条件。到2006年,西藏城镇人口为55.72万人,城镇化率提高到19.89%,随着乡镇企业产业集群化发展,乡镇企业带动小城镇发展的功能将逐步增强。因而,西藏乡镇企业的发展过程也是农村城

---

① 索朗嘉措:《西藏乡镇企业:发展·成就·未来》,载《西藏研究》1995年第3期。

镇化发展的过程。

(六)乡镇企业的发展为西藏实现农业现代化奠定了物质基础

农业现代化的实现必须以大量的农业投入、良好的农业生产条件和基础设施为依托。乡镇企业的发展,为西藏农牧业生产提供了大量的资金和农用生产资料。1978—1998年,乡镇企业累计向国家缴纳税金4 441.4万元,用于支农、补农、建农的资金达7 855.2万元。进入21世纪,乡镇企业依托当地特色资源优势,以扶持农牧业产业化龙头企业,大力发展农畜产品加工业、特色产业和特色产品,实行供产销一条龙,为农户与市场之间架起了桥梁,带动农牧业的企业化、集约化和产业化发展,乡镇企业经济效益稳步提高,仅2006年,乡镇企业向国家缴纳税金9 961万元[1],是改革开放初期10年的1倍以上。西藏乡镇企业的发展极大地改善了农牧业的生产条件,为发展现代农牧业、建设社会主义新农村奠定了坚实基础。

(七)乡镇企业已成为推动县域经济发展的主导力量

县域经济主要由农业经济、乡镇经济和县城经济组成。西藏县域经济规模一般都比较小,地方财政收入在很大程度上依靠国家财政补贴来支撑。乡镇企业的发展在一定程度上改变了西藏县域经济单纯依靠国家财政支撑的格局,为县域经济积累了原始积累。到2002年,全区乡镇企业发展较好的县、乡镇财政收入的60%以上来自乡镇企业。[2]

(八)乡镇企业已成为保持西藏社会稳定的重要因素

农牧业是西藏的基础产业,全区人口80%以上在农牧区,加之西藏城镇化率较低,单靠城市的发展来吸纳农村剩余劳动力显然是不现实的。因此,西藏社会是不是安定,经济能不能发展,关键在于农村经济能不能发展,农牧民生活是不是富裕。西藏乡镇企业的发展为农牧区剩余劳动力提供了就业场所,使大量农村富余劳动力有了稳定的职业和收入,减少了农牧民涌入城市的压力,减弱了给整个经济发展和社会秩序带来的冲击。

二、改革开放30年西藏乡镇企业发展的基本经验

(一)解放思想、更新观念是发展西藏乡镇企业的先导

改革开放30年来,尤其是中央先后召开的四次西藏工作座谈会,每次座

---

[1] 中国乡镇企业年鉴编辑部:《中国乡镇企业年鉴》,中国农业出版社2007年版。

[2] 中国乡镇企业年鉴编辑部:《中国乡镇企业年鉴》,中国农业出版社2003年版。

谈会都为西藏乡镇企业发展带来了新的契机和新的观念。自治区党委和政府坚持解放思想、实事求是、与时俱进,准确地把握不同时期乡镇企业的发展定位,充分认识乡镇企业在发展西藏农牧区经济的战略地位和作用,突破传统计划经济的思想和模式,树立与市场经济相适应的新思想、新观念,以市场需求为导向,立足西藏特色资源优势,积极引进和利用国际、国内的技术、资金、人才和管理资源,进行生产和资本经营,促进了西藏乡镇企业的有效启动和快速发展。

(二)政策支持是发展西藏乡镇企业的重要保证

针对西藏乡镇企业基础差、底子薄、起步晚、发展慢这一特点,党中央、国务院对西藏乡镇企业在税收、土地、资金、人才等方面给予了重大政策倾斜,如给予西藏免征乡镇企业所得税的优惠政策和信贷优惠政策等。1980年的第一次西藏工作座谈会提出了休养生息政策,出台了一系列比内地优惠得多的特殊经济政策,其中免征农牧业税收,免征城乡集体经营的民族手工业、建筑业、运输业、服务性行业等企业和个体手工业、小商小贩的工商税两年等。这些特殊经济政策成为西藏社队企业发展的基本政策依据和制度保障,使西藏社队企业获得一定的发展,为改革开放后的乡镇企业崛起奠定了必要的物质基础。自1984年第二次西藏工作座谈会以来中央制定的全国支援西藏政策实施,在资金、技术、物资和人才等方面为乡镇企业发展提供了有力的外部支持和援助。自治区党委和政府在领会和贯彻党中央、国务院关于发展乡镇企业政策精神的同时,分别于1992年和2000年出台了《关于大力发展乡镇企业的决定》、《关于加快发展乡镇企业的决定》,为西藏乡镇企业发展营造了良好的政策环境。这些政策的出台对乡镇企业的发展发挥了很好的政策效应和政策牵动作用。

(三)政府引导是西藏乡镇企业发展的关键

从西藏乡镇企业的发展历程来看,西藏乡镇企业的发展离不开政府的正确引导。政府在不同发展时期,根据乡镇企业发展特点和规律,从产业结构、产业布局、产业聚集、产业扶持等方面引导乡镇企业协调健康发展。乡镇企业发展初期,根据西藏农牧区的社会经济条件,为了乡镇企业发展尽快启动起来,积极发展户办、联户办企业,宜小则小,宜大则大。进入90年代,针对乡镇企业规模小、布局分散、产业结构不合理的特点,引导乡镇企业向能源、交通条件好的县城、乡镇集中,增强聚集效应,大力发展高原特色生物产业、特色农牧产品加工业、优势矿产业、藏医药业、民族手工业等特色突出的主导产业,重点培育一批名特产品和骨干企业,到2005年,建立乡镇企业工业集中区6个,使乡镇企业向工业集中区和城镇聚集发展,取得较好的规模经营效应,产业结构也得到了优化,乡镇企业第一、二、三产业的比重由 2000 年的 3.6∶74.5∶21.9 调整为 5∶82∶13,第二产业的比重提高了 7.5 个百分点。进入 21 世纪,引导乡镇企业与农牧业产业化经营相结合,促进了乡镇企业规模化发展,到 2005 年,规模及规模以上企业达 50 家,比"九五"末增长 25%,其中 5 家企业被认定为全国中型乡镇企业。[1]

(四)改革创新是西藏乡镇企业发展的内在动力

改革开放 30 年来,西藏乡镇企业在改革创新中求生存、求发展。一方面乡镇企业通过对集体乡镇企业产权改革改制,积极推行股份制、股份合作制等新的经营模式,盘活企业资产,提高经营管理水平;另一方面,乡镇企业通过思路创新、机制创新、管理创新和引进先进适用的技术,促进乡镇企业上水平、上规模、上档次。如堆龙德庆县东嘎水泥厂通过改制改造,生产能力大幅度提高,2003 年生产水泥 11.6 万吨,比上年增长 59.5%,实现利润 1 297 万元,比上年增长 2 倍,完成产值 7 888 万元,比上年增长 54.2%。[2]

(五)对外开放是西藏乡镇企业发展的外在条件

1984 年中央第二次西藏工作座谈会提出"两个开放"政策:一是对国外开放,允许外国人到西藏参观旅游,对外进行经济、文化交流;二是对内地其他省、市、自治区的开放,按照平等互利、互通有无的原则,发展与兄弟省区的经济、文化、技术交流与合作。西藏乡镇企业在逐步突破社区和地域界线的基础上,拓宽了乡镇企业生存和发展的空间,利用全国支持、对口援藏的政策,招商引资,引进了国内的资金、技术和先进经验,提高了企业自身素质和经营管理水平。此外,西藏分别与克什米尔地区、印度、尼泊尔、锡金、不丹、缅甸等国家和地区接壤,拥有长约 4 000 公里的边境线,21 个边境县,104 个边境乡,28 个传统边贸市场,拥有聂拉木、普兰、古隆、亚东等国家一类口岸和二类口岸,具有悠久的与毗邻国家通商贸易的历史。西藏乡镇企业应充分利用地缘优势,发展边境贸易。

(六)有效措施是西藏乡镇企业快速增长的驱动力

自治区政府和乡镇企业管理局针对不同时期乡镇企业发展所遇到的困难和问题,因地制宜制定和实施了一系列切合西藏乡镇企业实际的优惠政策措

---

[1] 西藏社会科学院:《中国西藏发展报告》,西藏人民出版社 2006 年版。
[2] 中国乡镇企业年鉴编辑部:《中国乡镇企业年鉴》,中国农业出版社 2004 年版。

施,对乡镇企业发展起到了非常重要的助推作用。如建立乡镇企业发展基金,有效地缓解了制约乡镇企业发展的资金瓶颈;通过实施乡镇企业"蓝色证书"等教育培训工程,有效地缓解了制约乡镇企业发展的人才瓶颈;通过2000年实施的"三强三创新"工程(重点县、重点乡镇、重点企业;思路创新、体制创新、科技创新),重点企业的经营管理水平、质量、规模和效益有了明显提高,到2002年已有4个地区(市)乡镇企业产值超过1亿元,20个重点企业产值约占全区乡镇企业产值的40%;"十一五"期间乡镇企业将通过加大"一个力度"(加大招商引资力度)、实行"两个转移"(把工作重心转移到农牧民就业增收和为企业服务上来)、突出"三个重点"(突出发展农畜产品加工业、突出开放特色产业和突出打造劳务经济)和实施"四大行动"(实施农牧业产业化和农畜产品加工推进行动、实施企业制度和技术创新行动、实施多种经营富民行动和实施农牧区劳动力转移就业促进行动),促进乡镇企业实现由快速发展到跨越式发展的新突破。

参考文献

[1]西藏社会科学院:《中国西藏发展报告》,西藏人民出版社2008年版。

[2]西藏自治区统计局:《西藏统计年鉴》,中国统计出版社2008年版。

[3]索朗嘉措:《西藏乡镇企业:发展·成就·未来》,载《西藏研究》1995年第3期。

[4]中共西藏自治区委党史研究室编:《中国新时期农村的变革(西藏卷)》,中共党史出版社1997年版。

[5]中国乡镇企业年鉴编辑部:《中国乡镇企业年鉴》,中国农业出版社2003年版。

西藏乡镇企业跨越式发展制约因素透视

李爱琴

　　西藏是一个以农牧业为基础产业,农牧区人口占总人口80%以上的自治区,农牧区经济在西藏国民经济中占有十分重要的地位,是西藏经济发展和社会稳定的基础。这种特殊的区情决定了西藏要实现农牧区社会经济跨越式发展,从根本上解决农牧民增收、农牧业发展、农村稳定问题,推进农村工业化、城镇化、现代化和城乡一体化,就离不开乡镇企业的跨越式发展。改革开放以来,西藏乡镇企业在民族手工业和社队企业的基础上逐步发展壮大,现已成为西藏农牧区经济的重要支柱,调整农牧区经济结构的主要力量,吸纳农牧区劳动力的重要渠道,增加农牧民收入的重要来源。然而,由于受诸多主客观因素的制约,西藏乡镇企业不论是发展速度、规模,还是企业整体素质都远远落后于全国平均水平和其他少数民族省区,难以担负起西藏农牧区经济跨越式发展的历史重任。本文从西藏乡镇企业发展的现状入手,试图对影响西藏乡镇企业跨越式发展的制约因素进行探析,为乡镇企业制定跨越式发展战略提供依据。

一、西藏乡镇企业发展的现状

(一)企业整体素质偏低

　　1. 设备陈旧。西藏乡镇企业除极少数企业拥有较先进设备以外(如奇正藏药厂、5100矿泉水、白朗县罗丹糌粑加工厂、日喀则纳尔荞麦加工厂和东嘎水泥厂等),其他绝大多数乡镇企业的设备与技术都严重老化、陈旧,已不能适应现代社会发展的需要,尤其是一些民族手工业型乡镇企业,生产多为手工操作,产品科技含量低,工艺简单,质量粗糙,款式非常容易模仿,在市场竞争中处于劣势地位。如一些地毯厂、卡垫厂的洗毛、梳毛、捻线和染色等工艺过程,仍然沿袭着几百年甚至上千年的原始操作方式。许多乡镇建筑企业(现代建筑)因技术水平低,在建筑市场的竞争中失败而被迫转移。即使是代表西藏农牧业优秀企业的农牧业产业化经营龙头企业,其技术装备水平80%也处于上世纪八九十年代的水平,全区销售收入超1 000万元的农牧业产业化经营龙头企业较少。正是由于技术条件的限制,西藏乡镇企业只能依赖大量的要素投入维系自身的生存和发展,这种粗放式经营大大降低了企业的经济效益。

2. 职工综合素质较低。西藏乡镇企业的职工绝大多数来自农牧区,文化程度低,技术素质差。2004年,全区乡镇企业从业人员25 500人,大专及以上文化程度905人,占35.5%,中专及技校文化程度1 363人,占53.5%。[1] 可见,职工素质低使一些先进的生产设备无法利用,管理水平难以提高,也制约了乡镇企业上档次、上质量、上规模。

3. 产品竞争能力较差。西藏乡镇企业的产品竞争能力较差,突出表现在两个方面。一是许多具有浓厚地方特色和民族特色的产品因技术落后只能以初级形式直接进入市场,产品附加值低,产业链条过短。如冬虫夏草、松茸、藏鸡、藏猪等,这些极具优势的农畜土特产品基本上是作为原材料出售,大大降低了企业获利能力。二是产品结构趋同,特色名牌产品和高附加值的产品很少,难以形成民族特色的优势产品,产品仅局限在区内市场甚至当地市场,尚未进入国内国际市场。到2005年,自治区仅有4家乡镇企业和龙头企业的18种产品获得绿色食品和有机食品认证,1家龙头企业的产品被认定为国家级品牌产品,6家乡镇企业和龙头企业的产品被认定为自治区级品牌产品。[2] 这在一定程度上影响了乡镇企业的产品销路和经济效益。

(二)数量少,规模小,布局分散

在全国8个民族省区中,西藏乡镇企业的数量最少。以2005年为例,内蒙古、广西、云南、贵州、青海、新疆、宁夏和西藏的乡镇企业数量分别是461 438个、838 268个、875 498个、506 743个、55 277个、366 883个、155 249个、938个。可见,西藏乡镇企业经济总量明显不足。[3] 西藏乡镇企业不仅数量少,而且规模也小。乡镇企业在从业人数、固定资产、产值和营业收入等方

---

[1] 中国乡镇企业年鉴编辑部:《中国乡镇企业年鉴》,中国农业出版社2005年版。
[2] 西藏社会科学院:《中国西藏发展报告》,西藏人民出版社2006年版。
[3] 中国乡镇企业年鉴编辑部:《中国乡镇企业年鉴》,中国农业出版社2006年版。

面,都明显落后于经济发达地区的乡镇企业。2007年,全区乡镇企业965个,从业人员5 196人,总产值235亿元,营业收入199.8亿元。其中,国家级、自治区级龙头企业16个,占企业总数16.6%,地(市)级龙头企业54个,占5.6%,其他基本上都属于小型企业。① 乡镇企业总产值仅占农村社会总产值的230.1%,尚未形成"三分天下有其一"的格局。布局分散也是西藏乡镇企业十分显著的特点之一。乡镇企业大都建在县城、村镇、交通沿线和边境口岸,布局分散。乡镇企业园区建设目前刚刚起步,企业集群尚未形成,产业集群尚未启动,到2007年,全区乡镇企业工业园区仅有6个,规模经济效益尚未显现。

(三)资金短缺

资金短缺是西藏乡镇企业普遍存在的主要问题。一方面,乡镇企业发展资金不足,尤其是流动资金、技改资金严重不足,制约着乡镇企业扩大再生产和产业升级;另一方面,乡镇企业融资观念陈旧,融资方式单一,融资渠道狭窄,主要依靠银行贷款融资。然而,由于乡镇企业经营规模小、自有资金不足、生产效率低、财务制度不健全、信用状况差,往往很难达到金融机构的贷款条件,致使银行和其他金融机构向乡镇企业贷款额占贷款总额的比重逐年下降。1995年、2000年、2001年、2002年、2003年、2004年、2005年乡镇企业获得贷款额占金融机构贷款总额的比重分别为84%、93%、84%、65%、50%、33%、37%,严重影响了乡镇企业可持续发展。②

(四)产业结构不合理

西藏乡镇企业起步于农副产品加工业、民族手工业、民房建筑、矿业、交通运输、商业、饮食业和服务业等行业。20世纪90年代中期之后,尤其是21世纪初,乡镇企业开始重视产业结构调整,发挥乡镇企业贴近"三农"的优势,加快发展农畜产品加工特色产业、生态农牧业、观光旅游、餐饮服务业和流通业等,拓展了乡镇企业的发展空间,改善了乡镇企业的产业结构。到2006年,西藏乡镇企业第一、二、三产业的增加值分别为2 291万元、30 024万元和12 685万元,分别占全区乡镇企业增加值的5%、66.72%和28.28%。③ 但这一产业结构也暴露出一些问题:一是第一产业比较脆弱,第三产业过于滞后,

---

① 西藏社会科学院:《中国西藏发展报告》,西藏人民出版社2008年版。
② 西藏自治区统计局:《西藏统计年鉴》,中国统计出版社2008年版。
③ 中国乡镇企业年鉴编辑部:《中国乡镇企业及农产品加工年鉴》,中国农业出版社2007年版。

且第三产业中,饮食业占的比重过大;二是投资倾向于工业企业,流通企业投入较少。

(五)经济效益和发展水平较低

西藏乡镇企业的经济效益和发展水平与全国平均水平、沿海发达地区和其他民族地区的相比差距很大,纵向比增长快,横向比差距大。由表1可知,西藏乡镇企业与沿海发达地区、民族较发达地区相比,不论是乡镇企业数量、规模、吸纳就业能力、经济效益,还是对社会贡献能力等方面,都存在较大的差距。

二、西藏乡镇企业跨越式发展制约因素透视

纵观西藏乡镇企业改革与发展中存在的这些突出问题,究其原因,既有历史的、客观的原因,也有主观的、体制上的原因。

(一)观念陈旧

1. 小农经济意识浓厚。在西藏,多数农牧民深受自给自足自然经济观念和思维方式的影响,满足现状,不求进取。"小富即安"、"温饱即足"等意识使不少农牧民满足于自给的小农经济而不愿意发展非农业产业,致使乡镇企业依然靠传统的生产方式,产出规模小,生产效率低,极大地影响了乡镇企业的跨越式发展。

表1 2005年西藏、广东、广西乡镇企业主要经济指标比较表

指标	单位	西藏	比重1	广东	比重2	广西	比重3
企业数	个	938	0.004	1 212 946	5.39	838 268	3.73
从业人数	人	30 929	0.02	12 079 019	8.46	3 646 538	2.55
总产值	万元	180 254	0.008	142 728 943	6.55	22 475 158	1.03
固定资产原值	万元	144 793	0.02	50 591 272	10.06	7 325 487	1.45
利润总额	万元	31 542	0.03	6 532 931	5.22	1 501 793	1.20
上缴税金	万元	7 716	0.01	3 301 872	6.37	586 354	1.13
工资总额	万元	30 996	0.03	10 948 055	9.85	2 329 210	2.09

资料来源:中国乡镇企业年鉴编辑部:《2006年中国乡镇企业年鉴》,中国农业出版社,2006年版;②比重1、比重2和比重3分别是西藏、广东、广西乡镇企业占全国乡镇企业相关指标的比重。

2. 宗教文化影响根深蒂固。几个世纪以来,西藏被藏传佛教的宗教气氛所笼罩,素有"全民信教"之称。在藏传佛教的教义影响下,藏民族形成了独特的心理素质、民族情感、思维定式、价值取向和行为方式,他们重谋生轻谋利,重视与维持生命有关的农牧业,而轻视商业和手工业;在宗教观念的影响下,农牧区的能工巧匠地位低下,不少人至今仍耻于经商务工,耻于拜师学艺,使很多特色经济得不到有效发展;在宗教意识的影响下,不少农牧民只求来世,不求今生,使乡镇企业经营者既缺乏自我积累、自我发展意识,又缺乏扩大再生产的主观愿望。在这样一种传统的社会、文化、心理的氛围中,乡镇企业发展缓慢。

3. 计划经济影响依然存在。新中国成立后,国家对西藏一直实行"供给型"经济政策,一方面有力地促进了西藏经济的发展,但另一方面也带来了一些不利影响。一是滋长了"等、靠、要"的依赖思想。当乡镇企业遇到问题时,不是积极主动地去思考问题、研究问题、寻求解决问题的方法,而是眼睛盯着政府,希望得到援助,造成乡镇企业缺乏创新精神和吃苦耐劳精神。二是习惯用行政命令进行企业管理,用政府政策取代经济规律,用政府的计划方式对资源进行配置,致使乡镇企业发展脱离市场。

(二)融资渠道不畅

在西藏,由于受传统融资观念和融资渠道的限制,乡镇企业在筹资方面带有农业特有的自给为主的传统痕迹,基本上是以自身资本积累为主的内源融资。就外源融资而言,乡镇企业由于受自身条件和现行股票债券发行办法、发行限额及规模等因素的限制,目前尚无乡镇企业发行股票和债券融资;银行贷款一直是西藏乡镇企业融资的首选路径,然而,随着国有商业银行体制的不断完善和乡镇企业自身的缺陷,绝大多数乡镇企业很难达到金融机构的贷款条件,致使乡镇企业在获得银行和其他金融机构的债务融资时常常面临着有效的资金需求无法得到满足的困境。虽然银行每年都安排发展乡镇企业专项贷款资金,但仍不能满足乡镇企业正常经营所需资金。

此外,政府投资也是西藏乡镇企业发展不可或缺的资金来源。但由于地方财力有限,财政对乡镇企业的扶持力度太弱。"十一五"期间财政计划投放乡镇企业发展基金 1 307 万元[①],平均每年投放乡镇企业发展基金 261.4 万元。显然,政府投资不足在一定程度上影响了乡镇企业的快速发展。

---

① 西藏社会科学院:《中国西藏发展报告》,西藏人民出版社 2007 年版。

(三)产品科技含量低

西藏乡镇企业因技术力量薄弱,工艺粗糙,致使产品档次低,科技含量不高。如民族手工业型乡镇企业,使用现代化机具的企业很少,有些企业甚至还未通电。生产围裙、藏被的设备和毛纺厂的捻线机器非常陈旧,在效率和质量上与现代机器差距甚远。乡镇企业老化的技术设备,一方面造成资源的严重浪费,另一方面又造成环境的严重污染。西藏虽然有许多得天独厚的自然资源优势,但由于科学技术落后,难以将这一自然优势转化成为具有竞争力的产品优势,尚未形成自己的名牌产品和拳头产品,产品的市场占有率很低。西藏《"十一五"乡镇企业发展展望》提供的数据,"十一五"期间,要使骨干乡镇企业、国家级和自治区级龙头企业的技术水平达到或接近国内同期同等水平。可见,产品科技含量低是制约乡镇企业跨越式发展的重要因素之一。

(四)人才匮乏

西藏乡镇企业经济效益差、产品科技含量低的症结是人才匮乏。一是劳动者整体素质较低。乡镇企业的职工绝大部分来自农牧区,文化程度低,技术素质差,已不能适应乡镇企业从劳动密集型、资源型、粗加工,向技术密集型、生产高新精产品的转换。二是技术人才和管理人才奇缺。在西藏,由于受自然环境、人事管理制度、户籍制度和传统择业观念的影响,人才分布不均衡。从地域看,优秀人才集中在城市,农牧区人才匮乏,文盲、半文盲占大多数。从人才结构看,中高级人力资源少,尤其是具有创新、创造能力的技术型、高新技术型、高级职业经理人匮乏,一般的人力资源较多。从专业结构看,文科比重偏大,理工科偏少,特别是工科人才奇缺。虽然政府在人才培训上每年投入较大资金,乡镇企业专业技术人员有了一定程度的增加,但仍与乡镇企业跨越式发展的需要相距甚远。

乡镇企业职工的社会保障水平低也是导致人才匮乏的主要原因之一。乡镇企业职工原有的土地保障已制约了企业的进一步发展和人才的引进。由于缺乏必要的劳动保护和工伤、医疗、养老保险,就很难在企业内部建立和谐的劳资关系,激发劳动者的工作积极性和创造性,因此,西藏乡镇企业跨越式发展,不仅要受到科技的挑战,更要受到人才资源的挑战。

(五)产权制度改革滞后

产权制度是企业制度的核心和基础,产权制度是否科学决定着企业的运行状况。近年来,西藏乡镇企业通过承包、拍卖、出售、租赁、联合、兼并、转让、股份制改造等办法,所有制结构发生了深刻变化。到2006年,乡镇企业955个,集体企业313个,占总数的33%;股份制企业15个,占总数的1.6%;联营企业13个,占总数的1.4%;有限责任公司107个,占总数的11.2%;股份有限公司9个,占总数的0.9%;私营企业409个,占总数的42.8%;其他企业89个,占总数的9.3%。① 可见,乡镇企业中集体企业成分仍然过高,建立现代企业制度的企业较少,规范化程度低,使乡镇企业难以适应社会主义市场经济发展的要求。

(六)管理水平低

西藏乡镇企业大多是从农牧业脱胎出来的,其整体管理水平落后。一是乡镇企业家基本上是土生土长的企业经营管理者,其文化素质低,基本上仍沿用传统经验性的管理思路和方法;二是受传统观念和小农意识的束缚,乡镇企业的组织管理体制多以"家族化"为特征,内部组织结构简单,靠经验和血缘管理,在决策和管理中多受主观性和随意性支配,导致决策失误和管理不规范;三是现代经营管理理念缺失,品牌、诚信和营销等市场经济意识不强,发展战略、人才资源和信息化等管理意识薄弱,导致经营管理水平低下;四是经营者重生产轻管理,在生产和经营过程中缺乏统一的计划和管理办法,工人生产没有明确的操作规程、技术标准、劳动定额和消耗定额,生产效率的高低、产品质量的优劣,取决于工人的技艺和以往的经验。

(七)外部发展环境差

由于独特的地理环境和历史原因,西藏长期处在封闭的自然经济形态中,自然条件相对艰苦,经济社会发展相对滞后。尤其是农牧区的基础设施一直非常落后,建设速度缓慢,严重制约和影响了西藏乡镇企业跨越式发展目标的实现。一是交通运输落后。西藏远离腹心城市和经济发达地区,地广人稀,交通不便,运输线较长,使乡镇企业产品运输成本较高,降低了企业盈利水平。如阿里和昌都地区,不论是到拉萨,还是到邻省(区)中心地带,都有一两千千米的距离,且公路的路况不好,给原材料和产品运输带来了不便和高额的运输成本。二是农牧区的市场化程度较低。长期以来,西藏农牧区经济多以自给半自给的自然经济和小农经济为主,农产品交换主要局限于当地农村集贸市场,流通规模有限,使乡镇企业市场化发展程度较低。三是农牧区社会服务体系发展滞后。农牧区的信息渠道不畅,缺少有效的市场中介组织,使乡镇企业无法及时了解农牧产品价格和各种供求信息,影响了乡镇企业各种经济活动的顺利进行,阻碍了乡镇企业产品的商品化、市场化的进程。

---

① 西藏社会科学院:《中国西藏发展报告》,西藏人民出版社2007年版。

参考文献

[1] 中国乡镇企业年鉴编辑部:《中国乡镇企业年鉴》,中国农业出版社2005年版。
[2] 西藏社会科学院:《中国西藏发展报告》,西藏人民出版社2006年版。
[3] 西藏自治区统计局:《西藏统计年鉴》,中国统计出版社2008年版。

论西藏乡镇企业跨越式发展的融资策略

李爱琴

西藏乡镇企业经历了从无到有、从小到大、逐步启动、发展壮大的历史进程。西藏乡镇企业是在民族手工业和社队企业的基础上发展起来的。党的十一届三中全会以后,西藏乡镇企业得到迅速恢复和发展,到1980年,乡镇企业已发展到789家,产值达294.1万元,从业人数9 800人。1980年和1984年中央先后召开西藏工作座谈会,为西藏乡镇企业发展拓展了空间。自治区财政也在1985年设立了扶持乡镇企业发展周转金,解决乡镇企业资金紧缺的问题。在优惠政策的推动下,到1985年,乡镇企业从业人员达2.3万人,产值达6 700万元,分别是1980年的2.35倍、22.8倍。进入20世纪90年代,西藏乡镇企业有了较快发展。为了扶持和推动乡镇企业发展,1992年自治区召开了首次全区乡镇企业工作会议,做出了《关于大力发展乡镇企业的决定》,随着该决定的贯彻落实,西藏乡镇企业发展迎来了第二个春天。1998年年底,全区乡镇企业已发展到973个,从业人员达1.6万人,企业资产总额达5.7亿元,拥有固定资产4.4亿元;全区乡镇企业总产值达5亿元,分别比1997年和1992年增长25%、150%;多种经营收入达6亿元,分别比1997年和1992年增长13.2%、30.4%;产值超千万元的企业10个,比1992年增长66.7%。全区农牧民人均纯收入的35%来自乡镇企业和多种经营。① 乡镇企业的发展,对于整体推动西藏农牧区社会局势稳定,实现农牧业和农牧区的现代化,具有重要意义。在充分肯定成绩的同时,也要看到西藏乡镇企业在启动和发展上的不足:有些地区乡镇企业还是空白;有些地区有一些乡镇企业,但其产品仅

---

① 郭金龙:《在全区乡镇企业工作会议上的讲话》,《西藏日报》,1999-06-17。

供本地农牧民消费,进入不了大市场,起点不高,效益欠佳。从总体上看,西藏的乡镇企业还处在发展很不充分的起步阶段,特别是与全国乡镇企业的发展相比尚有较大差距。2003 年乡镇企业总产值达 12.5 亿元,销售收入 10 亿元,增加值 3 亿元,同比分别增长 19%、16% 和 17%,上缴税金 5 381 万元,实现利润 1.3 亿元,同比增长 43% 和 18%;多种经营总收入 17.8 亿元,同比增长 31.8%,[①]不及沿海一个普通的乡镇。形成西藏乡镇企业差距的原因是多方面的:西藏农牧区生产力水平总体上还处在以传统农业为主的发展阶段,加之基础设施落后,市场和生产要素分散,发展乡镇企业难度较大;观念落后,劳动者素质低,人才严重缺乏,造成管理粗放,经济效益不高,乡镇企业经济低水平运行。此外,笔者认为,西藏乡镇企业融资渠道单一,主要依靠政府投资,地方财力有限,西藏地方财政自给率不足 10%,财政对乡镇企业的扶持力度太弱,2001 年西藏财政安排的企业挖潜改造资金不足亿元。同时企业的"三角债"问题突出,一方面企业债权大量堆积,资金被有关企业无偿占用;另一方面企业为了维持正常的生产经营,又不得不承担高成本贷款。多数乡镇企业不敢自己承担风险,不敢举债融资,缺乏资本积累机制,从而制约了西藏乡镇企业的发展。由此可见,融资已成为西藏乡镇企业跨越式发展的重要课题。本文结合西藏乡镇企业发展的实际,提出以下融资策略。

一、加强对乡镇企业的财政支持

由于西藏农牧区生产力水平总体上还处在以传统农业为主的发展阶段,西藏乡镇企业完全依靠自我积累发展壮大起来有较大难度,财政支持对西藏乡镇企业的跨越式发展具有不可或缺的主导作用。首先,应加大财政对乡镇企业发展的投资力度。乡镇企业由于资金财力有限,很多问题的解决仍然需要国家财政投资支持。1992 年全区乡镇企业工作会议后,自治区进一步加大对乡镇企业的资金扶持力度。一是增加了扶持乡镇企业周转资金的规模,由 1987 年的 200 万元增加到 400 万元,拉萨市、山南、昌都等地区根据财力实际专门设立了扶持乡镇企业周转金。二是实行了乡镇企业贷款贴息制度。自 1994 年以来,为了缓解乡镇企业资金短缺的矛盾,自治区财政每年安排 100 万元的贴息金。1998 年按财政部要求,停止贷放周转金后,自治区财政又将贴息金额度增加到 500 万元。在财政的扶持下,西藏乡镇企业在引进技术、人

---

① 白娟:《在加速发展中求突破》,《西藏日报》,2003-05-17。

才和企业管理方面得到加强,开始注重发展高技术含量、高附加值、高创汇、高市场占有率的乡镇企业,如堆龙德庆县东嘎水泥厂、申扎县金矿、安多县唐古拉矿泉水厂、曲松县铬铁矿民采队、仁布县建筑公司等。东嘎水泥厂经改扩建后,年产能力由1.5万吨提高到6.5万吨,年产值由1 500万元增加到4 500万元以上。经过近20年的艰苦创业,就是靠政府财政投入的起步资金,带动起了西藏乡镇企业产业群体。当然政府有限的财政投入只能扶持重点支柱产业,对重点支柱产业的扶持激发了西藏农牧区经济的内在活力,使昔日隐藏的经济潜能一下子释放出来,西藏乡镇企业呈现出"多轮驱动,多轨运行"的新局面。其次,要切实减轻乡镇企业不合理的负担。目前对乡镇企业的乱收费已成为影响乡镇企业正常发展的重要因素,对此,各地要对乡镇企业的税外收费进行全面清理。要加强乡镇企业法律法规建设,加大《乡镇企业法》等法律法规的执法力度,坚决制止和纠正乱收费、乱罚款、乱摊派的行为,切实保护乡镇企业的合法权益。对于违反上级规定的收费原则、超越上级规定的收费权限、擅自增加收费项目、提高上级规定的收费标准和扩大收费范围的行为应坚决清理整顿,要像抓好减轻农牧民负担那样,抓好减轻乡镇企业的负担工作。再次,要实施和规范对乡镇企业的税收政策。目前虽然有一些针对中小企业的税收减免政策,但是不够规范化、系统化,有的缺乏可操作性,需要进行归纳和调整,逐步建立起统一、明确的以中小企业为服务对象的一系列税收优惠政策。对乡镇企业税收优惠政策的制定要注意体现企业公平税负和平等竞争的原则,废除那些以所有制形式划分企业的办法,并对生产具有较大市场潜力和增值能力的特色资源型产品的乡镇企业实行利润再投资的税收减免政策等等。最后,财政支持还应体现在公共基础设施建设的资本承担和解决乡镇企业跨越式发展的一些外部性问题上。在西藏,配套完善交通、能源、通信和社会公益性基础设施,已随着乡镇企业向小城镇集结显得愈来愈迫切,通过发展乡镇企业促进小城镇规模的扩大和功能的完善,通过小城镇建设改善乡镇企业的基础条件,但谁来解决公共基础设施?只能靠政府财政投资来解决。当然,新办乡镇企业原则上要在交通、能源、通信条件便利的地方选址,并尽可能实行集中连片布局。有关部门在规划、建设县乡公路、农村电网和农村通信网络时,要尽可能多地考虑乡镇企业发展的需要,为乡镇企业的跨越式发展提供财政支持。

二、建立和完善对乡镇企业的金融支持体系

在国家财政税收大幅度改革的情况下,银行将成为国家对西藏乡镇企业

投资的主渠道。因此,解决西藏乡镇企业融资困难的关键,是建立和完善对乡镇企业的金融支持体系。第一,西藏乡镇企业一般规模小,所需资金大部分都是流动资金,贷款数量小而贷款频率较高,因此,各商业银行、分支行要建立针对乡镇企业提供贷款服务的职能部门,指定专人负责,配备必要人员,加强对乡镇企业的金融服务。充分运用各种金融工具为乡镇企业提供结算、汇兑、转账、财务管理、信息咨询等多种金融服务,要适度发展与乡镇企业相适应的各类非国有商业银行和非银行金融机构,扩大乡镇企业的融资渠道,为乡镇企业的跨越式发展创造一个良好的金融服务环境。同时,强化各职能部门协作,定期召开由各级经济职能部门、各商业银行、乡镇企业参加的例会,通报情况,协调乡镇企业发展、金融支持等相关问题,密切商业银行与乡镇企业的关系。第二,实施相应的乡镇企业贷款担保制度。乡镇企业由于融资渠道有限,可向银行提供作贷款抵押的资产很少,所以银行向乡镇企业提供贷款的管理成本和经营风险都很大,这就造成乡镇企业贷款困难。针对这种情况,地方政府要为乡镇企业流动资金贷款、技术改造贷款、技术创新贷款提供一定担保,筹集贷款担保基金,成立乡镇企业信用担保和再担保业务,履行全程跟踪服务,解决乡镇企业融资担保的困难。同时加强风险管理,不断提高担保资金运营质量、确保担保资金的保值和增值。第三,结合西藏乡镇企业实际,实事求是开办授信额度业务,增加授信企业,扩大乡镇企业授信额度。凡是有盈利的乡镇企业及信用好的乡镇企业,都可以定为授信企业,各商业银行在企业授信评估时,有关评估指标应从西藏乡镇企业实际出发,灵活考核。银行在一定时期内对授信乡镇企业提供一定授信额度,乡镇企业根据生产经营的实际需要,在额度内随时取得银行提供的不同形式的信用支持,特别是要支持有市场、有效益、有信誉,能增加就业和还本付息的乡镇企业,支持乡镇企业进行资源开发和符合市场的新产品开发,支持科技含量高、产品附加值高和市场潜力大的乡镇企业的发展。对于亏损乡镇企业,只要有符合市场需求的产品,银行应及时发放封闭贷款,支持乡镇企业培育新的盈利增长点,促使其走出困境,为乡镇企业营造良好的金融服务环境。

三、积极开拓乡镇企业直接融资和间接融资渠道

直接融资具有改善企业资本结构,有效配置社会资源的优势,因此在解决乡镇企业融资困难的问题上,要积极开拓乡镇企业的直接融资市场。

第一,对有条件的乡镇企业进行股份制改造,大力发展股份制经济,促进跨地区、跨行业、跨所有制要素重组,优化配置。股份有限公司和有限责任公司是现代企业制度的重要形式,根据"产权清晰、权责明确、政企分开、管理科学"的要求,在乡镇企业改制中,严格执行股权结构多元化,建立健全法人治理结构、组织机构、监督机构、职工代表大会,使各机构权责明确、各负其责,实现规范化运作。乡镇企业改制要在产权问题上有大的突破,广泛采取承包、租赁、联合、兼并等办法,多途径、多形式地盘活存量资产,为企业融资。目前,全区有股份合作制乡镇企业10家,从融资状况看,资金困难得到一定程度解决,如山南地区粮油加工企业融资已初见成效,日喀则市东嘎水泥厂与国有骨干企业拉萨水泥厂联姻,对该厂进行扩建,改造后的产品产量和质量得到了大幅度提高,市场销售问题从根本上得到解决,资金来源有了可靠的保障。可见,对乡镇企业进行股份制改造,一方面可以提高乡镇企业筹集资金的规模和效率,另一方面还有利于乡镇企业建立起高效的现代企业制度以提高经营分配水平。

第二,建立各级乡镇企业发展基金。乡镇企业发展基金主要包括:财政预算拨付用于发展乡镇企业的基金;农业发展资金、扶贫开发资金中规定用于发展乡镇企业的部分;中止执行的财政周转金回收部分;乡镇企业上缴税收总额的30%;国际国内政府社团组织、企业及个人对自治区的捐赠资金中明确用于农村发展经济的部分;风险投资基金,即一种以长期股权投资方式投资于乡镇企业,以获得长期收益为目的的投资基金,如各种保险基金和公益性基金的投资等。通过建立乡镇企业发展基金,可以解决乡镇企业资金短缺问题,充实企业资本。乡镇企业发展基金应按照"有偿使用、滚动投放、专户管理、封闭运行"的办法操作,集中用于乡镇企业贷款担保和乡镇企业小区建设。此外,还要注意提高乡镇企业对该基金的使用效果,政府有关部门对乡镇企业发展基金应加强监督和指导工作。

第三,吸收民间资金。推动农牧区闲散于民间的资金走向融合,以聚集成乡镇企业发展基金,形成较强的投资能力,对于乡镇企业融资具有重要意义。要在多渠道、多形式、多层次加大对乡镇企业投入的基础上,通过示范引导,调动农牧民投资的积极性,采取自愿、互助、互利的原则,把农牧民的闲散资金适度集中起来,逐步使农牧民成为乡镇企业的投资主体。其实,贫穷并不是平均到每个农牧民个人的,即使一个处在贫困状态的地方,也会有少数人富裕,问题是如何将民间的这部分经济剩余调动起来用于发展乡镇企业。有的农牧民对乡镇企业的地位和重要性认识不足,认为投资不会有什么收获,没有前途和安全感,宁可将钱压在箱底也不愿向乡镇企业投资。解决问题的关键在于政府或银行参与组合社会闲散资金。实际上,农牧民投资于乡镇企业的回报率不低于银行利息,据统计,1998年全区群众集资兴办乡镇企业达2 455万元。这些民间资金的聚集和崛起有助于解决乡镇企业发展中资金短缺的问题,在西藏农牧区经济发展中发挥着重要作用。

在直接融资的同时还要注意做好间接融资工作。西藏乡镇企业要加快发展,必须打破农牧区经济社会相对封闭的状态,尽可能地加大农牧区对区内外各类经济要素开放的步伐。通过对外开放有效地解决西藏乡镇企业资金短缺和市场开拓能力弱的问题,做到外部的人才、技术、资金与内部的资源、劳力、政策优势的互补,促进乡镇企业的发展。要本着"您发财,我发展"的开明姿态,竭诚欢迎国内外的各类投资主体到西藏与农牧民和农牧区集体经济组织通过控股、参股或联营等方式兴办乡镇企业。要努力改善投资的硬环境和软环境,对前来办乡镇企业的内地投资者,一律享受与当地农牧民同等的优惠政策。要采取措施切实落实《乡镇企业东西合作示范工程》,特别是要抓住"对口援藏"和西部开发的契机,与对口支援地区建立广泛长期互惠互利的密切合作关系。在与对口支援省市的合作中,关键是要抓好对口支援与扶贫开发相结合,对口支援与资源开发利用相结合,对口支援与沿边、重点开放地区相结合,积极主动地接收东部地区传统产业的转移,主动与对口支援省市搞联营、开发,发展一批高起点、上规模、上档次的骨干乡镇企业。西藏自1995年开展对口援藏工作以来,加大招商引资力度,1998年引进资金794万元,增强了乡镇企业经济发展的"造血"功能。还要掌握国际经济交换和竞争的基本法则,切实改善投资环境,大力培育和健全的市场体系,特别是金融市场建设,国际资金就会向西藏乡镇企业转移。当然,从历史经验看,国际资金输入必须变资金单一注入为综合投入,以资金为纽带,带动国际先进技术和人才信息等要素向西藏集结,以形成资源开发的高起点和资源配置的高效益,即变传统的依靠项目直接输入为利用金融市场中介组织等载体组织的间接输入,从而实现资金滚动开发的倍增效应。加入WTO,为西藏乡镇企业的跨越式发展创造了良好的国际融资环境,要不失时机地利用国际资金,围绕特色拳头产品开发,重点扶持一批已有一定基础的骨干企业,帮助其上规模、上水平;引导有实力的乡镇企业进入外贸、旅游等涉外经济领域,积极发展外向型乡镇企业。

四、加强乡镇企业内部资金科学管理

融资与内部资金科学管理是解决乡镇企业资金短缺同一问题的两个方面,犹如一枚钱币的两面,它们是互相作用、辩证统一的关系,多渠道融资能够为乡镇企业带来充足的资金来源,内部资金科学管理则有助于发挥融资的更大作用，提高资金的使用率。因此，只有将融资与内部资金科学管理有机结合起来，才能发挥西藏乡镇企业的"造血"功能，促进乡镇企业跨越式发展。从会计理论角度分析，西藏乡镇企业落后的原因在于生产不计成本、投资不顾效益、产品不问销路、收入不留后备、会计核算不健全。一些乡镇企业不能完全做到以原始凭证为依据、以货币形式为尺度，对企业生产经营活动进行连续、系统、全面的核算，账簿、账户、会计科目、会计报表都不健全。乡镇企业缺乏严格的财务核算、成本核算和强硬的财务监督，其重要决策就不可能建立在可靠的会计数据基础上，企业没有成本、资金、利润目标的合理预测，企业资金运营完全处于一种无序状态，造成资金使用无效益。因此，在积极融资的同时如果不抓好企业内部资金的科学管理工作，那么融资就会失去其意义。加强企业内部资金管理是融资的内在要求和应有之义。首先，要及时、准确、真实、全面地做好企业生产经营活动中的原始记录，包括企业生产经营活动中的产量、销量、质量、工时等记录，企业生产经营活动中存货的购入、消耗、收发等记录；对资金筹集中筹资渠道、筹资方式、筹资数额的记录，对资金投放中投资时间、数额、去向的记录，对资金运营中各财务项目情况的记录，对资金分配情况的记录等。其次，要完善企业内部资金管理制度，包括筹资与投资管理制度、资产管理制度、成本费用管理制度、财务收支和债权债务管理制度、利润分配制度、资本积累制度等。再次，要加大会计控制力度。建立严格的凭证审核制度，对原始凭证进行严格的审核，以确保每项经济业务入账的正确性；建立严格的会计记录程序和其他业务程序，从填制凭证到登记账簿、编制会计报表等一系列工作程序均应科学设置并书面详细说明，确保经济业务记录的合理性；建立严格的复核制度，包括原始凭证之间的核对、记账凭证与原始凭证的核对、总账与明细账的核对等，通过各环节相互核对，真实地反映企业的资金营运状况，提高资金使用效益。

参考文献

[1]郭金龙：《在全区乡镇企业工作会议上的讲话》，《西藏日报》1999-06-17。

[2]白娟：《在加速发展中求突破》，《西藏日报》，2003-05-17。

优化会计环境　促进西藏乡镇企业可持续发展

李爱琴

任何事物的产生和发展都离不开环境的影响,会计作为社会文明的产物当然也离不开环境的影响。良好的会计环境,有利于充分发挥会计的职能作用,提高会计信息质量,促进企业持续、快速、健康地发展。相反,恶劣的会计环境,则会阻碍会计职能的发挥,不利于企业的可持续发展。西藏乡镇企业的发展从无到有,由小到大,现已成为西藏农牧区经济中最有生机、最有活力的新的经济增长点。1999年,全区乡镇企业总产值由1994年的1.9亿元增加至6.3亿元。[①] 面对加入WTO和西部大开发战略已经实施的大好机遇,西藏乡镇企业何以实现可持续发展?本文从优化会计环境的角度对此做了初步探讨。

一、政治环境

会计的政治环境是指在一定时期的社会政治制度下,国家权力机关对于这种独立的会计活动法律地位的确认程度。政治环境是会计工作的基础,而且在一定程度上制约着会计事业的发展。会计模式的运行过程本质上是一个政治过程。会计准则的制定及其相应内容,其实质是不同政治集团根本利益的体现。我国实行的是在中国共产党领导下的社会主义制度,这一政治制度的核心是要保证全民利益、国家利益。相应的,西藏乡镇企业会计在会计目标、会计信息的披露制度和会计处理方法等方面都要维护全民利益。从会计工作来看,要促进西藏乡镇企业可持续发展,离不开会计监督和民主理财,会

---

① 江村罗布:《政府工作报告》,《西藏日报》,1995-06-08。

计监督是社会主义民主在西藏乡镇企业发展中的具体表现,民主理财是社会主义民主制度的本身要求。也就是说,在西藏乡镇企业发展过程中,要让企业员工参与管理过程,对企业有知情权、监督权,这有利于遏制腐败,确保企业资源有效使用;要充分发挥企业职工的主人翁作用,积极为企业发展节约消耗,增加盈利。目前,西藏呈现出经济发展、社会进步、局势稳定、民族团结、边防巩固、人民安居乐业的良好局面。稳定的政治局面,为优化会计环境,实现西藏乡镇企业可持续发展提供了良好的社会政治环境。

二、经济环境

会计的经济环境是指影响企业会计的经济因素的总和,如生产力发展水平、经济体制、企业组织形式、所有制形式、经营方式等等。一般而言,一个国家或地区的社会生产力发展水平是决定其会计产生和发展的最根本的因素。纵观会计发展史,从原始社会、奴隶社会、封建社会到资本主义社会,会计随着生产力的发展,从原始记录发展到簿记,从单式簿记发展到复式簿记。18世纪末19世纪初的产业革命在一些资本主义国家中形成的空前的生产力大发展,丰富和促进了会计理论和方法技术,最终完成了簿记向会计的转化。社会生产力发展的不同阶段,决定着会计理论与方法的发展水平。换言之,社会生产力发展水平愈高,经济关系越复杂,整个社会对企业会计的要求也越高,使得企业会计在整个经济生活中,不但越来越必要,而且越来越进步,其水平也越来越高,对社会经济的反映也越来越敏感和快捷,即所谓"经济越发展,会计越重要"。反之亦然。由于社会历史、自然地理的特殊性,西藏经济发展水平相对落后,1999年,西藏的人均GDP相当于全国平均水平的60%,经济基础脆弱,市场经济很不发达,自然经济特征明显,乡镇企业规模小,组织结构简单,产权模糊,加之受企业管理者素质的影响,西藏乡镇企业会计信息的使用者对会计在微观与宏观方面的双重作用重视程度不够,企业会计水平低,发展较慢,会计作用不能得到很好发挥,导致了大量会计信息的浪费。可见,优化西藏乡镇企业会计经济环境的关键是牢牢抓住西部大开发和社会政治局势日益稳定两大机遇,以经济发展为中心,调整产业结构,理顺产权关系,建立现代企业制度,充分发挥后发优势,实现西藏经济社会的跨越发展。

三、文化环境

会计文化环境是指一个国家或地区人们的传统思想习惯、价值观念、思维方式、道德规范、风俗习惯、传统态度和看法等所形成的一种文化氛围。任何一个国家或地区的会计发展都不可能脱离其文化环境。同其他民族传统文化一样,西藏传统文化是精华和糟粕并存,真理和谬误混杂在一起的。在对待藏族传统文化上,应采取批判地继承的态度,既要反对全盘否定的历史虚无主义,又要反对全盘肯定的传统文化复古主义;既要吸取其精华,又要批判和剔除其糟粕。长期以来,西藏乡镇企业会计工作质量在低水平上徘徊,从文化的角度分析,其根源在于藏族传统文化中的负面影响。其一,"臣服"文化倾向。由于藏族传统文化具有重宗教、轻人生的价值取向,在社会生活中的体现就是把个人安置在等级制度框架所决定的地位上,子承父业,世代相传,听命于宗法家族或宗教头领的安排,从心理上自觉、自愿地接受他们的驱使,个人的创造性和进取心完全被扼杀。加之长期实行的高度集中的计划经济体制,任何东西都由上级说了算,再加上长期以来会计核算受到财政的严格制约,致使会计人员缺乏独立性,一切只有服从。在这种文化氛围中的会计核算,其客观性是难以保证的。其二,惰性文化倾向。藏族传统文化有重宗教教理和科学技术,轻科学管理的倾向,这体现在乡镇企业会计行业中就是其群体惰性,有相当多的会计人员不重视文化知识和专业知识学习,工作素质差,质量观念差,工作效率低,缺乏事业心和工作热情。其三,重量轻质的文化倾向。西藏长期以来形成的自给自足的自然经济,使人们形成了安于现状的小进即满的意识,量成为自然经济文化的主旋律。这种数量重于质量的价值观迫使会计工作者不得不做假账,使会计工作人员一切以量为标准,为了追求数量可以不顾法规和原则,使会计工作完全成为迎合各种指标的工具。这是会计信息失真最重要的原因之一。这些不利的文化因素是西藏乡镇企业在优化会计环境中必须解决的问题。

四、法律环境

会计的法律环境是指一定时期国家法律对于会计工作的干预指导程度和依法保障会计人员自身权益的程度。法是由国家制定或认可,体现统治阶级意志,并以国家强制力保证实施的有关行为规范的总和。广义的法包括各种法律和制度。市场经济是法制经济,市场经济秩序要靠法律来规范。会计作为调节和维护人们经济利益的一种活动,也需要有一种会计规范体系来维护国家正常的经济秩序和各方面的经济利益。当然,它是在法律基础上发挥作用的,法不仅是设置会计组织、配备会计人员和处理会计事项的依据,也是评价会计工作质量的标准。我国西周时期的会计规范都规定在《周礼·六官篇》司会、司书、职内、职发、职币等官吏的职掌之内。我国历代王朝的会计规范,均散见于政府的行政法规之中,进入民国后,制定、颁布了单独的会计法。许多国家和地区都颁布了会计法、注册会计师法,有些国家还颁布了商法、公司法、证券交易法、税法以及投资、保险、环保等方面的法律、法规和条例。颁布和制定各类会计法,其实质是促进会计核算和理财由"人治"向"法治"过渡。反观西藏乡镇企业会计的实际状况,从根本上讲"人治"的色彩非常浓重,如普遍存在的"厂长成本,书记利润"现象和"一支笔"、"白条"现象,及后来讲究的所谓"财务包装"都说明人为因素过重。为此,西藏乡镇企业的会计部门应当根据国家颁布的会计法和政府财政部门颁布的企业会计准则和会计制度的要求,结合企业的需要,拟定企业会计制度。会计人员同时还必须学法、懂法,形成良好的法律习惯和意识,使企业做到依法理财,依法核算,依法接受会计监督,真正用法律来维护企业权益。面对加入WTO的新形势,西藏乡镇企业必然要实行对外经济交流,这就要求熟悉国际法和国外有关经济法规。

五、科技环境

会计的科技环境是指一定时期的科学技术发展水平所决定的技术手段对会计操作技能和会计内容的影响。众所周知,会计信息处理按其操作技术可分为手工操作、机械化操作、电算化操作三种方式。手工操作就是利用人的眼、耳、手等感觉器官当输入器,以纸和笔把经济事实记录下来,以算盘、计算器作为计算工具,按会计处理程序处理会计数据的工作。机械化操作就是运用各种机械手段进行会计数据处理。电算化就是以电子计算机作为手段,进行会计数据处理。目前,西藏乡镇企业会计工作仍停留在手工会计阶段,手工会计的速度受到人们阅读速度、记录速度和运算速度的制约,一般比较缓慢,而且避免不了重复转抄的根本弱点。随着会计人员和会计业务处理环节增多,不加强内部牵制和相互核对,就免不了出现填制记账凭证的差错,记账或过账的差错,数量或金额计算上的差错,以及财产物资的盘盈盘亏等错误情况发生。显然,单一的手工会计已不能适应西藏乡镇企业发展的需要,也不适应当今科学技术发展的需要。电子计算机在会计上广泛应用,必然给西藏乡镇企业带来会计信息处理技术程序的根本变革。提高会计电算化水平,优化科技环境,不仅可以使广大财会人员从笨重的手工会计中解放出来,减轻劳动强度,而且可以提高会计信息搜集、整理、传输、反馈的灵敏度和正确度,提高会计的分析决策能力和会计工作效率,更好地满足西藏乡镇企业管理的需要,为提高西藏乡镇企业的现代化管理水平服务。

六、人才环境

会计的人才环境是指构成会计行为的主体,它包括会计主体人的数量及其综合素质。会计主体人的综合素质是会计行为形成和发展的直接动因。会计人员的知识素质、能力素质、心理素质、道德素质的差异直接导致会计行为的差异。会计人员受教育的程度是会计环境最重要的因素。一个国家或地区的教育水平决定着会计工作水平的高低,会计的历史演绎着文明的历史,会计的历史也就是教育的历史,会计的进步和教育的进步是一致的。由于历史的原因,西藏人口整体文化素质差,根据1995年全国1‰人口抽查,西藏自治区15岁以上文盲、半文盲人口占全区人口的36%,1998年全区适龄儿童入学率为81.3%。① 西藏多数乡镇企业会计人员整体素质低,企业领导把会计工作视为"抄抄写写"、"雕虫小技",把财会部门看成"收容站"。大部分从事会计工作的人员根本没有经过会计培训和教育,甚至无会计证上岗者大有人在,一部分会计人员职业道德水平不高。在大多数国家中,会计人员的受教育程度是较高的,除要经过较长时间的专业培训外,还要经过复杂的考试和较长时间的实践经验积累才能够进入会计工作岗位。提高西藏乡镇企业会计人员的综合素质迫在眉睫,一方面要加强思想政治工作,提高会计人员的职业道德素质,另一方面应在提高他们一般文化教育水平的基础上提高会计业务技能:一是优化现有会计人员的知识结构,提倡会计终身教育,因为随着会计科学的发展,其内容和范围不断扩大,会计人员所需要的知识也不断增加;二是对未经专业训练的会计人员要加强培训工作,鼓励其参加函授、自学、电大、夜大等形式的学习;三是对刚从事会计工作的新手,应结成新老对子,以老带新,放手实践,当然,有经验的老会计,也应注意更新知识,适应新形势的要求。

七、管理环境

会计的管理环境主要是指会计系统内部影响和制约会计信息质量的主观因素的总和。它由两部分构成:一是会计工作的管理与领导体制,二是会计业务执行过程的管理制约机制。作为西藏乡镇企业,其经营的总目标应该是生存、发展和获利,而所有这些都离不开良好的管理体制。会计管理环境是企业管理体系中最重要的组成部分之一。会计管理环境是对企业整个经营过程的

---

① 列确:《在全区计划生育工作座谈会上的讲话》,《西藏日报》,1995-05-21。

系统、全面和连续的反映,没有良好的会计管理环境,企业管理水平是难以提高的。当然,会计环境不是孤立的,它必须要有其他管理部门的积极配合,企业内部各职能部门的职责分明,目标明确,内部控制度牵制严密,就可以优化会计的管理环境。就西藏乡镇企业会计管理环境而言,在一部分企业中仍存在不容乐观的事实,其主要表现是会计核算不健全,不能完全做到以原始凭证为依据,以货币形式为尺度,对企业生产经营活动进行连续、系统、全面的核算,账户、会计科目、账簿、会计报表都不够健全。会计核算是整个经济核算的核心,由于会计核算的不完善,企业没有计划性的编制、成本、资金、利润目标的合理确定与预测,会计不能及时地把原材料、工时等消耗及定额计划的执行情况及时反映出来,由此企业资金运营就处于一个盲目性、不确性极大的环境中,许多企业资金不能分账,这样的财务管理环境必然降低资金运营的安全性,造成资金使用的无效益。解决问题的办法是在会计管理上下真功夫。一般而言,凡是会计管理制度健全的企业,企业会计信息质量就高,会计信息的揭示就及时,会计人员参与企业管理决策的作用就能得到充分发挥。问题是如何优化西藏乡镇企业会计的管理环境?我们认为,一是要根据《企业会计准则》、《会计具体要素准则》、《行业会计制度》等会计法规,制定企业合理的会计管理制度和具体核算办法;二是要根据企业会计工作的具体要求设立完备的会计机构,配备必要的专职会计人员;三是要建立完备的企业会计内部责任机构,明确各项会计管理指标考核的责任范围;四是要建立健全内部会计控制机构和会计信息的反馈系统,便于及时察觉和处理各种经营过程中出现的问题;五是要强化现有乡镇企业领导者的素质,排除不正当的行政干预,克服浮夸虚报现象,杜绝"财务包装",使企业能够按照市场经济规律运行。

八、人际环境

会计的人际环境是指会计工作人员与其周围同事、领导和群众组织之间的合作共事的氛围。会计环境的复杂多变,使得现代会计人际关系日趋复杂。以人为本的管理思想已为国内外管理学、会计学界的有识之士所认同。会计部门要处理好各方面的关系,创造一个良好的会计环境,有赖于会计人员处理好各方面的人际关系。在市场经济条件下,会计人员必须深入了解情况,必要时还要调查了解企业经济往来单位的经济实力和信誉状况,密切会计人员与各部门管理人员、工程技术人员及有关单位的关系,和企业全体员工一道,共同为实现企业经营目标服务。也就是说,一个出色的会计人员,除了自己心里装着"算盘"外,还应具备熟练的人际交往能力。一个具有良好人际交往素质的会计人员在任何会计环境中都能做到随机应变,通过良好的人际交往,以争取盈利机会。会计的功能之一是向外界披露会计信息,在这方面,不同的信息使用者对信息有不同的要求。如果会计人员对信息不能做到"到什么山唱什么歌",对使用者一视同仁,势必会影响使用者在使用信息上的效率,甚至产生误解。此外,会计信息提供多少有一个"度"的问题,提供少了,对方会因信息不充分而发生交易费用;提供多了,往往会因将企业自身的"商业秘密"泄漏,而给对方以可乘之机,给企业造成损失。从一定意义上讲,会计人员的人际交往能力也是财务分析的一个范畴,在人际关系对财务活动的多方面影响中,最重要的是交易成本的影响,姑且将这种节约交易成本的人际关系称作人际资本。人际资本是存在于人与人之间,表现为人际关系,对生产或财务活动有所助益的价值存量,其内涵主要是关于他人的信息,具有某种特殊意义的关系、合作的习惯等人际资本,是资本化了的交易资本。所以,优化人际环境的最终目的在于扩大整体经济效益,为企业的发展赢得良好的社会环境。

九、自然环境

现代工业文明在其发展的过程中,一方面给人类带来了巨大的物质财富,另一方面也给自然环境造成了灾难性后果。保护环境、保护自然,已成为现代社会的一个重大课题。过去由于长期孤立地建设项目,很少考虑水源、大气、废物或噪声等环境因素,使自然环境遭受严重的破坏,造成重大的经济损失,使人民生命财产受到极大威胁。于是环境保护法规纷纷出台,环境会计、环境审计也应运而生。自然环境虽然和会计工作没有直接关系,但是它会对企业投资效益产生巨大影响。推行(绿色)环境会计,已成为国内外会计界的共识。有的学者认为,西藏基本上没有工业污染,大气纯净,保持了原始的生态环境。其实不然,今天西藏高原这片"净土"被污染的潜在可能性已经存在。从理论上分析,由于目前西藏百业待兴,西藏经济的发展必将有一产业扩张期,产业扩张必然给环境造成压力。从现实来看,尽管政府采取了一系列保护生态环境的措施,但水土流失、土地沙化、草场退化、乱砍滥挖、乱捕滥猎等破坏和浪费资源的现象不同程度地存在着。藏东交通线两侧昔日郁郁葱葱的高山如今大多已变成为重重秃岭,西藏粮仓"一江两河"地区也面临风沙化的威胁。因此,西藏乡镇企业的发展必须摒弃"先污染,后治理"的生产观、经营观,在产品开发、价格、营销各个环节贯彻"绿色(环境)会计"原则,在核算企业成本时,应包括企业生产和经营过程中的"环境成本"和"资源成本",促进西藏乡镇企业的可持续发展。

参考文献

[1]江村罗布:《政府工作报告》,《西藏日报》,1995-06-08。

[2]列确:《在全区计划生育工作座谈会上的讲话》,《西藏日报》,1995-05-21。

更新理财观念　发展西藏乡镇企业

李爱琴

乡镇企业作为中国农村经济发展中的一支生力军,在我国国民经济中已确立了不可动摇的地位。西藏是一个以农牧业为主的自治区,全区农牧区人口占总人口的80%以上,农牧业产值占农业总产值的80%以上,西藏经济能不能上新台阶,人民生活能不能进入小康,关键在于乡镇企业的发展。近年来,西藏自治区把发展乡镇企业作为振兴全区经济的战略突破口,出台了《关于大力发展乡镇企业的决定》,制定了"积极扶持,合理规划,正确引导,加强管理"发展乡镇企业的总方针,提出了2000年乡镇企业发展的目标和任务。全区乡镇企业的发展从无到有,由小到大,现已成为西藏农牧区经济中最有生机、最有活力的新增长点。1998年全区乡镇企业总产值由1994年的1.9亿元增加至5亿元。[①] 乡镇企业的发展,不仅有效地带动了全区总体经济的发展,增强了经济活力,同时也使全区加快了脱贫致富、走向富裕的步伐,无论是发展市场经济,消化吸收农牧区剩余劳动力,增加农牧民收入,调整农牧区产业结构,吸纳社会闲散资金,壮大集体经济实力,还是加快农牧区小城镇建设,完善公共设施等社会化服务体系,促进农牧区工业化进程,乡镇企业都起到了至关重要的作用,而且对全区的政治稳定、社会进步都具有特殊的意义。建立社会主义市场经济体制,客观上要求按照市场经济发展的内在需要,对西藏乡镇企业进行财务管理方式的改革。然而,历史经验与乡镇企业财务管理体制改革的实践表明,西藏乡镇企业财务管理方式的改革必须以其理财观念的更新为先导。如果不从根本上抛弃与小商品经济相联系的落后理财观念,树立

---

① 参见《西藏日报》,1995-06-08,1999-06-02。

与社会主义市场经济相适应的现代理财观念,西藏乡镇企业将很难跳出"穿新鞋,走老路"的框框,进而有效地探索适应市场经济发展的新型乡镇企业财务管理方式。那么,西藏乡镇企业应该在哪些方面更新理财观念呢?笔者认为应从以下十个方面改进。

一、市场观念

企业筹集资金,购买原材料、设备、销售产品,都离不开广阔的市场。企业上规模,进行资金投入,更要预测市场变化。企业如果不能把自己的生产经营活动与市场需求相结合,就很难具有市场竞争力。因此,西藏乡镇企业的理财活动,首先要树立市场观念。众所周知,资金是企业法人的"血",而资金运动则是法人的"脉"。乡镇企业的理财活动,实质上就是对资金的跟踪活动。西藏乡镇企业的资金来源主要靠企业自身和农民集资,另外就是银行贷款。而目前银行贷款数量很小,满足不了乡镇企业的需要。投资不足,流动资金缺乏,是当前西藏乡镇企业普遍存在的一大难题,所谓企业资金问题,归根到底是企业进入市场的问题。目前,西藏乡镇企业还没有真正进入市场,主要表现在:一是观念陈旧滞后,一些乡镇企业负责人不是花大精力去进行市场调研,而是忙着找政府要钱;二是乡镇企业受到民族小手工业观念的制约,在规模和产品上都没有大的革新,多数乡镇企业只满足于墨守成规,赚一点算一点,企业规模小,市场应变力差,没有自己的拳头产品,缺乏市场竞争力;三是一些乡镇企业自我约束机制乏力,有钱时无计划地乱花钱,遇到困难就缺乏后劲,一蹶不振。由于企业没有进入市场,造成乡镇企业三部分资金(即产成品,发出商品,应收及预付款)占用一直居高不下,成为"寄生"在乡镇企业身上的一颗恶性"肿瘤",不解决市场问题,银行资金投入越多,占压越多,浪费就越大。解决资金紧张问题,应以市场为导向,树立市场观念,实现乡镇企业与市场的有效结合。走向市场,是西藏乡镇企业的根本出路。为此,乡镇企业应投入更多时间和精力来研究市场,摸清市场需求,以满足市场的需求为出发点和归宿,并以此获取最大利润。因为现代企业管理的重心是经营,经营的关键是决策,决策的正确与否在预测,预测的前提是市场调查和分析。正如美国著名管理学家杜拉克(Drucker)所说的:"一个企业的成功主要不在于内部的组织力量,因为它不能给你利润,只能给你工作。只有通过外部顾客的需求,内部工作或成本才能变成利润。"商品经济是信誉经济,只有以市场为中心,全心全意去满足多层次的不同市场需求,才能有效地提高西藏乡镇企业产品的市场占有率。

二、效益观念

乡镇企业是以盈利为目的的经济实体,其最终目标是以尽量小的耗费获取尽量多的收效,提高经济效益,即尽可能做到投入少产出多,这集中体现在企业获利多少上。对于独立核算,自负盈亏的乡镇企业来说,提高经济效益,增加利润应视同企业理财活动的主要目标。也就是说乡镇企业理财活动的每一个环节都必须讲求成本效益,都应通过会计核算来反映情况,所提供的数据都要靠企业理财去组织、指导、督促和检查。筹措资金时,要讲求筹资的成本效益,以尽量少的代价获取尽量多的资金使用权;运用资金时,以尽量少的耗费创造尽量多的收益,加速资金周转,减少资金占用,提高资金收益率;收回资金时,收回速度越快越好。一句话,应做到不浪费使用一分资金,不闲置一分资金,每耗费一分资财必有所图。为了实现上述目标,从西藏乡镇企业内部来说应从两方面入手。一是做好降低产品成本这篇大文章。不仅要明确规定成本管理的目标、动力和考核标准,而且要在经营过程中实施有效的控制;要由从前的事后记账、算账、报账和分析,转变为事前预算、决策、计划、确定目标成本,进行目标控制,最终达到考核过去、控制现在、规划未来的目的。要把企业职工纳入成本管理的行列,以实现全员成本控制为目标,使企业产品成本达到最优化。有条件的乡镇企业应吸取西方管理会计中的有益成分,从而使成本决策达到更大范围的系统优化。要加强宏观成本管理研究,力求从宏观上解决诸如物价上涨等因素对企业微观成本的影响,使企业的成本管理有序进行。二是要加强控制期间费用。期间费用的高低直接影响经济效益,对企业各种期间费用,必须采取各职能部门提出、财务部门核定、厂级会议审批、财务部门监督与反映的系统管理方法来控制。企业要用系统观念来进行该项工作。

三、负债经营观念

企业负债经营是在负债的状态下进行生产经营活动。在市场经济条件下,负债经营是一种必然存在的现象,适度的负债经营,能有效地提高企业资金的收益能力。一个合格的理财工作者,除应具有专业知识和管理能力外,还应具备金融方面的知识。这样,才能及时抓住市场上的有利时机,有效地筹措外来资金,保证企业理想的盈利水平。因为,借入资金能为企业带来一笔额外收益,这笔额外收益无疑增加了自有资金的获利总额,从而最终提高企业的盈利能力。但负债经营也有增加企业财务风险的一面,一旦经营失误,市场转向,营业毛利率低于贷款利率时,负债就将使企业承受一笔额外损失。若负债比率过高,也会使企业因无力偿还本金及利息,而陷入倒闭困境之中。因此,企业不能盲目地负债经营,而应根据企业经济发展周期变化的实际而定。在经济景气时期产品销路畅通,利用贷款扩大生产规模是正确的选择。如果只靠企业自我积累和从利润中提取折旧费的方法进行扩大再生产,就会失去竞争机会,市场占有率也要下降。所以,即使这时贷款利率高于平时,依靠贷款进行设备投资也是值得的,因为销售额和生产规模成比例地增长,所获得的利润会大大超过利息。在经济低速度发展时期,产品销售遇到障碍,就要实行减量经营,这时就应避开贷款的依赖,主要依靠企业自我积累进行投资,以减少风险和增强应变能力。

四、资金时间价值观念

资金是再生产过程中的物资价值货币表现,是表现再生产过程中物资的价值运动或运动中的价值量,它既不同于货币,也不同于物资。资金虽是物资的货币表现,但不等于货币。没有投入再生产过程的货币只能是货币,只有投入再生产过程,并与物资紧密结合的货币才能转化为资金,资金虽然是物资的表现,但并非所有的物资都是资金,只有经过货币交换投入生产的物资,垫支了货币资金的物资,其价值表现才是资金。企业资金运动的初期,要靠把货币资金投入生产,启动生产和价值的运动。从静态来看,企业的资金运动主要指筹集资金、运用资金、收回资金和分配资金的全过程。从动态来看,企业资金运动表现为资金的循环与周转。在计划经济条件下,资金由国家无偿供给,企业不考虑占用资金的利息问题,也不考虑多占用资金闲置不用的浪费问题,认为资金只要保存在企业就没有损失,使用资金只要不亏本就是合理的。在市场经济条件下,取得资金必须付出一定代价,如借入资金必须按一定的利率支付利息,接受投资必须支付利润,而企业的多余资金可以对外投资,获得投资收益。那么,同样的资金量在不同的时间取得或支付,具有不同的价值。企业所从事的一切经营活动,都必须以资金作保证,都是与时间因素紧紧联系在一起的。用经济学眼光看,时间是一种财富,时间是企业经营中极其重要的资源,企业拥有的资金,能否发挥效用,关键在于企业是否把握好最好的资金配置时机。企业市场竞争,说到底也是一种时间上的竞争,谁得到的信息快,谁的分析路子准,谁的投资对头,谁就占据优势。资金的时间价值就是指资金随着时间的推移所产生的增值。企业的理财只有树立资金的时间价值观念,才能正确地筹集和使用资金,提高资金的利用效果。树立资金的时间价值观念,将有助于理财者比较各种资金的取得成本和各种投资方案的成本效益,以有利于科学地进行财务筹资决策、投资决策和资金营运决策。

五、风险观念

在计划经济模式下,乡镇企业的供销体制统购统销,财务体制统收统支,乡镇企业无任何风险可言。企业理财者只是对已经实现的收入,已经发生的支出进行记录、汇总,对未实现的收入和未发生的支出不予考虑,形成了一种不过问风险,不敢冒风险的保守观念。在市场经济条件下,由于市场机制的运行使乡镇企业的理财活动客观上面临各种各样的风险。风险是一种与损失相联系的概念,是一种不确定的或可能发生的损失。风险产生的根本原因是由于客观世界的复杂性和人类主观认识的局限性,它具有客观性、不确定性和不易量化的特征。理财风险是在各项理财活动过程中由于各种难以或无法预料、控制的原因的作用,使企业的实际财务收益与预计收益发生背离而蒙受经济损失的机会或可能性。简言之,理财风险是一种微观经济风险,是企业经营风险的集中表现。乡镇企业的风险包括:产品销路风险,长期投资收回的风险,应收账款拖欠的风险,企业到期不能偿还债务的风险等。企业面临的各种风险在财务上都会有所体现。面对风险,企业既不应退缩,也不能轻举妄动,厌恶风险、逃避风险都是不现实的、不客观的,而为了获取更大收益去盲目冒风险也是不可取的。企业必须树立正确的风险观念,勇于正视风险,妥善处理风险,敢冒风险。从理财上讲,风险往往同收益成正比,风险与收益在一定条件下可以相互转化。一般而言,风险性愈大,风险收益也可能愈大;风险性愈小,风险收益也可能愈小。只有企业立足于市场,有效地预防财务风险,在风险发生时才能使风险损失降低到最低程度。因此,西藏乡镇企业应以财务部门为核心,建立和完善一套风险防范机制。当产成品库存数量过多,或新产品销路不畅,资金周转不灵时,除一方面广开销售门路外,财务部门还要从筹资和挖潜两方面着手,增强企业经营活力,以避免产品积压的风险;当应收账款长期被拖欠时,应以各种灵活的方式收回账款,同时进行产品销售时应对购货方的财务状况、资信状况进行全面的了解,以合理利用现金折扣手段使客户及时付款,此外还要加强对销售贷款的催收,以减少应收账款无法收回的风险;当企业举债比重过高时,要进行深入细致的市场调研,做好定性与定量分析,测算环境变化带来的种种不确定因素的负面影响,以减少失误带来的风险等。总之,在市场经济条件下,西藏乡镇企业必须具有风险与收益意识,在企业生产经营活动中,通过细微、周密的工作(如概率系统等数学方法),绕过风险,分散风险,使损失最小,实现企业财富最大化,来增加和壮大企业的经济实力。

六、管理决策观念

在计划经济条件下,企业所需要的人、财、物由国家供应,企业生产的产品由国家包销,企业实现的利润全部上交,理财者不过是企业财产的"保管员"而已。在市场经济条件下,企业成为市场的主体,本质上要求其人、财、物、产、销自主,需要理财者回归企业,同所在企业融为一体,成为企业的管理者,参与企业的管理决策,当好厂长经理的参谋助手。比如,参与企业经营目标决策。在市场经济中,由独家经营变为多家经营同一产品,竞争激烈,企业的一切经营活动,必须以市场为导向,以社会需求为出发点和归宿。因此,企业必须对经营目标进行决策。理财人员应积极参与市场调查,掌握第一手资料,运用成本、效益的分析方法,从经济效益上进行测算、论证,选择最优的决策方案,供厂长经理参考。又如,参与企业资金筹集与运用决策。资金的筹集与运用是企业重要的决策活动,理财人员应根据企业的资金来源渠道与筹资方式、筹资规模、筹资结构。合理安排企业资金运用,以提高资金的综合收益水平,既能稳定财务状况,又能提高盈利能力。再如,参与成本控制及分配决策。降低成本是提高企业经济效益的一项重要途径,理财人员参与到制定标准成本中,以控制成本的发生,降低成本。企业内部的利益分配是一个最敏感的问题,直接关系到职工的切身利益,理财者应参与企业内部经济责任制形成、承包指标、考核方法与分配方案的制定,建立健全各职能科室的核算制度,使之与内部经济责任紧密挂钩,充分调动企业员工的劳动积极性,促进企业的发展。

七、理财工作即创造财富的观念

应该承认,西藏乡镇企业的广大理财人员由于种种客观原因,而在不同程度上受到某些传统观念的影响,形成某种思维定式。因此,目前西藏乡镇企业的理财思想和方法还比较落后,其职能并未能得到充分展示。一些人也忽视理财工作在企业生产和经营活动中的积极作用,视理财为雕虫小技,无学识可言。理财工作者成为"小气"的代名词,理财工作创造的价值没有得到应有的承认。理财不被重视的深层原因是理财工作不创造财富的观念所致。这是一种误解。商品经济、市场经济和理财工作有着天然的联系。搞商品经济,就要讲究市场运作,讲究经济效益,讲究成本利润,讲究公平交易、平等竞争,而这一切都和理财工作分不开。理财工作者根据其所掌握的财务资料,不但可以全面反映企业的生产经营活动,而且可以控制成本的发生,减少浪费,还可以通过观测,为企业选择最优的决策方案,提高企业经济效益。筹集资金时,比较不同筹资方式的筹资成本,选择耗费成本最小的方案;生产产品时,制订科学合理的定额成本,控制生产成本的发生;销售产品时,通过市场预测,制定科学的销售价格,选择适当的销售方式。可见,理财工作绝不是简单的写写算算,而是实实在在地为企业增加利润,创造财富。在当前形势下,企业除了采取各种可行措施和方法,不断提高企业理财管理的水平外,更要在思想上摆脱某些传统观念的束缚,树立积极理财、讲求效益、理财工作创造企业财富的新观念。

八、信息观念

在具有开放性的市场经济条件下,每一个企业都是在一定社会环境的包围中开展一系列社会经济活动,企业与环境之间不断地进行着物资能量和信息的相互交流。在一个高度信息化的社会里,信息已成为一种战略资源,一种社会财富,一种最新的生产力,成为企业经济活动成败的关键因素。在信息社会里,企业理财离不开信息,企业理财信息化已成为当今企业理财的重要特征。企业理财必须提供满足各方面需要的基本信息。一是为企业提供宏观管理需要的信息,理财信息是企业经济信息的重要组成部分。为了便于汇总分析,理财信息必须规范化。二是提供组织市场活动需要的信息,各种商品生产者之间的资金、物资、劳务、技术等进行交换,必须依靠商品生产者之间的相互信任和了解,而提供这种信任和了解的主要依据和手段是以财务会计报表为载体的财务会计信息。如供货者必须了解购货方的财务状况是否良好,财务活动是否有效率的信息,从而确定赊销风险,并据此做出销货决策;潜在的投资者进行投资活动时,必须了解接受投资单位生产经营规模、财务状况、盈利情况等信息,以决定是否投资。企业理财既要对外提供满足各种需要的信息,又要对内部提供管理需要的信息,如成本信息、价格信息、负债水平信息、盈利能力信息、需求信息等,建立有效的财务信息系统和信息网络,加强企业内外财务信息的搜集、反馈和传播,有效地监测和适应本企业赖以生存和发展的各种理财环境,使企业在市场竞争中立于不败之地。

九、公关观念

理财环境的复杂多变,使现代理财关系日趋复杂,树立理财公关观念,正确处理好财务关系,已成为企业生存发展和理财学研究的重要课题。理财公共关系观念主要是指重视形象和信誉的思想。企业的社会信誉和形象是企业的无形财富,是一个现代乡镇企业的灵魂和生命线。珍惜形象,重视信誉成为公共关系思想的核心内容,它要求企业采取开诚布公的态度,以诚相待,用真实完整的信息资料与双方交流,为社会各界树立诚实可信的企业形象,为企业的发展积累无形资产。如前所述,西藏乡镇企业资金要靠银行贷款,但银行信用利率与企业信用素质关系很大,信用素质良好的企业不但有优先取得银行信用的权利,而且支付的贷款利率也比较低;反之,信誉形象不佳的企业,向银行借款比较困难,就是能够得到,也将承受较高的利息支出。互惠互利是现代公共关系的另一个重要思想。企业开展公共关系活动的动机,既非一味地"利己",也非无原则地"利他",而是在法律和道德允许的范围内以"利他"的方式"利己",推崇"大家都赢"的原则。这也是公关关系与投资取巧、坑蒙拐骗的区别所在。一个出色的企业理财人员,除了自己心里装着"算盘"外,还应是一个公关专家,一个具有良好的公关素质的理财者在任何财务环境中都能做到随机应变,通过公关知识对自己上司的"口谕"做合理的调整,以争取盈利机会。理财的功能之一是向外界报道财务信息,在这方面,不同的信息使用者对信息有不同的要求。如果财务人员对信息不能做到"到什么山唱什么歌",对使用者一视同仁,势必会影响使用者在使用信息上的效率,甚至产生误解。同时,财务信息提供多少有一个"度"的问题,提供少了,对方会因信息不充分而发生交易费用;提供多了,往往会因将企业自身的"商业秘密"泄漏,而给对方以可乘之机,给企业造成损失。所以,公共关系开展的最终目的在于提高企业乃至社会整体经济效益,保持企业良好的财务公共关系状态,为企业的发展赢得优化的社会环境。

十、道德与法制观念

市场经济对于合理配置资源,促进平等竞争,提高效率,推动企业经济发展有着非常重大的作用。但是应该看到,市场在其孕育发展的过程中,不可避免地带有一些负效应,这就要求企业理财者树立与市场经济相适应的道德观念,包括集体主义观念、爱国主义观念、热爱社会公益事业的奉献精神等。市场竞争意味着你上我下,有你没我,竞争手段千奇百怪,但高层次的市场竞争则讲求韬略计谋,讲求道德观念,"君子爱财,取之有道"。

社会主义市场经济是法制经济。因为在市场经济中,多元的经济活动主体要自主地为着自身的利益从事经济活动,就必须有一个能够共同遵循的行为准则和规范,否则就会出现混乱并最终导致各方利益的损失。社会主义市场经济作为一种法制经济,其核心就是保证每个经济主体的权利和义务,一方面在经济活动中相互承认,并尊重对方的独立决策权力;另一方面,各主体必须对自己的决策行为产生的结果承担相应的责任。这就要求在市场经济活动中,经济活动主体必须清楚地意识到规范自律的必要性,从而产生规范化处理相互关系的要求。在市场经济条件下,每个企业都是自主经营的经济实体,要在竞争中谋求生存和发展,与其他企业既相互依靠又相互排斥。这种依赖性与排他性,要求企业在经营中,严格依法经营,遵守合同协议,服从工商税务部门的管理。理财人员要知法、懂法、守法、依法理财,依法治企,不仅要了解、贯彻有关会计法规,使理财行为能在法律、法规的规范下进行,同时又要善于利用法律来保护自己,从而保障企业经济活动的正常进行。

参考文献

《西藏日报》,1995-06-08,1999-06-02。

西藏中小企业融资困境及其解决路径

李爱琴

西藏的企业根据国家经贸委对大型企业的标准来衡量,全部属于中小企业,没有大型、特大型企业。西藏中小企业涉及社会各个行业,在西藏经济发展中起着极为重要的作用,已经成为西藏经济发展的经济支柱、就业支柱、财政支柱和稳定支柱。就工业企业而言,2007年全区工业企业达443个,其中中型企业10个,其余均为小型企业,实现工业总产值101 137万元,从业人员达29 217人。然而,由于诸多因素的影响,西藏中小企业融资难的问题日益凸显,已经在很大程度上影响了企业可持续发展和作用的发挥。

一、西藏中小企业融资困境的表现

(一)存在外源性资本缺口

在我国,资本市场主要是为大中型企业,尤其是为国有大中型企业设计的,虽然其上市股本规模由原来的5 000万元减少到了3 000万元以上,但绝大多数中小企业难以达到这样的规模水平,极大地限制了中小企业通过股票市场扩充资本实力。由于西藏中小企业整体规模较小,其融资的主渠道显然不可能通过资本市场这一外源性资本融资渠道实现。截至2007年,西藏企业通过直接融资的仅有8家,累计筹集资金为24.12亿元。我国的中小企业板市场是为主业突出、具有成长性和科技含量高的中小企业提供外源性资本融资的市场,对于大多数业务仅局限于西藏地区的中小企业来讲,中小企业板市场仍然是可望不可即的融资渠道。风险投资在一定程度上能缓解一些中小企业的资本缺口,但风险投资机构基于对投资项目较高的监管和控制成本考虑,一般以高科技项目为主要投资对象。在我国,风险投资主要集中在科技产业和房地产行业,对于大多数西藏中小企业而言,也不可能依赖风险投资缓解其外源性资本缺口。

(二)存在债务资本缺口

在西藏,由于受传统融资观念和融资渠道的限制,中小企业的资金主要通过业主的股权投资、保留盈余和非正式股权等方式形成,约占总资金的70%。在外源债务融资中,银行贷款一直是西藏企业融资的首选路径。但西藏中小企业经营规模小、生产效率低、财务制度不健全、信用状况差,往往很难达到金融机构的贷款条件,致使中小企业在获得银行和其他金融机构的债务融资时常常面临着有效的资金需求无法得到满足的现象。银行贷款仅能满足中小企业一般流动性资金的需求,而固定资产投资和业务拓展所需的长期资金需求则难以满足。由表1可知,西藏企业负债融资占总金额的比重不足30%(2006年除外),而且长期负债比例远远低于全国平均水平,不利于企业的稳定发展。

表1 西藏规模以上工业企业筹资状况(占资产总额的百分比)

%

年份(年)	企业单位数	总资产报酬率	流动负债	长期负债	实收资本
2000	219	3.20	18.28	6.20	58.14
2001	205	3.03	16.16	4.87	60.36
2004	189	2.95	15.83	4.31	59.19
2005	197	3.48	16.00	7.49	55.89
2006	204	4.07	35.32	7.08	48.70
2007	100	4.15	16.89	5.98	32.21

资料来源:根据《西藏统计年鉴》(2006—2008年)整理。

二、西藏中小企业融资困境的根源

造成西藏中小企业的融资缺口的既有企业自身的缺陷,又有金融体制障碍,还有西藏社会服务保障体系不健全等因素。

(一)企业自身缺陷

1. 融资观念落后。由于受计划经济体制的影响,西藏中小企业管理者融资观念滞后,重外源融资,轻内源融资,过分依赖银行融资,融资方式和融资渠道单一,尚未形成多元化融资理念。

2. 企业整体素质较差。企业整体素质差是西藏中小企业融资难的根本原因。一是经营规模小。2007年西藏规模以下工业企业343个,平均资产652.49万元,固定资产519.84万元,从业人员26.38人。二是市场竞争能力弱。西藏中小企业生产设备落后,工艺陈旧,产品标准化程度低、质量差、花色品种少、技术含量不高,缺乏市场竞争力。三是偿债能力差。偿债能力包括短期偿债能力和长期偿债能力。短期偿债能力是企业正常经营的保障。流动比率是衡量企业短期偿债能力的主要财务指标,一般认为生产性企业合理的最低流动比率为2。近年来,西藏企业尤其是工业企业和建筑业,其流动比率基本在1~1.5之间波动,远远低于合理的最低值。可见,西藏中小企业短期偿债能力的不足在一定程度上影响了银行贷款的取得。四是经济效益较差。以2006年西藏国有中小企业为例,其亏损面达50.11%,总资产报酬率0.63%,销售利润率1.12%,远远低于全国平均水平。

3. 信息不对称。信息不对称是造成西藏中小企业负债融资缺口的主要原因。在西藏,多数中小企业会计制度不健全,财会人员素质差,财务管理水平低,难以提供真实的财务信息,而银行又没有合适的渠道了解中小企业真实的财务信息,加大了银行的"逆向选择"和企业的"道德风险"发生。

4. 企业信用较低。信用是企业外源融资的重要依据,但西藏中小企业信用普遍较低。一方面中小企业经营规模小,固定资产少,所能提供的担保、抵押资产少,难以满足银行信贷资金安全的需要;另一方面有些企业借破产、分立、改制之机逃废银行债务,这在一定程度上也妨碍了中小企业从银行融通资金。

(二)外部融资环境障碍

1. 缺乏完善的法律支持体系。世界上许多国家和地区都从法律法规层面上加强对中小企业的保护和支持。我国在2002年6月颁布的《中小企业促进法》虽然为中小企业的发展、融资提供了法律上的保护和支持,但缺乏与之相配套的更为细致、可操作的法律法规。

2. 缺乏完整的政策支持体系。尽管国家出台了一系列政策措施鼓励、支持中小企业发展,但一些政策环境对中小企业发展是不利的,突出表现在两个方面。一是政策有"身份"差别。目前政策扶持倾向于国有企业,而非国有企业则不能享有与国有企业在税收、资金筹集、土地使用等方面同等的待遇,使非国有中小企业在市场竞争中长期处于不利地位。二是税收负担较重。我国税收管理体制透明度和效率相对较低,表面上对中小企业实施税收优惠,但实际上其税负较重。如作为主体税收的增值税,国有企业可先缴后退,而非国有企业无此待遇。西藏中小企业大多是小额纳税人,增值税发票难以抵扣,实际税负增加,税收负担过高。

3. 缺乏有效的金融保障体系。近年来,国有商业银行长期为国有企业服务的市场定位虽有所转变,但是经营战略定位仍然是面向"大城市、大企业"和"重点客户、重点行业、重点地区、重点产品",中小企业尚未成为信贷支持的重点。从全区范围看,3家国有商业银行贷款投放重点仍然倾向于个别大企业、国有企业和少数优势企业。各地区商业银行的贷款集中度基本上保持在60%,部分地区更是长期保持在90%以上,使得大多数中小企业尤其是非国有中小企业融资更加困难。

4. 缺乏完善的社会服务保障体系。目前西藏中小企业信用支持体系建设滞后,而且资信调查体系、信用评估体系、担保体系发育不完善,信用服务工具十分有限。2006年西藏才成立了第一家政策性担保公司,难以满足西藏中小企业发展的需要。

三、西藏中小企业融资困境的解决路径

解决中小企业融资困难是一项综合性的系统工程,涉及政府、银行和企业三个方面:政府应在立法、财政援助和税收优惠等方面提供支持,提高中小企业的内部积累,扩大内源性资金比重,优化企业资本结构;银行应深化金融体制改革,完善中小企业信贷支持体系,为中小企业提供全方位、多层次、个性化的金融产品和服务;企业则应提高自身的综合素质,增强自身的融资能力。

(一)全面提升中小企业的综合素质

1. 提升产品创新能力。西藏中小企业大多为劳动密集型企业,总体技术水平落后,产品科技含量较低,有相当多的中小企业依旧是手工操作。因此,中小企业要想获得外部融资,必须充分发挥自身的优势,不断地进行技术创新,努力提高产品的核心竞争能力,走小而专、小而新、小而特的发展道路。

2. 提高经营管理水平。针对西藏中小企业整体管理水平较低的现状,企业应从以下几方面抓起。首先,建立完善的企业法人治理结构,不断提升经营管理能力和科学决策水平。其次,加强财务管理基础工作,提高企业财务素质。一是按照《会计法》的要求,建立完善的企业会计制度和财务会计账簿体系,保证信息披露真实完整,树立良好的企业形象,若企业业务量少、交易不多,可以请中介机构代理记账;二是建立完善的内部控制体系;三是提高财务会计人员的素质。

3. 积极拓宽融资渠道,构建多元化的融资方式。企业融资按资金来源分

为外源融资和内源融资。外源融资主要是指银行及金融机构贷款、证券、其他金融市场融资、吸收基金投资及金融租赁、典当等融资方式；内源融资则主要是指职工持股、留存利润及折旧等融资方式。基于西藏金融市场和西藏中小企业的特点，西藏中小企业融资应从两个方面入手。一是重视内源融资。充分运用内源融资方式是西藏中小企业缓解资金短缺的现实途径。首先，要把股权融资同中小企业股份制改造结合起来，建立起产权明晰、责权明确的现代企业制度，为外源融资奠定制度保障。其次，税后利润是内源融资重要的资金来源，不能采用分光、花光的短视做法。企业在制定内部分配制度时，既要考虑投资者的利益，又要妥善处理企业积累和分配的关系，提高内源融资规模。二是建立以银行贷款为主体的多元化外源融资体系。首先，通过商业银行、农村信用社和城市商业银行等进行负债融资。其次，针对西藏中小企业设备陈旧、工艺落后、技术水平低的特点，可采取融资租赁方式解决中小企业引进先进设备及工艺更新的资金难题。最后，应收账款让售、应收票据贴现、典当融资也是西藏中小企业缓解融资难的一种现实选择。

(二)加大政府对中小企业发展的支持力度

1. 完善法律支持体系。自治区政府应以《中小企业促进法》为基点，制定符合西藏实际的一系列相关的法律法规及条例，规范中小企业经营活动和市场行为，营造有利于中小企业发展的法律环境。

2. 加大政策支持力度。鉴于国内外的成功经验和西藏的实际情况，自治区政府应尽快成立中小企业管理机构，认真研究西藏中小企业成长规律，为西藏中小企业快速准入和持续发展创造良好的政策环境。首先，消除企业的"身份"歧视，使国有与非国有的中小企业均能享受"国民"待遇，实现公平竞争平台。其次，制定相关的优惠政策。政府应根据西藏企业小型化特点，在税收、土地使用、财政补贴等方面大力支持。优惠政策主要包括：一是开业优惠，应简化开业登记手续，减免有关费用，降低开业条件；二是税收优惠政策，应减少收费环节，减免税费，增加企业内源融资资源。最后，加大财政支持力度，设立专项基金，用于中小企业的技术改造，产业结构调整等特定用途。

3. 建立完善的中小企业信用担保体系。政府的信用担保体系是缓解中小企业债务融资缺口的重要工具。自治区各级政府应建立符合市场经济要求的中小企业信用担保体系，为中小企业融资提供坚强后盾。一是成立中小企业信用担保机构。可以由地方政府、金融机构和中小企业共同出资组建信用担保机构和再担保机构，也可以由中小企业联合出资，发挥联保、互保的作用。同时，还应建立资本补充机制，积极吸纳社会资本进入，鼓励大企业、大公司参股。二是建立中小企业信用和信息档案库。运用计算机网络,将中小企业的经营业绩、财务状况、发展趋势、履约合同的各种原始记录等建立电子档案,并对中小企业开展信用度评价,为信用担保和银行贷款提供依据。

(三)加大金融机构对中小企业发展的支持力度

深化金融体制改革是缓解西藏中小企业债务融资缺口的关键。西藏金融机构应结合西藏的特殊区情,深化金融体制改革,构建完善的中小企业信贷支持体系,为中小企业提供全方位、多层次、个性化的金融产品和服务。首先,设立中小企业信贷部。西藏金融机构应根据西藏企业小型化的特点,专门成立为中小企业服务的信贷部门,将支持中小企业发展作为重点,改善信贷管理,扩展金融服务领域,开发适合西藏中小企业特点的金融产品,调整信贷结构,为中小企业提供信贷、结算、财务咨询、投资管理等方面的服务。其次,制定符合西藏中小企业特点的授权授信管理制度。根据西藏中小企业所需资金量少、周转速度快的用资特点,在有效防范信贷风险、提高信贷资产质量的前提下,合理确定各分行贷款审批权限,减少信贷审批程序和环节,降低企业借款成本。最后,制定符合西藏中小企业特点的信用等级评价制定标准,科学合理地反映西藏中小企业的资信状况和偿债能力,为贷款发放提供便于操作的可靠依据。

参考文献

[1]西藏自治区统计局:《西藏统计年鉴》,中国统计出版社2008年版。

[2]西藏社会科学院:《中国西藏发展报告》,西藏人民出版社2008年版。

[3]中华人民共和国财政部:《中国会计年鉴》,中国统计出版社2006年版。

[4]人民银行拉萨中心支行课题组:《对中小企业金融服务情况的调查分析》,载《西藏经济》2002年第4期。

[5]西藏自治区社会科学院:《优化结构,统筹发展》,载《西藏研究》2004年第3期。

西藏中小企业可持续发展面临的财务困境及其解决路径

李爱琴

改革开放以来,西藏中小企业发展迅速,已成为西藏经济发展的"经济支柱、就业支柱、财政支柱、稳定支柱"。以工业企业为例,2007年全区工业企业443个,其中,中型企业10个,其余均为小型企业,实现工业总产值504 375万元,从业人员达29 217人。[①] 然而,由于受计划经济体制和交通不便、信息不灵、市场发育程度低等诸多因素的影响,在财务管理方面,西藏中小企业存在许多与自身发展和市场经济不相适应的问题,严重阻碍了中小企业可持续发展。如何改进西藏中小企业财务管理,提高其财务管理水平已成为西藏中小企业可持续发展战略的重要课题。

一、西藏中小企业财务管理存在的问题

(一)融资渠道单一,结构不合理

1. 融资渠道单一。目前西藏尚未形成多元化的融资渠道,融资不畅仍十分严重。从直接融资来看,截至2007年,西藏企业通过直接融资的仅有8家,累计筹集资金为24.12亿元,[②] 尚无企业发行债券融资。从间接融资来看,银行贷款一直是西藏企业融资的首选路径。但由于西藏中小企业在经营规模、生产效率、财务制度、信用状况等方面的劣势,使银行从自身利益出发,通常不愿开展中小企业信贷业务,致使其资金短缺的问题日益突出。

2. 融资结构不合理。以规模以上工业企业筹资状况为例,由于受传统融

---

① 西藏自治区统计局:《西藏统计年鉴》,中国统计出版社2007版。
② 西藏社会科学院:《中国西藏发展报告》,西藏人民出版社2008年版。

资观念和融资渠道的限制,西藏中小企业融资结构单一,呈现出较强的权益融资偏好和对银行贷款过度依赖的特点。2007年,规模以上工业企业100个,流动负债占总资产的比重为16.89%,长期负债占总资产的比重为5.98%,实收资本占总资产的比重为32.21%。[1] 可见,中小企业资金主要通过投资者投入以及企业内部积累等内源融资方式形成,债权融资比例偏低,缺乏财务杠杆效应。

(二)投资管理能力差

1. 重投资轻管理。西藏中小企业特别是国有企业,其资产在很大程度上是国家扶持企业发展资金或国家给予企业的优惠政策添置的,但因经营管理不当,不良资产增多,导致经济效益偏低。

2. 投资结构不合理。西藏中小企业重固定资产投资,轻流动资产投放。2007年规模以下工业企业343个,平均每个企业资产652.49万元,固定资产519.84万元,固定资产投资占全部资产的79.67%。[2] 还有一些企业将运营资金用作固定资产投资,导致营运资金周转紧张。

3. 投资缺乏可行性分析。西藏中小企业财务管理手段落后,尚未建立起一套科学、完整的投资项目评估机制和规范的实施程序,不良长期投资剧增。

(三)营运资金管理能力低

营运资金因其周转期短,形态变化频繁,是中小企业日常财务管理的核心内容。但西藏大部分中小企业对营运资金管理缺乏全局计划安排,有些企业将部分资金长期闲置,未能参加生产经营周转;有些企业将流动资金用来大量购置固定资产,导致资金短缺无法应付经营急需,使企业陷入财务困境。一是现金管理落后。许多中小企业不编现金预算或计划,造成现金或者闲置或者不足,导致资金周转失灵。二是应收账款控制乏力。许多中小企业既没有建立严格的赊账政策,又缺乏有力的催收措施,致使应收账款长期挂账,应收账款占流动资产的比重过高,造成流动资金紧张。三是存货控制薄弱。许多中小企业存货的收、发、结存缺乏严格的控制,造成库存商品积压严重、结构不合理。

(四)成本费用管理水平低

西藏中小企业普遍存在着成本费用核算不实、控制不严、控制体系不健全

---

[1] 国家财政部:《中国会计年鉴》,中国统计出版社2005年版。
[2] 张月玲、王静:《我国中小企业财务管理存在的问题及对策探讨》,载《会计之友》2009年第1期。

等问题,导致成本费用过高,利润下降。2006年规模以下非国有工业企业的产品销售成本、产品销售税金及附加和各项费用之和占销售收入的101.99%[①],而且在成本费用控制上仍处于事后算账的阶段,事前和事中控制能力较弱。

二、西藏中小企业财务管理存在的问题透视

(一)外部财务环境较差

1. 缺乏完善的法律法规体系。目前我国中小企业法律法规建设还相当滞后,企业立法和有关政策基本采用国有或私有的所有制标准来确定,导致经济成分不同的中小企业在法律地位和权利上的不平等,阻碍了中小企业可持续发展。

2. 缺乏有效的政策扶持力度。目前政策体系倾向于大企业,特别是国有企业或上市公司,而忽视了对中小企业的扶持政策。而西藏50%左右的中小工业企业属于非国有企业,他们不能享有与国有企业在税收、资金筹集、土地使用等方面的同等待遇,致使中小企业在市场竞争中处于不利地位。

3. 缺乏有效的社会服务体系。目前西藏金融机构尚未专门设置中小企业信贷管理部门,现行的信用等级评定体系不符合西藏中小企业特征,致使许多中小企业不能进入银行信用等级评定范畴或等级较低而难以取得贷款。担保难、抵押难也是困扰中小企业融资的主要因素之一。西藏中小企业信用担保体系尚处于起步阶段,资信调查体系发育程度低,信用担保体系发育不良,对中小企业的支持力度不够。

(二)内部财务管理落后

1. 财务管理基础薄弱。一是财务机构不健全。许多中小企业特别是小企业未设财务机构,没有专职财务管理人员,财务管理职能由会计或其他部门兼管,或由企业主管人员一手包办,导致先进的财务管理技术得不到有效的应用。二是财务制度不健全。多数中小企业尚未建立内部财务牵制、稽核、计量验收、财务清查、成本核算和财务收支审批等基本财务管理制度,导致中小企业内部财务管理混乱。三是财务人员素质低。2004年西藏通过年检的会计人员共9 420人,初中学历743人,占8%;高中学历1 109人,占12%;中专学历3 892人,占41%;大专学历3 070人,占33%;本科学历573人,占6%。其

---

① 西藏自治区统计局:《西藏统计年鉴》,中国统计出版社2007版。

中,具有会计专业技术资格的初、中、高级职称1 713人,仅占19%。[①] 可见,财务人员素质低是西藏中小企业财务核心地位难以很好发挥的主要原因。

2. 融资难。一是融资观念落后。由于受计划经济体制的影响,西藏中小企业管理者融资观念滞后,重外源融资,轻内源融资,融资方式和渠道单一,尚未形成多元化融资理念。二是内部积累能力有限。西藏中小企业经营效益普遍较差,2006年西藏规模以下非国有工业企业149个,其中亏损企业31个,亏损面达20%,亏损额高达1 315万元,导致企业内源融资不足。[②] 三是外源融资能力较差。不论是间接融资还是直接融资,西藏中小企业因其整体规模小、效益差、抵御风险能力弱、信息缺乏客观性和透明度,都难以实现。而比较适合中小企业的其他融资渠道如投资基金、融资租赁、典当等,在西藏尚未形成市场。

3. 资金运用能力差。一是固定资产投资缺乏科学性。在资金投放活动中,很多中小企业没有做好前期的市场调查和对未来风险的预测工作,就盲目跟风,结果将原有项目的利润赔了进去;也有不少企业搞多元化经营,盲目扩大固定资产投资,忽视对资金成本及运用效率的控制,导致资金结构比例失调,资金周转速度减慢,利息负担加重,使企业陷入财务困境之中。二是流动资产投资管理能力差。在现金管理上,由于管理观念落后,许多企业认为现金越多越好,因预留现金比例过高,未参加生产周转,造成现金闲置;由于管理手段落后,许多企业不编制现金收支计划,现金管理随意性较大,导致资金周转失灵。在应收账款管理上,受传统管理思想和方法影响,大多数中小企业既没有制定具体的、严格的赊销政策,对于立即付款、延迟付款和超期付款缺少具体的鼓励和惩罚措施,又没有有力的催收措施,这对促进销售、提高利润、加快现金回收都会产生不利影响。在存货管理上,由于缺乏存货计划,存货有时占用资金较大,有时又发生存货不足的情况,严重影响资金运营效率。

三、提升西藏中小企业财务管理水平的基本路径

西藏中小企业财务管理落后是外因和内因双重障碍因素造成的。因此,提升西藏中小企业财务管理水平,必须要从企业外部财务环境和内部财务管理入手。一方面,政府要充分发挥宏观调控作用,努力改善企业外部财务环

---

① 张月玲,王静:《我国中小企业财务管理存在的问题及对策探讨》,载《会计之友》2009年第1期。

② 西藏自治区统计局:《西藏统计年鉴》,中国统计出版社2007版。

境,为企业理财提供良好的宏观环境;另一方面,企业要建立以财务管理为核心的现代企业管理体系,控制资金、成本、利润,全面提升中小企业综合财务素质。

(一)完善西藏中小企业可持续发展的外部支持体系

1. 完善法律支持体系。西藏自治区应在《中小企业促进法》所给予中小企业的发展政策和西藏现有若干规定的基础上,制定与西藏中小企业发展相适应的"中小企业发展基金管理办法"、"中小企业信用担保管理办法"等法律法规及条例,依法推进中小企业发展,营造中小企业可持续发展的法律环境。

2. 完善政策支持体系。鉴于国内外的成功经验和西藏的实际情况,自治区政府应尽快成立中小企业管理机构,认真研究西藏企业成长规律,为中小企业快速准入和持续发展创造良好的政策环境。首先,消除企业的"身份"歧视,使国有与非国有的中小企业均能享受"国民"待遇,实现公平竞争平台。其次,制定相关优惠政策。政府应根据西藏企业小型化特点,在开业、税收、土地使用、财政补贴等方面给予大力支持,尤其是提供开业优惠和税收优惠政策。一方面,简化开业登记手续,减免有关费用,降低开业条件;另一方面,减少收费环节,减免税费,增加企业内源融资资源。

3. 完善社会服务支持体系。首先,完善金融服务体系。西藏金融机构应结合西藏企业小型化特点,深化金融体制改革,进一步改善西藏中小企业融资环境。第一,设立中小企业信贷部。金融机构应将支持中小企业发展作为重点,改善信贷管理,扩展金融服务领域,开发适应西藏中小企业发展的金融产品,为中小企业提供信贷、结算、财务咨询、投资管理等方面的服务。第二,改革现行的信用等级评定标准。建立客观评定中小企业的信用等级,科学合理地反映中小企业的资信状况和偿债能力,为贷款发放提供便于操作的可靠依据。其次,建立多层次的中小企业信用支持体系。自治区应成立自治区、地(市)、区(县)三级担保机构,担保机构应以服务为宗旨,担保费用的收取不能以增加中小企业的融资成本为代价。担保机构既可以由地方政府、金融机构和中小企业共同出资组建信用担保有限责任公司和再担保有限责任公司,也可以建立中小企业经济融资担保基金,基金可以来源于发行债券、吸收中小企业入股和社会捐赠,为中小企业提供良好的信用担保咨询服务。

(二)建立以财务管理为核心的现代企业管理体系

1. 加强财务管理基础工作。财务是企业生存、发展和获利的保障。首先,建立财务人员的再教育制度。中小企业应定期组织财务人员培训、函授、远程教育等学习对财务人员进行适时的知识更新,全面提升财务人员的综合素质。其次,建立内部控制体系。中小企业应制定适合本企业的内部会计制度,明确会计工作流程,合理配置财会人员和相关工作岗位,充分发挥会计的反映和监督职能。再次,实施财务预算管理。财务预算管理是企业财务管理的核心。财务预算是将企业财务管理目标及其资源配置方式以预算方式加以量化,将目标分解到各部门、各责任人,通过财务预算来约束和控制企业的财务行为,确保企业各项计划的完成。

2. 建立多元化的企业融资体系。企业生命周期理论认为,企业发展具有一定规律性,大多数企业的发展可分为初创期、成长期、成熟期、衰退期四个阶段。在企业发展过程中,不同阶段其融资需求不同,其融资能力也在不断发展变化,因此,建立多元化的企业融资体系是西藏中小企业可持续发展的现实选择。在发展初期,中小企业由于产品刚投放市场,还没有形成自己的品牌,市场狭小,生产规模有限,难于承担高额负债成本。因此,内源融资是发展初期中小企业的主要融资方式,如业主、合伙人及股东投资或借款等。在成长和成熟期,中小企业内部已经形成一定的积累,融资条件相对较好,采取外源融资是中小企业的必然选择。基于西藏经济、金融发展情况,间接融资是西藏中小企业的主导融资方式。在企业衰退期,销售额和利润额已明显下降,企业应减少资本扩张和负债融资,以求企业存续。

3. 建立稳健的投资战略体系。西藏中小企业规模小,资金、技术和市场竞争能力有限,为了避免更大的投资风险,宜采取以中短期投资和对内投资为主的投资战略。长期投资虽然有较高的回报率,但投资的规模大、风险高,一旦失败就无法避免破产的结局。西藏中小企业大多技术设备陈旧、产品竞争力能力差、人力资源匮乏,对内投资应以技术设备更新改造投资、人力资源投资和新产品试制投资为主。

4. 建立有效的资金管理机制。西藏中小企业规模小,其财务活动内容简单,筹资、投资、资本结构、财务风险控制以及财务分析等所占的比重较低。因此,财务管理应以营运资金管理为中心,重点抓好"三个基本环节"。一要抓好现金管理。现金管理是中小企业日常财务管理的基础环节。首先,以现金预算为起点,合理估计未来的现金需求量,加强日常的现金收支控制,提高现金收益率。其次,确定最佳现金持有量。一般来说,资产的流动性强,其收益较低。这意味着企业应尽可能地减少闲置现金,避免资金闲置带来的损失。当实际的现金余额大于最佳现金持有量时,可采用偿还债务、投资有价证券等策略来调节实际现金余额;当实际现金余额小于最佳现金持有量时,可用短期等款来调节实际现金余额。二要抓好应收账款管理。应收账款管理是中小企业日常财务管理的重要环节。首先,对赊销客户的信用进行调研评定,制定合理的赊销政策,做好事前控制;其次,采用账龄分析法,检查有多少应收账款超过信用期及其分布情况,确定应收账款的管理重点,做好事中控制;最后,制定完善的催收政策,减少坏账损失,做好事后控制。三要抓好存货管理。存货管理是中小企业日常财务管理的关键环节。中小企业应在强化市场调研的前提下,规范物资采购、领用、销售等环节,采用存货的"压储"管理、ABC控制法、经济订货量等方法,尽可能压缩过时的库存物资,缩短库存周期,减少资金占用,提高存货周转率。

5. 加强成本控制管理。成本控制管理是中小企业日常财务管理的核心环节。首先,建立规范的成本控制制度。确定成本费用的开支范围和会计处理原则,规范成本费用核算的一般程序。其次,实施目标成本管理。年初对成本费用目标进行层层分解,横向分解落实到企业内部有关职能部门进行管理控制,纵向分解落实到车间班组个人进行管理控制,形成一个纵横交错的成本费用管理网络,使成本费用得到有效控制。

6. 建立合理的收益分配制度。建立收益分配制度应以企业可持续发展为出发点,改变传统的收益分配制度,增加对人力资本的分配,运用期权制、员工持股制等方法,充分调动职工的积极性和主动性。在股利分配政策上,宜采取积极、稳健、适度偏低的收益分配政策,如低正常股利加额外股利政策,这样既保护了股东权益,稳定了股票价格,又保留了一定的利润作为内部资金来源,扩充企业资本金。

参考文献

[1]西藏自治区统计局:《西藏统计年鉴》,中国统计出版社2007版。
[2]西藏社会科学院:《中国西藏发展报告》,西藏人民出版社2008年版。
[3]国家财政部:《中国会计年鉴》,中国统计出版社2005年版。
[4]张月玲、王静:《我国中小企业财务管理存在的问题及对策探讨》,载《会计之友》2009年第1期。

中小企业成本工作管理的现状与分析

沈宏益

探讨和分析中小企业的成本管理工作对于提高企业竞争力、促进企业长远发展具有重要的现实意义。中小企业一般是指资产规模较小,工艺流程较为简单,耗用原材料大多单一,企业管理人员(包括财务人员)相对较少,组织结构较为精简的企业。其组织结构通常是垂直管理体系,财务核算流程一般较为简单。在我国现行社会主义市场经济体系中,中小企业因其组织规模小、经营方式灵活、生产成本低而产出效率高等特点,已经成为最具活力的经济主体之一。但是大多数中小企业存在会计账目设置混乱、内部管理水平低下、核算工作基础薄弱、财务决策效率不高等现状,导致管理者无法及时获得可靠、有用的会计信息,从而影响了企业的生产经营与管理决策工作。在此,很有必要来探讨和分析中小企业的成本管理工作。

一、现状与问题

(一)核算制度不健全,导致企业融资难

由于缺乏规范的成本管理制度及流程,使得会计核算工作相对薄弱,企业信息披露不完整,信息质量和可靠程度差,影响了企业的融资工作。在中小企业中,其资金来源一般是业主家庭自己积累或是合伙人投资注入,也有一部分是向外部筹借。由于企业总体规模较小,一般可用来抵押信贷的资产相对少,加之财务核算制度不健全,会计信息的可靠性和透明度差,使得向作为筹资主渠道的银行进行信贷筹资的能力大打折扣。目前我国金融机构也没有特别向中小企业倾向的信贷政策优惠,市场中各类中介信贷机构还在进一步的健全和完善之中,企业筹资渠道和融资规模仍受到一定程度的限制与制约,资金短缺的问题仍然突出。

(二)管理思想滞后,缺乏竞争创新意识

目前大多数中小企业的管理者,其成本管理思想仍停留在以减少费用支出为依据、片面地以降低成本和避免费用的发生为控制点,强调的是"不发生"或是单纯追求"少发生"的做法。这样很容易导致狭隘成本管理思想的产生,是一种缺乏市场竞争与创新的思想意识。它所体现的是计划经济时代下传统的产品生产和成本管理思想,这种传统的成本管理思想早已与当今市场经济发展的需求不相适应。而在当今市场经济环境下,企业的竞争格局早已突破原有的产品实体形式,其竞争观念和管理手段已拓展到各种非产量因素所驱动的成本领域,诸如技术成本、物流成本和服务成本等,且该成本费用占企业整个成本费用的比重呈日趋上升的趋势,随着投入的增加还能推动和促进整个产业链价值的提升,所以全面质量管理和全员成本控制应作为中小企业管理工作的核心,它理应追求的是一种适度增加投入而能带动更多效益回报的投资理财观和科学成本观。

(三)财务控制能力差,致使资金运作效率低

中小企业的财务人员与行政管理人员多为混同,除了其本职财务工作以外,大多还兼职企业的其他工作,由于各类业务繁忙,财务人员不一定能够对现代投资理财知识了解和掌握甚多,对科学投资策略和管理方法并不能够灵活应用,致使企业资金运作效率低下。在实际工作中往往表现为资金闲置或是周转不活,不能进行科学的资金预算或财务规划,呆坏账频频发生,存货积压与浪费严重,财务控制能力差,资产的保值增值效率低等。

(四)目标定位不系统,产生投资方向不明确

中小企业由于规模小,资金少,易受气候、自然和环境等条件的限制和影响,其承受损失和偿债风险的能力弱,使得企业经营活动往往偏重于短视行为和追求短期利润,而忽视了企业长远发展战略目标的定位。其目标定位一般表现为不系统,产生的投资方向也不明确,往往由于看重短期利润而使得其投资活动缺乏长远性和战略性,导致风险控制把握不准,产生的收益回报不稳固,影响了企业的进一步经营与发展,不能够达到企业价值的最大化和抗御风险的最优化。

(五)产权制度不合理,限制企业长远发展

中小企业的所有权和经营权多为高度统一,即所有者又是管理者,这种管理权限的高度集中和统一势必会影响和限制企业的长远发展。中小企业大多是靠自己的经验和直觉在"我行我素"进行着企业管理,谈不上有规范的管理

制度、先进的理财思想和科学的管理方法的投入与应用,对财务与成本管理工作可谓认识不足,发挥作用不强,存在着部门划分不清、责任归属不明、人员岗位模糊、业务管理混乱和工作效率低下等问题,缺乏科学、合理的产权管理制度,限制了企业的长远发展。

二、成因及分析

(一)企业融资缺乏多元化

随着我国社会主义市场经济体制的不断健全与完善,企业发展需要建立多层次、宽渠道的融资保障体系。目前融资难、担保难的问题仍然是制约中小企业发展最为突出的问题之一,其主要原因是:第一,负债过多、融资成本高、风险加大,造成中小企业信用等级低、资信程度更差;第二,国家没有专设中小企业管理扶持机构,国家的信贷政策未向其进行特别优惠和倾斜,使之长期处于不利地位;第三,有些银行受传统观念和行政干预的影响对中小企业的贷款不够热心。这些问题说明了中小企业要想在市场经济中能够获得快速成长与长远发展,还需要建立多层次、宽渠道的融资保障体系和规范、完善的资本运行市场。

(二)成本管理缺乏全局化

全面、快速、准确地进行费用归集和成本核算是企业成本管理工作中的一项核心内容,但大多数中小企业由于基础条件差、发展历史短等原因,财务与成本管理工作尚不规范、不完善,会计信息不真实、不准确,核算内容不完整、不全面。这是因为其在财务核算与成本管理中始终将生产环节中的各要素影响作为控制的主动因,而忽视了其他各相关环节的费用控制和成本管理,在很大程度上淹没了一些全局性与战略性的成本信息,使得企业的财务核算和成本管理工作陷入误区。

(三)技术创新缺乏市场化

技术创新能力的提高,对于一个企业维持其在市场上的竞争力和保持可持续发展至关重要。技术创新主要包括材料创新、产品创新、工艺创新和手段创新等。目前我国中小企业大多只注重产品创新或是工艺创新等,而忽略了对管理手段的创新。在这里手段创新主要指通过引入先进的管理思想、采用科学的管理方法、投入现代化的技术来改进和提高企业的生产经营与管理水平,从而增强其竞争能力。该项能力的提高主要取决于企业是否注重创新投入以及所投入经费的多少,大多数中小企业当前没有计该项经费,即使有其数额也非常小,已远不能适应当今市场经济竞争与发展的需求。

(四)项目论证缺乏科学化

中小企业在项目论证过程中往往表现为缺乏科学性和战略性。从横向看,仅侧重于企业内部价值链的分析,而忽视了企业外部整个产业价值链的延伸,没有形成一个对顾客、供应商乃至企业外部环境等诸多因素的全面、动态的规划与分析;从纵向看,只注重对生产项目论证,而忽视了企业整个寿命周期的科学规划与长远发展,表现为投资多、回报少、风险大、效益差,项目建设没有前瞻性,投资方向缺乏战略性等。

(五)产权制度缺乏激励化

中小企业产权制度缺乏应用的监督与制约机制,有相当一部分是在原来的家庭、私营性质基础上发展起来的,集权化、家族化的管理思想非常严重,给企业的生产经营与管理工作带来了不便。在企业内部几乎难以真正建立有效的内部审计制度和科学合理的监督制约机制,这种科学的产权管理与激励制度的缺乏,势必会影响企业的长远发展。

三、对策与建议

(一)规范制度管理,提高成本管理效率

做好管理工作的基础环节就是要不断规范各项制度管理,以提高管理工作效率。结合中小企业的特点,一是要开展目标成本管理。通过目标成本的制定,以科学、合理地减少各项耗费而提高资源的综合利用率。二是要改进生产组织形式。通过精选生产人员,发挥技术优势,整合各种资源,建立科学的管理制度,以提高生产工作效率和降低成本费用的消耗。三是要健全财务预算制度。通过做好各项资金的预算安排,加强预算控制,加速资金周转等途径来提高各项资金的使用效率。四是要规范和完善资本信贷市场。一方面对于符合条件且具有发展潜力的中小企业,可积极争取国家的相关信贷优惠与政策扶持;另一方面可以与其他类型的中小企业建立互助性信用担保机制,进一步规范和完善自己的资本信贷市场,为企业长足发展创造有利的融资环境和市场空间。

(二)更新管理思想,树立全局成本观念

在市场经济环境下,经济效益始终是企业管理者追求的首要目标,中小企业应不断更新管理思想,树立全局成本管理观念。一是实现由传统的"节省、少支"思想向现代的"创收、增效"观念转变。树立"花钱就是为了省钱"的理念,即适度增加成本和费用,若能带来和换回更多的经济价值和社会效益,这才是企业真正的投资理财观。二是引入战略成本思想,树立全局成本管理观

念。要改变仅局限于生产领域内单纯以降低原材料、人工成本和制造费用等作为成本控制点,应转向产品研发和售后服务乃至产权成本、环境成本等方面进行控制和管理,并随着技术的进步和社会的发展而不断地拓展与延伸。

(三)引进创新机制,全面提升管理水平

企业只有引入竞争与创新机制,才能全面提高决策能力与管理水平。在此中小企业要着重完成和实现以下四个方面的创新。

第一,实现管理机制创新。首先要重视人的管理和发展,要把对人的激励与发展放在首位,即"以人为本",建立"责、权、利"相结合的管理运行机制,不断挖掘和发挥人的潜能,充分调动其积极性、主动性和创造性,使其成为现代企业成本管理的主体和核心。其次要从动态管理的思想出发,服从市场竞争需要,立足长远战略目标,在市场需求的变化中分析和寻求最佳的成本管理机制与控制点,提高成本管理工作的效率。

第二,实现经营目标创新。在当今信息经济时代里,知识、信息、环境等各种非物质资本的比重和作用呈明显上升的趋势,而各种物质资本所占的比重和作用则相对下降。这一变化决定了企业经营的目标已不再局限于满足"股东财富最大化",而应追求各相关利益主体的"集合体利益最大化"。事实上企业本身就是一个各相关利益主体的"契约集合体",要实现其自身的可持续发展,就理应首先遵循和追求这个目标。

第三,实现活动内容创新。当今,人才、技术和信息等已成为资源配置的第一要素,对于这类资源的拥有及控制是企业在市场竞争中成败的关键因素。因此中小企业应将人才、技术资本的积聚和对市场信息的捕获作为重要的理财和管理活动,在其经营活动中,不仅要筹集物质资本,还要捕获"人力资本"、"技术资本"和"信息资本",甚至是获"知"和"信"更重于筹"资",经营活动的内容应由"有形"转向"无形"。

第四,实现管理手段创新。随着互联网技术的普及和信息科学的发展,传统桌面式的成本管理模式将逐步转向网络化的管理环境和手段,即一种新兴的网络成本管理系统正在形成和发展,它突破了地域和空间的界限,使得各种管理活动能够在网上进行延伸和拓展,各种管理能力和手段则变得更加先进与快捷。中小企业要实现这种管理手段的创新,不仅要增强管理信息的真实性与透明度,而且还要让全社会参与到本企业的成长和发展中来。

(四)理顺产权关系,完善内部监督职能

产权主体的多元化、社会化有助于形成科学的决策体系和多层次的风险防御体系,不仅能够加强企业的内部监督控制,而且还能提升其综合实力与市场竞争力。所以中小企业应按照市场经济体制的要求,不断深化产权制度改革,实现产权主体的多元化和社会化,改变"家族式"的治理模式,建立"归属清晰、权责明确、保护严格、流转顺畅"的产权制度,进一步规范和完善企业的管理工作。

(五)应用多动因理论,创新成本管理方法

多动因理论又称成本驱动因子理论,是在1987年由美国哈佛大学罗宾·库珀(Robin Cooper)和罗伯特·S. 卡普兰(Robert S. Kaplan)教授第一次提出的,其核心思想是将成本在本质上看作为一种函数,是各种独立或交互作用着的因素(自变量)合力驱动的结果。通过该理论的应用,我们除了分析影响成本变动的各种客观驱动因素以外,还可以对影响成本变动的主观动因进行分析与研究,建立科学、高效、合理的综合成本管理系统。一是将"成本管理"融入"人本管理",将其作为企业文化建设的一部分,不断培育和增强全员参与成本管理的文化意识,形成"人人关注成本、个个参与管理"的良好氛围;二是积极创造有利的环境条件和动因机制,即运用心理学、社会学和组织行为学等学科的研究成果,注重人的最高层次需求,实现员工和企业的共同成长与发展。这既是一种低成本、高效率的管理方式,又是现代成本管理方法的一大创新。

规范中小企业成本管理工作的探讨

杨西平

中小企业成本管理工作对于提高企业的竞争力具有重要的现实意义。随着我国市场经济体制的不断健全与发展,中小企业的经营范围和业务内容也在不断地扩大与复杂化,加强成本的核算与控制工作已是当今企业管理工作中的一大主题。在此,我们很有必要来探讨如何规范中小企业的成本管理工作,即重点分析标准成本控制系统在中小企业中的应用问题。

一、中小企业成本核算的现状及问题

根据国家统计局《中小企业标准暂行规定》关于中小企业的界定,中小企业一般是指:对于工业和建筑企业,职工人数在 3 000 人以下,或销售额 30 000 万元以下,或资产总额为 40 000 万元以下;批发和零售业,职工人数 500 人以下,或销售额 15 000 万元以下;其他企业职工人数 800 人以下,或销售额 15 000 万元以下的企业。该类企业一般资产规模较小,经营活动内容较为单一,组织结构较为精简,管理人员(包括财务人员)等相对较少。企业的内部管理水平、财务决策能力、成本核算制度和内部控制制度等一般都不健全、不完整,成本核算多采用实际成本法,会计基础工作相对薄弱、会计信息核算不及时,成本控制与管理工作较为滞后,通常表现为:一是没有专职的成本核算人员,二是辅助部门没有独立进行成本核算,三是部门之间费用划分不明确且物流传递手续不完善,四是生产管理人员与行政人员不区分等。

这些特点容易导致成本核算不准确、不及时,不利于加强企业的成本控制与管理工作。大多数企业虽有成本管理的一些框架,但由于缺乏相应的内控制度,实施效果不甚理想。有些中小企业尚未建立一种严格的管理制度,从而导致企业成本管理工作处于失控状态,造成成本不断扩大。此外,成本控制机制没有在全过程实施,仅仅在事后控制,也不能有效达到企业成本管理的目标。个别企业成本控制意识不强,表现在分解产品成本时不是认真按产品设计要求和按零部件工艺流程的成本形成逐个计算,也不是自下而上逐级填报、汇总,而是只凭主观印象算大账,按产品成本切成工时、材料消耗、管理费用等大块进行分摊。多数管理者认为企业产品结构简单,生产周期短、工序少,不值得搞成本统计等等。

随着当今经济全球化和世界经济一体化的发展趋势,中小企业的这些特点已不能完全适应经济和社会发展的需求,因此,建立标准成本控制系统来加强中小企业的成本控制与管理工作具有重要的现实意义。

二、标准成本控制系统的内容与作用

标准成本控制系统是指围绕标准成本的相关指标(如技术指标、作业指标和计划值等)而设计的,将成本的前馈控制、现场控制、反馈控制及核算功能等有机地结合起来而形成的一种成本控制系统。其主要内容包括标准成本的制定、控制,成本差异的分析以及标准成本的改进等有关内容。而标准成本则是指在已经达到的生产技术水平和有效的生产经营条件下,经过精确的调查、分析和技术测定而制定的成本。它是一种目标成本,而不是实际发生的成本,主要是用来进行控制和评价实际成本。标准成本控制系统的主要作用有:

(一)事前控制

即预先制定各作业环节应该发生的各项成本,亦即标准成本,作为各部门、各作业环节奋斗的目标和衡量实际成本节约或超支的尺度,从而起着成本的事前控制作用。

(二)事中强化

在作业实施过程中将成本的实际消耗与标准消耗进行比较,及时地揭示和分析脱离标准成本的差异,迅速采取措施加以改进,以加强成本实施过程中的控制作用,即进行事中强化。

(三)事后分析

每期终了将标准成本指标完成情况同实际发生的成本相比较,查找差异、分析原因、归属责任、评估业绩,从而制定有效措施,以避免不合理支出和损失的再次发生,为下期的成本管理工作和降低成本的途径指出努力方向,体现了成本改进的事后分析作用,并不断地循环往复和强化成本控制,达到改进和提高企业经营管理的目的。

三、在中小企业中推行标准成本控制系统的可行性与意义

(一)可行性

在中小企业广泛采用标准成本系统具有可行性。首先,标准成本是通过事先精确的调查、分析与技术测定而制定的,它是用来评价实际成本和衡量工作效率的一种预计成本,基本上排除了不应发生的"浪费",是一种"应该成本",包括了标准成本制定、成本差异分析和成本差异处理三大方面。任一成本标准的数据都应当包括价格标准和数量标准,应当注意的是,这些数据是与一定的生产条件有关的,而脱离了具体的生产条件的标准成本则起不到应有的作用。当标准成本与这些差异分离后可以运用于企业内部的各个方面,较之结合了各种差异的实际成本能更好地用于企业的管理决策,因为这些差异实际上本是"不应该发生的",这也有助于贯彻例外管理原则。其次,标准成本制度的良好实施,不仅仅在于企业成本会计要对生产经营活动中驱动财务的事务处理方式有原理上的深入了解,即必须事先了解何种操作会带来何种结果,更重要的还取决于企业要建立良好、准确的成本控制标准,实现实时有效的成本管理。而当一个标准成本系统完备并开始运转的时候,便能为管理者实时提供反馈信息,从而进入一个小型的闭环系统并进行循环,源源不断地为企业成本控制与管理工作提供依据,并替代实际成本作为资产计价与各种费用管理的依据,提供经营决策所需的成本信息。同时,标准成本系统自身也在不断完善中,通过实际成本与标准成本相比较,企业能够定期进行分析和考核,及时总结经验,为未来降低成本提供途径。

(二)现实意义

推行标准成本控制系统对于中小企业正确组织产品成本的核算与控制,确定产品的盈亏与价格,降低生产过程中的实际消耗,开展对比分析与研究,制定有效措施与策略,改善经营管理和加速资金周转等方面具有很重要的现实意义,主要体现在以下几方面。

1. 便于成本核算

通过推行标准成本控制系统,可以划定成本中心、制定标准成本、确定控制项目,按一定的程序可及时核算出实际成本与标准成本的差异并加以控制和改进,既简化了成本核算手续,又利于加强对成本管理的考核与分析,提高了会计工作的质量与效率。

2. 便于划分成本责任

通过划定成本中心,实施标准成本控制,对于各作业流程和业务环节能够

明确任务,归属责任,克服了以往成本核算和控制中的"责任不清"现象,而且标准成本的每个成本项目都可以采用单独的价格标准和数量标准进行计量,因而可以确定每个成本项目实际脱离标准差异的责任归属问题,有助于加强企业各作业流程和业务环节的成本管理工作。

3. 便于成本考核与控制

将成本控制的责任下放到各作业流程和业务环节中去,并层层分解落实和加强考核,能够使各部门及每一位员工的工作业绩与企业的整体成本控制工作挂钩,既便于成本控制,又能调动全员参与的积极性。同时,标准成本控制系统的推行,能够在生产经营的实践环节中不断地总结教训和积累经验,改进和探索先进的措施与办法来进行成本控制,达到不断提高企业经营管理的目的。

4. 便于提高决策的准确性与有效性

推行标准成本控制系统,实施标准成本管理,为企业正确进行决策提供了科学依据。根据"单位边际贡献＝单位销售收入－单位变动成本",可以确定企业的单位边际贡献,利于企业测算出盈亏平衡点,使管理者能够及时、正确地作出分析与决策,从而提高决策工作的准确性和有效性。

四、在中小企业中推行标准成本控制系统的建议

(一)建立健全内部控制制度

通过建立健全良好的内部控制制度,可以加强会计和其他业务处理程序等多个环节的审核与控制,能够及时减少错误,在一定程度上保证了会计及其他信息资料的真实与可靠,为推行标准成本控制系统奠定了基础。

(二)制定规范标准成本指标体系

制定标准成本指标体系,应充分考虑在有效作业状态下所需要的材料和人工数量,以及正常生产情况下分摊各项费用时所应涉及的各有关因素,来进行综合分析核定。其制定过程中应有计划、采购、物料、生产、销售、劳资、工艺、车间及会计等相关部门人员的共同参与和商定。要求制定的标准成本指标体系既不能过高,以免影响各部门和人员的积极性,也不能太低,这样会失去整个成本管理的目的和意义,而应该是切实可行、科学合理,各部门、各人员通过努力都能够达到和实现的。

(三)加强标准成本指标体系的实施

1. 做好事前分解

首先,建立成本控制中心。成本控制中心是标准成本控制系统的责任单位,按其功能可具体划分为生产性成本控制中心、服务性成本控制中心、辅助性成本控制中心和管理性成本控制中心,并由各成本控制中心对其业务领域和范围内所发生的各项成本进行控制和负责。其次,分解成本指标体系。即在各成本控制中心的基础上,将各项成本指标进行层层分解落实,建立作业区、班组、岗位和专人负责制,以明确责任,并与业绩奖金等挂钩,确保标准成本指标体系的实施能够落到实处。

2. 强化事中控制

一方面要及时督查完成标准成本。由各成本控制中心及各作业区、班组、岗位和人员及时进行现场自查、督查和落实,不断加强生产过程中的控制,确保各项标准成本指标和计划任务的完成。另一方面要限额领料控制实际成本,主要是针对物料消耗的控制,仓库保管员要以标准成本和事先核定的计划指标为基础,做好物资的领用和限额记录工作,及时对各作业区、班组、岗位和人员的领料消耗情况进行控制,以降低生产过程中的实际消耗成本。

3. 完善事后分析

建立成本控制分析例会制度,由各成本控制中心及各作业区、班组、岗位和人员共同参与分析成本差异,及时研究解决成本管理中出现的各种问题并加以纠正和改进,定期地对标准成本控制系统进行评审和维护,以保持其运行的先进性和稳定性。

(四)推进电子信息技术的应用

以现代信息技术为基础的成本管理已成为成本管理现代化的标志和趋势,可以结合本企业的实际将现代信息技术应用于成本管理工作中,这能够大大提高标准成本控制系统的效率,进而有利于促进和提高中小企业的生产经营与成本管理工作。

参考文献

[1]龙麒任:《浅析我国企业成本管理的现状对策》,载《经济师》2005年第6期。

[2]张文祥:《市场经济环境下企业成本管理问题的研究》,载《财务与会计导刊》2005年第2期。

谈农场企业会计核算的若干基本问题

杨西平

由于我国地域辽阔,地区间经济发展不平衡,农场企业的生产过程、组织形式和管理体制等与其他行业均存在较大的差异,使得目前农场企业会计核算有其独有的特点,同时也存在着一些亟待解决的基本问题。本文拟研究、分析这些特点并探索解决这些基本问题的途径。

农场企业会计核算具有以下特点:①核算内容的广泛性;②核算体制的复杂性;③核算方法的灵活性;④核算周期的不稳定性;⑤核算对象的不确定性。

一、农场企业资源性资产计价的缺陷及改进建议

(一)农场企业资源性资产计价的缺陷

资源性资产,是指农场企业生产经营活动中所涉及的具有稀缺性和不可移动的人工开发自然生成物,包括土地资源资产、农田水利资源资产、其他农业资源资产等。作为自然生成物的资源性资产的计量不同于一般会计学上的资产的计量,由于其具有稀缺性、非交易性等特点,其计量应有一套特殊的方法体系。理论界往往采用收益还原法、成本法、市场价格法、剩余法等基本方法对其进行价值评估,或构建边际机会成本模型和模糊数学模型等对其价值进行计量。此外,对于一些单纯性资源,如土地资源的价格,理论上还可以采用马克思的地租资本化价格法计价,即土地价格＝地租÷利息率。但是,以上提到的评估与计量方法大部分只局限于学术交流阶段,认知程度较低,可操作性不强,这也正是将资源性资产纳入会计核算体系的困难所在。

(二)改进农场企业资源性资产计价的建议

笔者认为,对于资源性资产的初始计量,既要遵循相关的法规,又要从我

国国情出发考虑资源性资产的特点。如对于资源性资产中的土地,根据我国《土地管理法》的规定:土地使用权可以依法转让、交易。单从这一点来看,土地使用权是存在市场价格的。但法律又明确规定不准非法买卖或者以其他形式非法转让土地,因而土地是不存在真正意义上的自由的市场价格的。那么,对于农场企业通过行政划拨取得的农用地应如何确定其入账价格,才能客观、真实地反映出该宗土地资源资产的价值呢?显然,其计量不能按照土地中介服务机构对土地(使用权)的评估价入账。为了能够较为客观、真实地反映农场企业通过行政划拨取得的农用地的价值,我们不妨这样设想,土地资源资产初始计量的入账价格可参照《土地管理法》和各省、市(自治区)的相关规定来确定。

笔者认为,对于该宗土地资源资产,采用征地时的土地补偿费作为计量的入账价值,既具有可操作性,又具有充分的法律依据。在理论界,这种做法也得到了认可。而对于土地资源资产以外的其他资源性资产,则可按照其建设过程中实际发生的全部支出作为计量的入账价值。对其所占用的农田水利用地和养殖水面则按土地资源资产进行确认和计量,这种做法也在一定程度上体现了土地以外其他资源资产自然生成物部分的价值。

二、农场企业生物资产计价存在的问题及对策

生物资产是指有生命的动物和植物,该定义与国际会计准则所规定的活的动物或植物的概念完全相同。由于农业生产经营活动是自然再生产和经济再生产相结合的一种生产活动方式,其许多特征决定了农场企业中生物资产的确认和划分具有复杂性和差异性。

如我国2006年颁布的《企业会计准则第5号——生物资产》规定,须同时满足下列条件才能确认为生物资产:①企业因过去的交易或者事项而拥有或者控制该资产;②该资产所包含的经济利益或服务能很可能流入企业;③该资产的成本能够可靠地计量。同时,该准则将生物资产划分为消耗性生物资产、生产性生物资产和公益性生物资产。消耗性生物资产,是指为出售而持有的或在将来收获为农产品的生物资产,包括生长中的大田作物、蔬菜以及存栏待售的牲畜等。生产性生物资产,指为产出农产品、提供劳务或出租等目的而持有的生物资产,包括经济林、薪炭林、产畜和役畜等。公益性生物资产,是指以防护、环境保护为主要目的的生物资产,包括防风固沙林、水土保持林和水源涵养林等。但对于一些特殊的生物资产,很难对其进行准确计量。如良种场用来进行试验和繁育的农作物新品种的籽种、农场中还没有长大的幼畜,在当

期是属于消耗性生物资产,还是作为生产性生物资产进行会计核算?对此该准则中还没有一个具体、详细的规定。

有关部门应针对该行业的具体特点,在会计准则的基础上,进一步完善和制定如种植业、林业、畜牧业和渔业等行业具体而又详细的生物资产的确认、划分和计量标准。

三、农场企业会计信息报告与披露存在的问题及对策

(一)农场企业核算存在会计信息失真的问题

(1)农场的承包经营方式导致农场会计信息失真。农场与承包农户(家庭农场)之间的联系往往只是收取承包费(实物地租)。在这种相对简单的经营管理体制下,农场本身几乎没有健全的会计核算制度,其会计核算仅限于编制一些简单的统计报表,因而无法提供完整的农产品成本核算资料。

(2)承包农户会计信息失真。承包农户的数量多而分散,自身的会计水平有限,平时不对农业活动进行核算。而农场企业只是大致估计和分析汇总各农户的会计资料,无法提供反映农场企业生产经营活动和农产品生产成本的详细会计核算资料,尤其是某一种农产品的成本核算资料。

(3)农场企业生产经营活动的不确定性削弱了农场生产经营活动的会计计量与记录的可靠性。农场企业生产经营活动受自然条件的影响较大,人类无法预测和预防一些不利自然事件的发生,不能对农产品生产的全过程进行有效的控制和监督,客观上削弱了农场企业生产经营活动的会计计量与记录的可靠性。

(4)激励机制的缺乏导致了会计信息的失真。在自主经营模式下,作为土地承包者的农户占有、支配完成承包任务后剩余的部分成果,因而农业生产经营活动的会计信息质量与各承包户并没有较大的利益关系,激励机制的缺乏进一步导致了会计信息的失真。

(二)提高农场企业会计信息可靠性的对策

笔者建议从实际出发,将农场企业划分为以农业为主的股份有限公司、中小农场企业和家庭农场三种基本类型,对其采用不同的会计核算方法。

(1)以农业为主的股份有限公司会计核算应执行《企业会计制度》。由于农业上市公司一般是由几个与农业有直接或间接关系的分公司所组成的,有的分公司主要从事农产品的粗加工、精加工及运输活动,已经完全脱离农业生产活动,所以,会计核算工作不能"一刀切",应按各分公司的业务内容进行分类。对凡涉及农业活动的分公司业务,应按农业会计核算办法进行日常的会

计处理;对不涉及农业活动的分公司业务,应执行统一的《企业会计制度》。

(2)中小农场企业的会计核算方法。为了规范中小企业的会计核算方法,许多国家都有特殊行业的会计制度。我国中小规模的农场企业可以先执行《小企业会计制度》,待其发展到一定规模后,符合条件的农场企业可逐步转向执行统一的《企业会计制度》。

(3)家庭农场会计核算方法。一般来说,由于家庭农场经营者的文化素质较低,会计知识匮乏,不具备进行精确会计核算的条件。对于这部分经营者,可以要求他们将农业活动过程中的各种耗费和损失进行流水账式的记录和反映,从而为农场企业系统的会计核算提供较为翔实的原始资料。

参考文献

[1]财政部:《企业会计准则(2006)》,经济科学出版社2006年版。

[2]宋承先:《西方经济学》,复旦大学出版社2004年版。

[3]朱道华:《农业经济学》,中国农业出版社2005年版。

[4]贺旭玲、王德春:《农业企业会计核算存在的问题及对策》,载《中国农业会计》2004年第4期。

民族地区服务企业发展策略研究

秦国华

改革开放以来,我国服务业进入全面快速发展时期,经历了80年代和90年代初的恢复性增长,1992年后出现持续快速增长,到2000年完成增加值29 704亿元,年均增长速度达到8.1%,占国内生产总值的比重达到33.2%。从我国服务业地区发展来看,人口稠密、经济发展水平较高的地区服务业比较发达,如广东、山东、四川、江苏、上海、河南、浙江、北京等省市服务业增加值占全国的60%,经济相对落后的民族地区服务业就明显落后。民族地区服务业的落后有各方面的原因,但最主要的还是由于经济发展缓慢、经济基础薄弱所导致的。另外,人口素质和环境条件也在一定程度上限制了民族地区服务业的发展。而服务业的落后,又严重影响着民族地区生产力水平和经济效益的提高,且不能满足人民生活水平逐步提高的需要。因此,发展服务业,不仅可以促进民族经济迅速发展,而且有利于改变社会文化等方面的落后状况。

考察民族地区服务企业的发展,明显可以发现这样一些问题:(1)发展起点低,规模小,竞争能力差;(2)服务领域窄,以消费性服务为主,生产性服务较为缺乏;(3)呈现明显的低发展阶段结构,劳动密集型服务企业居主导地位,知识密集型、资金密集型服务企业所占比重偏低;(4)从业人员素质低,所提供的服务水平不高。这些问题的存在对民族地区服务企业未来的发展是不利的。但我们也注意到,在我国服务业总体向好的背景下,伴随着我国加入WTO和"西部大开发"战略的实施,民族地区服务企业正面临着前所未有的发展机遇。

一、民族地区服务企业所面临的机遇与挑战

总体上看,加入WTO和"西部大开发"战略的实施给民族地区服务企业

带来的机遇会多于挑战。但我们不能盲目乐观,必须先了解自己所处的位置,站稳脚跟、顶住冲击,才谈得上抓住机遇、谋求发展。民族地区服务企业所面临的问题在于,随着我国服务市场的大幅度开放,国外先进的服务企业将全面进入我国市场,民族地区服务企业要在平等的条件下与之展开全方位的竞争,压力是巨大的,在很多方面都要面对国外先进企业的冲击。

(一)挑战

1. 将面临国内国际双重竞争压力,失去部分市场份额

与工业相比,我国服务业的市场保护程度是相当高的。随着我国加入WTO,服务市场将大幅度开放,会有大量的服务型跨国公司进入我国服务领域。这些公司具有雄厚的资金、先进的技术与管理水平、完善的营销网络和先进的服务理念,竞争优势十分明显,相比之下,国内服务企业无论在组织规模、管理水平、营销技术,还是在服务理念上都存在相当大的差距。而民族地区的服务企业与经济发展水平较高的东部沿海地区的服务企业相比,又有很大差距,除金融、电信等个别受国家扶持的企业外,大多数服务企业均处于小打小闹的原始积累阶段,竞争力较差。尤其在知识密集型和资金密集型服务领域,民族地区显得更加落后。显然,一大批国际和国内先进的服务企业将介入并开拓民族地区服务市场,对民族地区服务企业带来巨大冲击,一些规模小、管理水平差、不能适应市场的企业将被无情地淘汰。

2. 产业结构调整对服务业的拉动作用将被弱化,使服务业失去部分发展空间

在一个封闭的环境中,第一、第二产业的发展对服务业有明显的刺激和拉动作用:一方面,第一、第二产业的调整和升级对生产性服务的需求将大大增加;另一方面,服务业的发展受到由收入水平所决定的消费结构的影响,而第一、第二产业的发展带动收入水平的提高和物质产品的大大丰富,将促进服务业的快速发展。但目前的情况是市场全面开放及外部产品和服务的大量涌入。显然由于民族地区信息闭塞、交通不便、生产成本过高,导致产品竞争力较差,需求将会转向外来产品,最终使产业调整和升级受到一定抑制,对服务业的拉动作用明显弱化,而民族地区服务业发展的滞后对产业结构调整也会带来负面影响。

在这种形势下,外来产品和服务大举进入民族地区市场,对民族地区产业,尤其是服务业,带来的冲击是可想而知的。

(二)机遇

加入WTO和"西部大开发"战略的实施也带来了无穷的机会和发展的空

间,民族地区服务企业面临的机遇还很多:

1. 市场的开放和国家的政策扶持,有利于引进外部的资金和技术,加速服务企业的发展。资金缺乏和技术落后是长期困扰服务企业的主要因素,外来的资金和技术不仅可以促进企业规模扩张,而且可以提高服务的技术含量,促进服务企业快速发展。

2. 基础设施建设的加强,给服务企业发展提供了更广阔的平台。随着中央和西部各级政府的大力投入,西部基础设施建设掀起一轮高潮,能提供更多的就业机会并提高居民收入水平,还能吸引更多资金和劳动力的流入,给服务企业发展带来机遇。而基础设施水平提高,又为交通运输、邮电通讯、教育卫生、旅游观光等服务业的发展提供了必要条件,促进服务业整体发展。

3. 有利于培育新兴服务业,拓展服务门类,增加服务范围。我国服务业发展程度低,产业门类不全,而民族地区更加落后。开放民族地区服务市场,吸引外资进入,有利于培养新兴行业、改进传统行业、推动知识密集型和资金密集型服务业的发展,填补民族地区服务领域的空白。这样不仅对当地服务企业能起到示范和带头作用,促使其转变观念,而且对提高当地居民生活水平和生活质量能起到积极的作用,还可以促进产业结构的调整。

4. 有利于民族地区服务企业吸收先进管理技术和吸引人才。服务业相比其他产业而言,管理的效益最为明显,没有先进和完善的管理办法和经营理念,再好的服务设施也难以创造良好的效益。民族地区服务企业如果能积极地引进先进的管理技术和人才,在经营管理方面上台阶,就能抵抗住冲击,生存和发展起来。

二、民族地区服务企业的发展策略

加入WTO和实施"西部大开发"战略,首先是政府的事务,政府必须在法律、政策、施政行为等多方面作出调整和适应。有学者在探讨我国服务业应对开放的对策时,首先提出政府要做的工作,如加强对服务业的调查研究,规范我国关于服务业的各项法规,改革服务业的宏观管理制度,采取对等原则开放国内服务市场,注意对重要服务部门进行适度保护,等等。但这并不是说企业就可以高枕无忧了,实际上企业要做的工作更多。要想抵抗冲击、谋求发展,必须抓好以下几方面的工作:

(一)吸收、借鉴国外先进的服务技术和管理技术,提高服务水平,扩大服务范围

随着人民生活水平的提高,对服务的需求日益增加,对服务方式的要求日

益多样化、个性化,对服务水平的要求也越来越高,传统的服务方式和服务种类已难以满足需求,急需扩大服务范围和提高服务质量。另外,随着国家"西部大开发"战略的实施,对民族地区投资力度加大,民族地区经济将会受到拉动,产业结构将得到提升,对生产性服务的需求也将加大,民族地区服务企业现有的服务水平远远满足不了不断扩张的需求,外部服务企业也会抢占这块新兴的市场,所以民族地区服务业当务之急就是要加快步伐,吸收、引进先进的服务技术和管理技术,扩展服务范围,提高服务水平,抓住这一千载难逢的发展机遇,迅速提升企业的实力和形象,以便在竞争中立于不败之地。

(二)积极加入国际服务贸易的竞争,利用民族特色和比较优势,寻求合理的市场定位,拓展企业的生存空间

国际服务市场是一个多元化的市场,从服务需要看是多元化的,从地域市场看是多元化的,从具体服务的种类、方式、标准看还是多元化的。而且服务业是最具活力的产业,人的服务需求是不断发展的,新的服务种类和服务方式也就不断被创造出来。所以不可能有哪个企业在所有的服务领域都占有优势,即使在某一领域占有优势也不可能占领所有的地区市场。民族地区服务企业的生存空间是有的,但是要想获得更好的发展条件和发展空间,就必须突出自己的特点,发挥自身的优势。相对而言,民族地区的劳动密集型服务较为发达,具有一定的比较优势,同时民族地区具有丰富的旅游资源,通过大力发展旅游业,恰好可以把资源禀赋优势和服务方面的优势结合起来,借助民族文化和特色来吸引游客,可以起到一举多得的效果。而服务企业就要在这一大的发展背景下,寻求自身的准确定位,先生存后发展,不断壮大。

(三)加强市场营销工作,树立品牌形象,促进企业发展

民族地区服务企业的品牌观念较为淡薄,殊不知服务业最注重的就是品牌。由于服务商品有其固有的特点:其质量无法像有形产品一样准确控制,消费者要想获得高质量的服务,必须要找品牌形象好、信誉高的企业,这样品牌的价值就凸显出来了,它所带来的高附加价值和高利润是其他经济资源所无法比拟的。所以服务企业一定要注意加强市场营销,树立企业品牌形象。当然,这并不是说打打广告、做做宣传就可以一蹴而就的,还必须从最基本的方面入手,努力提高服务技术、服务质量和管理水平,注意体现出自己的服务特色,再辅以适当的广告宣传,才能获得良好的美誉度。

(四)推行标准化管理,努力提高服务水平和质量

服务业的竞争归根结底是服务水平和质量的竞争,企业的品牌形象也必须是建立在良好的服务水平和质量的基础上的。没有良好的服务,服务企业

根本没有生存的空间。而服务的水平和质量又是难以控制的,因为服务商品的生产和消费过程是不可分离的,是一次性的,很难精确把握。只有推行标准化管理,将服务的全过程置于严密的控制和管理下,才能保证服务品质的一贯性,尽可能少地出现偏差。而且随着服务企业规模越来越大、专业化程度越来越高,越需要推行标准化管理,只有这样,才能保证高水平、高质量、一贯性的优良品质,树立企业的良好形象。

(五)积极引进和培养各类服务人才,增强企业发展后劲

服务业既是劳动密集型行业,又是知识密集型行业,服务业的发展取决于人才,人员素质的高低直接影响到服务水平和服务质量;而且现代服务业的发展越来越趋向高技术、专业化,对人才素质的要求也越来越高。服务业的发展在需要大量技能型劳动者的同时,对智力型人才的需求显得更为迫切,尤其是对懂得经营管理、对外贸易、WTO规则、法律、信息技术等多学科知识的复合型人才更是需要,但民族地区最缺乏的也是这类人才。要解决这一问题,有两条途径:引进和培养。不管哪一条途径,在短期内都是难以见效的,必须在政策上加以斜倾,创造出更好的环境和条件,不仅要引进和培养人才,而且要留住人才,让他们为民族地区服务业的发展做出更多的贡献。而企业也要花大力气想办法吸引或培养人才,以提高企业经营管理水平,增强企业发展后劲。

(六)积极运用信息技术,提高企业管理和服务的水平

信息技术的运用,不仅可以提高企业经营管理的效率,进而提高企业的效益,而且在了解市场信息、管理顾客关系、宣传企业品牌、提高交易效率等方面具有无可比拟的优势。尤其是以电子商务为代表的信息技术的应用,为企业的发展开拓了又一片天地。企业只有积极主动地融入这种新的发展潮流,才有可能在竞争中立于不败之地。

综上所述,民族地区服务业的发展,关系到民族地区经济的发展和人民生活水平的提高,必须引起足够的重视。民族地区服务业必须抓住机遇、迎接挑战,发挥自身优势,坚持保留民族特色与吸引借鉴相结合,才能不断发展壮大,最终朝着大规模、专业化、全球化的方向迈进。

参考文献

[1]汪洋:《国民经济和社会发展第十个五年计划纲要500题解答》,中国计划出版社2001年版。

[2]赵显人:《加入WTO与中国民族地区经济发展》,民族出版社2001年版。

[3]戴建中:《国际服务贸易》,中国青年出版社2001年版。

企业内部控制的目标和基本假设相互关系研究

杨西平

企业内部控制是近期的热点问题,理论界对于企业内部控制的目标、假设已经有了相关分析,但较少分析两者之间的关系。本文拟依据经济理论,较深入地分析企业内部控制目标和假设的相互关系,以建立企业内部控制的目标和基本假设的有机逻辑体系。

一、企业内部控制目标提出之解析

为了构建现代企业内部控制理论框架体系,必须抓住企业的本质特征。企业和市场一样,本质上都是契约,企业契约是产权所有者为降低市场交易费用而签订的一组契约。不同的是,市场契约是短期完全契约,企业契约则是长期不完全契约。即企业契约虽然降低了签约成本,但由于其相对于市场契约而言是不完全的长期契约,因此,契约结果存在较大的不确定性。所以企业将出现两个客观情况:(1)当不同类型的产权所有者作为参与人把要素使用权委托给产权经营者时,如何对委托产权进行有效控制就成了产权所有者首要考虑的内容;(2)而产权经营者为了履行产权受托责任,必然采取措施对受托产权的价值运动过程实施控制,以提高企业内部的产权交易效率。因此,只有在企业内部建立一个有效的控制机制,弥补企业契约的不完全性,保证产权价值实现过程有序进行,才能为企业的存在和发展创造条件。

(一)企业内部控制总目标

鉴于企业不完全契约的特征,内部控制实际上是为了弥补现代企业契约的不完全性而产生的一个控制系统。内部控制主要是发生在人与人之间的经济活动。按照康芒斯对交易的分类,内部控制属于交易活动中的第二类,即管理的交易。故从本质上说,内部控制属于制度经济学中的交易活动范畴。内部控制的总目标在于降低企业内部的交易费用,提高企业内部的产权交易效率,实现产权价值增值。

(二)企业内部控制具体目标的提出

1. 要素所有者的权益(价值)最大化目标。由于经营者在企业契约中处于中心签约人的地位,这一点决定了经营者行为对要素所有者追求在产权价值保值基础上最大化增值目标的实现有很大的影响。因而,第一层次的内部控制通常表现为要素所有者对经营者的控制,这种内部控制也就是企业治理控制。因此,企业治理控制构成了现代企业内部控制体系的有机组成部分,其控制的具体目标是在产权价值保值基础上,实现要素所有者的权益(价值)最大化,相应的控制机制主要采用激励加约束的方式。

2. 产权经营的效率和效果性目标。这种内部控制亦即企业的管理控制,其控制是以有效履行产权经营受托责任,实现产权经营的效率和效果性为目标,现实中常用的控制措施有会计控制、财务控制、内部审计控制和制度控制等。

要素所有者为维护委托产权的安全性和实现产权价值在保值基础上的增值最大化而对经营者进行的控制,以及经营者为有效履行受托经营责任而对企业员工实施的控制,构成了企业内部控制体系。两者的关系是:前一层内部控制是后一层内部控制的基础,后一层内部控制则是前一层内部控制的延伸。经营者对产权价值运动的过程和结果承担受托责任,经营者对企业员工实施的控制处于内部控制体系的中心位置。

二、企业内部控制基本假设的设置

(一)文献综述

最早对企业内部控制假设进行探索的是罗伯特·西蒙斯(Robert Simonds),他认为企业内部控制系统的基本假设包括以下方面:(1)每个人都有固有的道德缺陷,所以有必要使用内部控制以确保资产的安全和信息的可靠。(2)有效的内部控制能够使潜在的不轨者害怕被发现,从而对舞弊行为产生威慑力。(3)独立的个人能够识别并报告他所发现的异常情况。(4)要求其他人参与舞弊有很高的风险,所以数人共谋的可能性很低。(5)正式的任命和说明决定了组织中个人的权限。内部控制认为权力和影响来自高层管理层,因而,员工会把关于控制的缺陷和异常情况反馈给管理层。(6)在业绩目标和产生的正确信息之间不存在固有的矛盾。会计师认为,出色的业绩和可靠的信息在组织内是有可能同时实现的。(7)记录和文件是行为和交易的证明。内部控制把文件和电子记录作为正式交易的凭证,如果这些凭证是伪造的或不正确的,那么就无法保证交易被正确记录。

该基本假设存在以下不足:首先,假设混淆了假设和目标的界限,两者虽相互联系,但仍有所区别;其次,西蒙斯所提出的内部控制有效作用的假设过于狭窄,因为要使控制目标得以实现,首先必须明确控制对象,然后必须明确控制对象是否可控。

潘琰、郑仙萍(潘琰、郑仙萍,2008年)认为,内部控制基本假设包括:控制实体假设、可控性假设、复杂人性假设和不串通假设。其不足之处在于复杂人性假设和不串通假设相互重复,没有考虑企业作为营利性组织的经济性因素。

(二)企业内部控制目标设置所依据的内部控制基本假设之分析

根据《韦氏国际词典》的解释,假设的含义有二:(1)提出一个认为是理所当然或不言自明的命题;(2)基本的前提或假定。第一种解释指假设是一种经过人类长期反复实验,不需再加以证明的命题。第二种解释指假设是人们进行实践活动或者进行理论研究时,根据特定环境和已有知识经过思考后提出的,具有一定事实根据的假定或设想。假设不过是人们根据既定目标选择的结果,使用内部控制的目标构建内部控制理论结构的逻辑起点,能够推导出内部控制的假设。

(三)企业内部控制假设及其相关理论分析

1. 控制主体假设。控制主体假设是对内部控制活动的空间范围的限定,企业内部控制的目标是为实现企业相关目标提供保证,所以企业内部控制的范围取决于企业的范围或边界。企业是一个人造的经济系统,系统的边界是事物的规定性在人们头脑中的反映,是用以区分系统与环境两个本质不同的系统所包含的要素的界限(张宜霞,2007)。根据交易成本理论(科斯,1937),企业在本质上是市场的替代物,企业产生的原因是交易在企业内部进行比在一般意义上的市场内进行成本更低、效率更高。现代企业内部控制的界限不是简单地局限于企业的物理边界或法律边界之内,而取决于企业目标对其的定位和要求,它可以是单一的企业、一个事业部或者一个车间,也可以是因所有权关系而形成的一个企业集团或因供销等经营关系而形成的一条价值链。

2. 可控性假设。从系统的整体和局部(元素)之间的相互关系来研究,系统被定义为由相互作用和相互依赖的若干组成部分按一定规律结合而成的具有特定功能的有机整体,即系统各元素之间存在一定的耦合关系。可控性指存在某一输入变量,即作用的传递者,使系统在特定时间内从最初状态转移到最终的期望状态。可控性对于控制的重要性在于,只有当系统是可控的,控制目标才可能实现。内部控制也是一种系统,它由施控者通过控制手段,使受控者的状态向控制目标转移。对企业而言,其控制目标包括战略目标、经营目标、报告目标、保护目标和合规目标等。为了实现这些内部控制的目标,企业内部控制对象必须是可控的。根据系统元素的耦合性特征,控制对象内部各要素之间,以及控制对象与控制主体等其他要素之间必然存在某种耦合关系,因此企业内部控制存在可予以控制的可能性。

3. 双重人格假设。由于内部控制的执行者是控制主体相关人员的行为,而人的行为虽受外界环境的影响,但最终取决于人的本质属性,因此,依据内部控制的目标,对人性作出合乎事理、合乎逻辑的判断是进行内部控制理论研究和开展内部控制活动的必要前提。目前,关于人性的假设大致分为以下四类:(1)"经济人"假设(亚当·斯密,1776)。人有"利益最大化"、"有限理性"、"机会主义倾向"等几个方面的本质属性,每个人都知道怎样做会更好,但却不能完全抵制来自各方面的诱惑以最大化自身利益。(2)"社会人"假设(梅奥,1933)。人们工作的主要动机是社交需要,非正式组织对人们的社会影响比正式组织的经济诱因更大。(3)"自我实现人"假设(马斯洛,1943)。工作的目的是为了达到自我实现的需要,个人的自我实现与组织目标的实现并不冲突,适当调节,能够使两者达到一致。(4)"复杂人"假设(薛恩,1965)。人有复杂的动机,人不能简单地归结为一两种,也不能把所有的人归结为同一类人;人们的需要与潜在的欲望是多种多样的,它随着年龄与发展阶段的变迁,随着所扮演角色的变化,随着所处境遇与人际关系的演变而不断变化。

双重人格假设是基于上述"复杂人"假设提出的。它主张人是道德与经济两重人格的复合体。由于人是有限理性的,因此他们具有双重人格,内部控制的双重人格假设包括两方面的具体假设:(1)经济人假设。内部控制的执行人存在自私动机,因而存在执行人串通舞弊,管理层逾越舞弊的可能性。(2)道德人假设。内部控制的执行人存在克制私欲,纠正行为偏差的动机,从而使得内部控制具有有效发挥控制作用的可能性。

4. 经济性假设。企业作为营利性组织,其基本目标为实现企业价值最大化,这也是企业内部控制的目标。因此,企业在建立和实施内部控制时,必须考虑成本效益型原则,即某控制的建立和实施成本必须小于由于实施控制取得的相关收益或节约的相关成本。

综上,本文认为,内部控制基本假设包括:控制主体假设、可控性假设、双重人格假设和经济性假设,其中控制主体假设界定了内部控制活动的空间范围,可控性假设和不串通假设规定了内部控制有效发挥作用的前提,双重人格假设解释了内部控制存在的局限性和合理性,经济性假设解释了内部控制的相对性控制作用。

三、企业内部控制基本假设修正和完善了企业内部控制的目标

起初,为了加强企业内部的管理和控制并使得企业适应外界环境,从而降低现代企业契约的不完全性,提高企业内部的产权交易效率,企业建立了内部控制,其目标是为实现上述目标提供保证,但此时的保证程度尚不清楚。当依据企业内部控制的目标选择性地确定了内部控制基本假设以后,依据双重人性假设中的经济人假设,内部控制的执行人存在自私的动机,因而将可能出现串通舞弊、管理层逾越控制的控制失效现象;又依据经济性原则,企业不能建立和实施理想化的内部控制。因此,企业内部控制的目标被修正和完善为:为企业相关目标实现提供合理保证。即当依据现代企业内部控制的目标选择性地确定了内部控制基本假设以后,人们将重新思考企业内部控制的目标,依据假设修正、完善企业内部控制的目标,即明确了企业内部控制能够提供的保证程度。

总之,为了满足企业加强管理控制的社会需要,对内部控制提出了特定要求,这些要求形成了内部控制目标的雏形,但这些要求属于主观范畴,主观要求必然受制于客观条件——企业内部控制基本假设。当内部控制目标的雏形产生后,根据其选择性地设置了内部控制假设,进而根据内部控制假设修正和完善了企业内部控制目标。内部控制目标体现了企业的主观要求,内部控制假设体现了客观条件对内部控制目标的限制性作用,及目标与假设的相互作用过程,体现了主观要求与客观条件的和谐统一。

参考文献

[1]何燎原、吴清华:《内部控制之理论框架——业务流程观下的重新审视》,《中央财经大学学报》2005年第2期。

[2]蔡吉甫:《内部控制框架构建的产权理论研究》,载《审计与经济研究》2006年第11期。

[3]潘琰、郑仙萍:《关于内部控制基本假设的探讨》,载《会计研究》2008年第3期。

西藏绿色经济与绿色核算研究

西藏发展绿色经济路径探讨

沈宏益

西藏位于青藏高原的主体,地势高峻,地理特殊,素有"世界屋脊"和"地球第三极"之称。这里不仅是南亚、东南亚地区的"江河源"和"生态源",还是中国乃至东半球气候的"启动器"和"调节区"。独特的地理环境和气候条件,造就了这里的生态资源非常脆弱,一旦生态系统遭到破坏,将在很长时期内难以得到恢复与发展。由此,生态资源安全对于西藏社会经济的和谐稳定与健康发展具有积极的促进作用,在全球倡导绿色发展的大背景下,探讨和发展西藏绿色经济具有重要的现实意义。

一、绿色经济的理论基础

绿色经济又称为低碳经济,是以能耗低、污染小、排放少为基础的经济模式,是人类社会继农业文明、工业文明之后的又一次重大进步。绿色经济实质是高能源利用效率和清洁性能源结构问题,核心问题是能源技术创新、制度创新和人类社会发展观念的一个根本性转变。其理论基础有循环经济理论、生态资本理论、可持续发展理论和"经济—社会—生态"复合系统理论等。

(一)循环经济理论

循环经济理论是结合生态学和经济学相关理论基础,用生态学的规律来指导人类经济活动,倡导低开发、高利用、低排放,体现所有物质和资源能够在由经济与环境所组成的封闭系统中得到持续充分利用与发展,并对各环节中所产生的废弃物进行回收,以节约资源和降低对生态环境的破坏。

(二)生态资本理论

生态资本理论认为,生态系统提供的生态产品和服务应被视为一种资源或是基本的生产要素,且具有生态效益价值。这种生态产品和服务的生态效益价值就是生态资本的成本,它是推行绿色经济核算的基础。

(三)可持续发展理论

可持续发展理论指既要满足当代人的需要,又要满足后代人进一步发展的需要,其核心是资源的合理利用与可持续发展,须兼顾效率和公平两个方面,以资源合理利用和科学发展为目标,旨在促进社会进步并维护生态平衡。

(四)"经济—社会—生态"复合系统理论

复合系统理论认为现存的社会是由自然系统、经济系统和社会系统三个子系统组成的有机整体,各子系统之间是相互协调、相互制约又相互独立的。自然生态系统能够根据自身及外界条件的变化进行自我调节,它是经济系统和社会系统发展的基础。经济系统和社会系统在一定程度上会干扰和影响自然生态系统的发展。若其干扰和影响的程度超过了自然生态系统的承受能力,就会导致自然生态系统的退化。所以,这三个子系统在发展过程中应保持一种相互协调和相互促进的可持续发展状态。

二、西藏社会经济运行特点及发展绿色经济的现实意义

(一)社会经济运行特点

总体而言,西藏社会经济发展较快,从其演进和发展过程来看,基本上符合配第—克拉克定理和库兹涅茨法则。三次产业结构在 20 世纪 90 年代以前的演变是不稳定的,其演进方向也不十分明确。自 90 年代以来,第一产业的比重结构与钱纳里等人所提出的国际"标准结构"等基本一致,但是第二产业上升幅度明显小于"标准结构"所要求的幅度,第三产业的上升幅度明显大于"标准结构"所要求幅度,它们与全国平均水平相比仍具有一定的差距(如表1、图 1 所示)。

表 1　西藏各产业生产总值比重与全国之比较

指标 年份	全国各产业生产总值比重(%)				西藏各产业生产总值比重(%)			
	合计	第一产业	第二产业	第三产业	合计	第一产业	第二产业	第三产业
1978	100.0	28.1	48.2	23.7	100.0	50.7	27.7	21.6
1985	100.0	28.4	43.1	28.5	100.0	49.9	17.4	32.7
1990	100.0	27.1	41.6	31.3	100.0	50.9	12.9	36.2
1995	100.0	20.5	48.8	30.7	100.0	41.8	23.6	34.6

续表

指标 年份	全国各产业生产总值比重(%)				西藏各产业生产总值比重(%)			
	合计	第一产业	第二产业	第三产业	合计	第一产业	第二产业	第三产业
2000	100.0	16.4	50.2	33.4	100.0	30.9	23.0	46.2
2001	100.0	15.8	50.1	34.1	100.0	27.0	23.0	50.1
2002	100.0	15.3	50.4	34.3	100.0	24.5	20.2	55.3
2003	100.0	14.6	52.2	33.2	100.0	22.0	25.7	52.3
2004	100.0	13.1	46.2	40.7	100.0	20.1	23.9	56.0
2005	100.0	12.6	47.5	39.9	100.0	19.1	25.3	55.6
2006	100.0	11.8	48.7	39.5	100.0	17.6	27.6	54.8
2007	100.0	11.7	49.2	39.1	100.0	16.0	28.8	55.2
2008	100.0	11.3	48.6	40.1	100.0	15.3	29.2	55.5
2009	100.0	10.6	46.8	42.6	100.0	14.5	30.9	54.6
2010	100.0	10.2	46.8	43.0	100.0	13.4	32.3	54.3

资料来源:《中国统计年鉴(2011)》《西藏统计年鉴(2011)》。

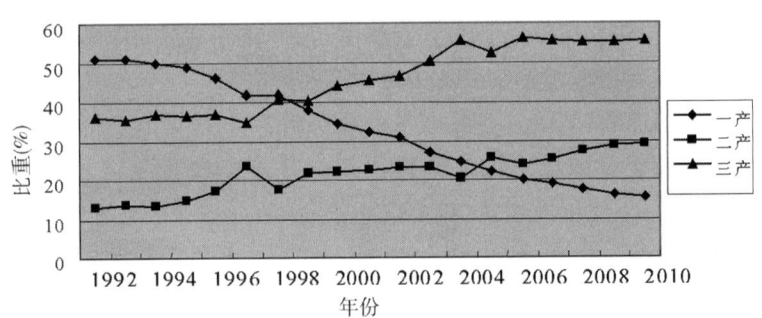

图 1 西藏产业产值结构变化图

资料来源:《西藏统计年鉴(2011)》。

西藏社会经济发展运行特点可归纳为以下几点:

一是起步晚,底子薄,基础差。西藏第一、第二、第三产业发展均起步较晚,自和平解放以来,西藏社会经济虽有了一定程度的发展,但其产业结构和发展水平与全国及其他各地相比存在一定的差距,这不仅与西藏基础条件差、社会发展落后等因素有关,而且也与其自然资源贫乏和不合理的开采与利用方式等有关。至今,仍有相当一部分农牧民未从根本上摆脱逐水草而居的游牧、半游牧的生产与生活方式,长期在这种"封闭效应"的作用下,使得西藏社会经济发展更为落后,现代高科技和文明化程度低,不能有效适应当今绿色经济发展与市场竞争的需求。

二是结构单一,布局分散,产业效益不强。自改革开放以来,西藏各类经济成分虽然得到了全面培育与茁壮成长,其产业结构也在不断地优化和升级,但农牧经济仍占主体地位,整体经济结构单一,产业布局分散,工业化和信息化程度低,第三产业发展不均衡,社会资源综合利用效率差等一系列问题进一步阻碍了西藏社会经济的全面发展,这与当今社会经济飞速发展要求相比相差甚远,是制约西藏绿色经济发展的瓶颈。

三是资源依赖性强,生态环境脆弱。第一,西藏社会经济发展多依赖于资源开发与利用,加之地处高海拔地带,常年气候寒冷,不适宜植被和作物生长,资源十分缺乏,导致其经济发展动力不足,这种资源依赖型的社会经济发展方式在一定程度上会加剧对生态资源的掠夺与破坏;第二,技术落后,社会劳动生产力水平低,导致投入与产出效益很低,在这种有限的生态环境和资源基础上进行不合理的开采与生产经营活动,无疑加速了环境资源的耗竭过程。

四是粗放式增长,非可持续性发展。在西藏现有社会经济发展模式中,粗放式经营仍占主体,由于片面追求 GDP 而忽视对生态环境资源的保护,导致一些低效、高耗、污染重的企业大量存在,使得资源浪费和环境破坏现象十分严重,这是一种以牺牲环境资源为代价而换取和追求 GDP 的非可持续性发展方式,最终会加剧西藏生态环境的脆弱性和再次削弱地区经济发展能力。因此,西藏发展绿色经济已势在必行。

(二)西藏发展绿色经济的现实意义

第一,发展绿色经济,促进经济增长方式转变。长期的高投入、高消耗、高污染和低效率的粗放式经济增长方式已经造成了西藏部分资源耗减和局部生态环境恶化。发展绿色经济能够构建良好的高原生态系统,促进西藏经济增长方式转变,使其向着集约化、效益化、生态化与可持续化方向迈进,以缓解社会经济发展与资源环境之间的矛盾及冲突,推进各项社会事业健康、快速发展。

第二,发展绿色经济,实现社会经济可持续发展。绿色经济能够促进生物质资源和自然能源的循环利用,有助于在高海拔地区率先创建和发展绿色经济模式。如在生物质资源较为丰富的农牧区和规模化经营的畜禽养殖场,可以发展清洁性能源和沼气工程。再如在偏远山村和自然能源较为丰富的山区,可以大规模开发和利用风能、水能和太阳能等,这些既能促进自然能源的开发利用和有效降低环境污染,又能促进生态系统的良性循环与发展,这对于提高广大农牧区的现代文明程度和改善西藏生态环境资源具有积极的促进作用。

第三,发展绿色经济,有助于转换经济发展模式。绿色经济倡导的是生态环境的保护和资源的可持续利用与发展,通过大力发展绿色经济,有助于转换经济发展模式,改善社会经济发展基础,优化投资发展环境,壮大区域经济资源,变"输血型"为"造血型"经济发展模式,能够带动西藏整个社会经济的和谐、健康、科学发展。

第四,发展绿色经济,能够科学计量地区经济发展指标。要克服对 GDP 的片面追求,需要通过绿色 GDP 指标来反映和衡量地区社会经济发展状况。绿色 GDP 是在扣除对自然资源(包括环境成本等)耗减损失之后所计算的国民财富新价值。由此可见,绿色 GDP 真正体现了经济增长与环境资源之间的和谐程度。当绿色 GDP 比重较高时,表明国民经济增长对环境资源的负面效应较低;反之,则表明其负面效应较大。所以,通过发展绿色经济,可以科学计量地区经济发展指标。

第五,发展绿色经济,树立绿色交易理论典范。导致全球气候变暖的主要原因就是空气中二氧化碳排放量在逐渐增大。因此,要解决好这个问题,必须把碳排放空间作为一种极为稀缺的资源进行有偿分配,即所谓的"绿色交易理论"。该理论强调:在国家或地区之间应建立一种二氧化碳排放权的分配与交易机制,使其对二氧化碳的排放量负有代价和成本,并将该排放权进行交易,目的是促进节能减排和共同抑制全球气候变暖。西藏作为负有节能减排义务的一个高海拔地区而言,可率先探讨和发展绿色经济,为推进绿色交易理论树立典范。

三、西藏发展绿色经济的路径选择

(一)创新绿色理念,为绿色经济发展奠定基础

创新绿色发展理念,需要做好三方面工作。一是要树立绿色发展的政绩观。政府是推动绿色经济发展的主导,应改变传统的政绩考核观和社会发展观,应将生态环境保护与社会经济发展有机地统一起来,不断促进社会发展方式的转变,积极探讨符合西藏实际区情的绿色 GDP 考核指标,坚持科学衡量经济增长与资源环境代价之间的关系,实现社会经济发展与生态环境资源之间和谐。二是要倡导绿色发展的生产观。企业是绿色生产的主体,需要严

格把好绿色生产的准入关,强化绿色生产的标准,加强绿色生产管理,积极发挥高新技术在绿色产业中的引领作用,以确保绿色发展的正确方向。三是要推行绿色发展的消费观。绿色消费有利于带动绿色产业的茁壮成长与快速发展。推行绿色消费观就是要大力发展公共型、服务型、环保型的消费,主动抵制奢侈的高耗能、高排放和高污染消费,培育公民绿色发展的自觉意识与社会责任感,以增强和规范其绿色生活方式,推进绿色经济全面发展。

(二)培育绿色产业,为绿色经济发展夯实基础

推动西藏绿色经济发展,需要以绿色产业来引领和主导社会经济发展全局,全面构筑西藏特色的绿色产业体系。一是大力发展高原现代生态农牧业。通过应用现代高科技技术,大力推广和发展高原生态农牧业,不断扩大其生产规模,加快打造绿色特色品牌,建设具有西藏资源优势的绿色产业基地,创新和改进组织经营模式,使高原生态农牧业发展与当地农牧民群众脱贫致富有机地结合起来,以全面显现高原现代生态农牧业的综合效益。二是着力培育新型绿色工业。要以信息化带动工业化,以工业化促进信息化为主线,发展具有生态环保型、区域特色型的本土绿色工业体系,如加强高原生物医药、特色食品加工和农畜产品深加工产业体系建设等,走出一条科技含量高、经济效益好、资源消耗低、环境污染少、社会贡献大的西藏新型工业化路子。三是全面推进现代绿色服务业。要充分发挥西藏的地域特色和历史文化资源优势,大力发展现代农贸业、旅游业和民族文化业等,使其成为带动西藏社会经济发展的新亮点,以全面推动交通、物流、商贸、信息、金融、房地产等各项产业的发展,形成与当地社会经济发展水平相适应并具有高附加值的绿色产业体系。

(三)改善生态环境,提升绿色经济可持续发展力

生态环境建设是提升绿色经济可持续发展力的基础,也是构建资源节约型和环境友好型社会的关键。对此,一要加强对生态环境的保护力度,进行科学合理开发和保护利用资源,尤其对现有天然林(草)、野生动植物资源和矿藏资源等加强合理开发与保护利用,以防止资源枯竭和生态退化;二要大力进行植树造林和草场建设,重点对"一江三河"区域实施治理,以防止水土流失和土壤荒漠化;三要大力改善城乡人居环境,不断推广节能、节水和生活垃圾分类处理及社区绿化美化行动,倡导绿色发展的生产与生活方式,为构建和谐社会奠定基础。

(四)实施绿色保障,不断探索绿色经济发展之路

绿色经济发展是一项长期而复杂的系统工程,首先,应对绿色产业发展给予更多的税收优惠和信贷支持,大力扶持绿色产业茁壮成长;其次,积极引导

和调整绿色产业结构,制定绿色经济长远发展规划,不断规范绿色产品认证体系和加强绿色行业监管等,为绿色经济发展营造良好的环境氛围;再次,加快绿色法制建设步伐,即在现有生态环境保护等有关法律法规的基础上,加快研究制定符合西藏实际区情并能促进绿色经济发展的相关实施细则和具体管理办法等,以推动西藏绿色经济又好又快地健康发展。

参考文献

[1] 刘荣章:《绿色 GDP 核算体系研究概述》,载《福建农业学报》2005 年第 8 期。

[2] 金东琴:《低碳经济与中国经济发展模式转型》,载《经济问题探索》2009 年第 1 期。

低碳经济背景下绿色会计体系的构建

沈宏益

共同应对全球气候变化和大力倡导低碳经济社会已经成为当今时代的一大主题,会计作为生产过程的控制和观念的总结,在监督和反映社会经济活动及运行过程中发挥着积极的作用。探讨在低碳经济背景模式下构建绿色会计体系,对于促进和推动各项社会经济事业快速、健康发展具有重要的现实意义。

一、低碳经济的概述

低碳经济是以能耗低、污染小、排放少为基础的经济模式,是人类社会继农业文明、工业文明之后的又一次重大进步。低碳经济实质是高能源利用效率和清洁能源结构问题,核心是能源技术创新、制度创新和人类社会发展观念的一个根本性转变,是在全球气候变暖对人类生存和发展带来严峻挑战的大背景下提出的。发展低碳经济就是要推行低碳生产、倡导低碳消费和开发低碳技术。

推行低碳生产是发展低碳经济的基础,它是一种可持续的生产模式。实现低碳生产,就必须遵循循环经济和清洁生产模式,它是一种与环境相和谐的经济发展模式,以最大限度地提高资源和能源的利用率,减少资源消耗和污染物的排放,体现的原则是"减量化、高利用、再循环"。

倡导低碳消费是发展低碳经济的根本,要大力宣传和培养绿色环保意识,以节能降耗为重点,以减排控污为核心,着力构建低碳和谐社会,实现可持续发展。开发低碳技术是发展低碳经济的关键,通过不断自主创新和研究开发高新技术,以实现对清洁性能源的开发和再生能源的利用,以及降低二氧化碳的排放和有效进行大气温室效应的控制等。这些不仅涉及生产方式、生活方式和价值观念的彻底性变革，而且也涉及社会经济发展模式的新探索、新创新和新实践，是全面贯彻落实科学发展观和建立节约和谐社会的客观要求与必然选择。

二、绿色会计核算的特点

绿色会计也称为环境会计，是将环境科学、现代经济理论和传统会计学等学科相互结合，以自然环境资源和社会资源要素的耗费应如何补偿为核心，以货币为主要计量单位，运用一定的方法，辅之以实物计量和文字表述等方法来综合反映、报告和考核企业经济效益及社会生态效益的一门新兴会计学科。其核算特点是：

（一）全面性

绿色会计是在自然生态环境恶化和吸收传统会计研究成果的基础上产生的，其核算内容与传统会计相比较为全面，核算方法更为科学。传统会计是从生产经营的角度反映和监督企业资金运行情况，并按照权责发生制、历史成本等原则对所发生的经济事项进行确认、计量、记录和报告，而对自然环境资源所造成的影响在会计核算中并没有得到真正反映。绿色会计则是从生态环境和整个人类社会的经济活动出发，以自然环境资源和社会生态资源的高效利用及耗费补偿为核心，全面反映和监督企业经济活动对其周围环境所产生的影响，从而有效地弥补了传统会计的不足。

（二）科学性

在传统会计核算体系中，一般是确认了资产归属权和价值后，才能在会计账目中配合数量进行核算，但是空气、海洋、臭氧层等资源对人类活动至关重要，却因无法确认其归属权和价值而不能成为传统会计所核算的内容，在实际工作中往往是不把这些资源的使用和耗费计入企业经营成本，结果不仅虚增了会计利润，而且还会形成以牺牲环境资源为代价来谋取当前利益的短视行为，这是一种非常诱人的非正常利益驱动因子。因此，为了解决好这个现实问题，绿色会计赋予环境资源以价值和成本，并对其耗费予以计量和补偿，用会计语言来综合反映该资源的成本和稀缺性，促使企业能够将经济效益、社会效益和生态效益综合考虑，体现了微观经济活动与社会宏观利益的对接，以实现低碳经济社会和生态资源的可持续利用与发展。

（三）复杂性

第一，绿色会计核算内容具有复杂性。由于环境资源要素具有多变性和综合性,导致绿色会计的核算内容也具有多样性和复杂性。第二,绿色会计核算计量具有复杂性。绿色会计除了主要以货币作为计量单位外,还选用实物、劳动单位、指数等进行辅助计量,同时还可采用图表和文字等形式加以说明和补充。第三,绿色会计核算方法具有复杂性。绿色会计研究除了运用传统会计学所采用的经济学、数学计量模型等基本理论和方法外,还需要涉及环境学、生态学等更多的学科知识和方法论。第四,绿色会计核算报告具有复杂性。现有会计报表披露的大多是经济效益指标,而对众所关注的社会效益和生态效益指标均未进行披露和报告。绿色会计报告除揭示企业财务信息外,更多的是揭示非财务信息内容,包括生态环境和资源的保护、利用以及可持续发展等。

三、低碳经济背景下构建绿色会计体系的现实意义

随着知识化和信息化时代的到来,全球经济的飞速发展所伴随的生态环境恶化和气候变化问题已引起人们的广泛关注与高度重视,发展低碳经济社会,构建和谐生存环境已经成为全人类社会发展的共识。

(一)绿色会计核算是发展低碳经济社会的必然要求

绿色会计核算是在现代化大生产对自然环境资源造成严重破坏,使生态、气候条件严重恶化、社会经济发展基础受到严重威胁的大背景下提出。因此,为了克服传统会计核算和监督的不足,就需要更新会计核算体系,转变工作方法和思路,将环境因素纳入会计循环之中,走可持续发展的低碳经济之路。

(二)绿色会计核算是发展低碳经济社会的必然条件

世界上一些发达国家对发展低碳经济的重视程度较高,其绿色会计核算工作起步早、发展快,已经形成了较为完整的会计核算体系和方法论,包括制定绿色会计准则和发挥绿色会计职能等。随着经济全球化和世界经济一体化的发展趋势,各国之间的相互交流与合作也日益紧密,会计作为经济交流与合作的数据语言和载体应具有国际化通行的水准。因此,推行绿色会计核算具有良好的国际环境与基础。

(三)绿色会计核算是发展低碳经济社会的必然选择

企业过度开采和高污染物排放的结果,使得生态资源补偿能力已严重不足,极大程度地影响和制约了企业自身及社会经济的可持续发展。传统的会计理论没有去考虑企业经济活动对自然生态环境所造成的影响,也忽视了周围环境的恶化和生态资源的破坏。因此,一定要重视绿色会计核算体系的构建,注重环保机制的投入和应用,切实有效地降低和减少碳排放量,这是走低

碳经济发展之路的必然选择。

(四)绿色会计核算是发展低碳经济社会的必然途径

发展低碳经济社会与推行绿色会计核算之间是相辅相成、互为依存的关系。一方面,绿色会计体系的建立必将有力地促进低碳经济社会的实现,另一方面,低碳经济社会的实现又必然会促进绿色会计体系的完善与进一步发展。二者相互促进、相互完善,推行绿色会计核算是发展低碳经济社会和走可持续发展之路的必然途径。

(五)绿色会计核算是发展低碳经济社会的必然方向

绿色会计核算体系有助于正确核算和反映社会经济发展状况。从宏观角度看,目前国民生产总值计算中并未扣除环境资源等因素消耗,不能真实反映社会经济发展状况;从微观角度看,企业没有考虑其生产经营活动对社会环境和生态资源所造成的影响,即企业目前的会计利润是在忽略了社会效益和生态效益的前提下计算的。因此,为了保护生态环境和可持续利用的经济资源,就必须将环境资源耗费等纳入国民经济核算体系之中,即推行绿色会计核算,将有利于促进全球经济增长方式的转变和经营理念的创新,它不只体现本国人民的愿望和利益,而应反映全球人类社会的共同繁荣与发展,这对于维护世界和平和促进全球经济发展具有不可替代的重要意义。

(六)低碳经济背景下推行绿色会计核算具有可行性

第一,环境科学、现代经济理论和传统会计学等学科的快速发展与相互融合,为低碳经济背景下推行绿色会计核算奠定了理论基础;第二,各国现行的会计基础工作日渐规范与完善,为低碳经济背景下实行绿色会计核算夯实了实践基础;第三,国际相关环保法律法规的出台与健全,为低碳经济背景下推动绿色会计核算奠定了监督基础;第四,全球广大民众环保意识的提高,为低碳经济背景下强化绿色会计核算提供了保障基础;第五,国际会计准则的普及和各国之间的相互交流与合作不断深入,为低碳经济背景下促进绿色会计核算提供了平台基础。

四、低碳经济背景下绿色会计体系的构建

低碳经济背景下绿色会计体系构建的基本思路可归纳为四点:一是企业经营和管理活动均会受到自然环境与社会问题的共同影响。自然环境的影响包括资源衰竭、环境污染、气候变化、废弃物处置、产品安全与卫生等;社会问题的影响包括消费方式、人口问题、经济波动等。面对这些影响,会计上都应予以确认、计量、记录和报告。二是承认资源和环境是有价值的。它不仅有价值,而且还具有资本性质,主张将整个社会的生产和消费以及与之相应的生态环境要素反映到会计账目中进行核算。三是吸纳广义循环成本观。要突破传统会计循环概念,构建"微观—宏观共振型"的会计核算模式与运行机制。四是设置双重会计核算体系。即一方面要注重企业经济效益,组织企业进行日常业务会计核算;另一方面应高度重视生态环境和物质循环规律,侧重环境信息和资源要素的绿色会计核算与信息披露。

绿色会计体系的内容主要包括:绿色会计的对象、目标、原则、确认、核算、披露和分析等,是与可持续发展战略相吻合的。

(一)绿色会计对象

绿色会计的核算对象既包含传统意义上的企业资金运动,又包括资源环境、社会生产和生态价值的循环运动。具体包括:

(1)企业资金运动。指资金从货币资金形态开始,经过储备资金、生产资金、商品资金形态,实现价值增值后又回到货币资金形态的整个运动过程,它是围绕企业正常生产经营活动而组织开展的资金运动。

(2)资源损耗成本。主要包括自然资源的"超耗成本"和自然资本的"消耗成本"。前者指企业在生产和消费等环节中对自然资源的超定额消耗和损失,后者指除人造资本以外可用货币计量的自然资源的本身耗费等。

(3)环境污染损失。主要指由于资源消耗失控、重大事故和"三废"排放等所造成的环境污染、生态恶化等损失,如农田、鱼塘及淡水、自然景观和居民生活区污染所造成的损失等。其损失数据可依据赔偿费及罚款金额并按历史成本确认,也可按避免发生或重置成本换算取得。

(4)环境保护支出。反映企业对环境保护所作出的贡献,含"三废"处理、补救、控制和减少自然资源耗费以及美化生产、生活环境等各项支出,具体包括:①投入资本;②业务费;③研究与开发费;④环保行政与规划费;⑤补救措施费;⑥复原或回收费用等。

(5)环境保护收益。反映企业从环保中所获取的收益,主要包括:企业利用"三废"所生产的产品销售收入及其他有关收入;企业绿色产业计划的各项投资收益;消费者因乐意消费绿色产品而导致企业利润上升或股票价格上涨所带来的收益;企业实施环保措施后所带来的社会、生态效益以及政府部门的嘉奖等。通过对这些收益的核算,能够鼓励和鞭策企业不断改善资源环境,走低碳循环经济发展之路。

(二)绿色会计目标

绿色会计核算目标分为微观目标和宏观目标两个层次。

(1)微观目标:提供企业决策有用的信息。即在确认和计量每一会计期间的经济效益和成本费用时,尽可能为企业提供决策有用的信息。

(2)宏观目标:实现社会可持续发展战略。即在促使企业提高经济效益的同时,应高度重视生态环境保护和遵循物质循环规律,为社会提供环境保护与资源可持续利用等相关信息,以科学合理地开发和利用资源要素,努力提高社会经济效益和生态环保效益。

(三)绿色会计原则

(1)社会性原则。绿色会计核算要揭示企业对环境资源的责任,必须站在全社会的角度来考虑企业的经营业绩,对企业经营评价应以社会收益与社会费用相互配比的社会利润为基准,要求提供的会计信息不仅能够为企业内部决策服务,而且还要有助于国家进行宏观调控。

(2)超前性原则。绿色会计核算要反映环境资源对社会经济发展的影响,通过核算和测定环境资源的现状及其变化程度,能够起到预警与及早治理的作用。

(3)灵活性原则。绿色会计核算体现了企业与环境资源的原则和关系,在进行绿色会计核算时既要体现国家的方针政策要求,又要针对所涉及行业的业务性质及不同的历史和环境条件,因地制宜,灵活应用。

(4)创新性原则。绿色会计核算不能全盘沿袭一种统一的核算模式,应在借鉴先进经验的基础上结合各地具体实际,不断探索,勇于创新,逐步加以完善和发展。

(四)绿色会计核算

环境要素的参与,使得绿色会计核算必须重新界定其要素的内容和性质,从而超越了原传统会计要素所确认的内容和范围,它将涉及环境要素的各项经济业务内容纳入到会计要素系统中进行确认、计量、记录,并在会计报告中加以披露和说明。

(1)绿色会计科目设置。在现行会计制度的科目体系下可以增设绿色会计科目,具体包括:绿色资产类、负债类、损益类和所有者权益类。绿色资产类科目主要增设"环境资产"(或"资源资产")、"环境资产折旧或摊销"、"环境资产减值准备"等;绿色负债类科目主要增设"应付环保治理费"、"应付环保统筹基金"等;绿色损益类科目主要增设"环境收入"、"环境预防费用"、"环境治理费用"、"环境破坏成本"及"环境利润"等;绿色所有者权益类科目主要增设"资源资本"、"资源资本增值"等。

(2)绿色资产核算。绿色资产是指企业从已经发生的事项中取得或加以控制,能够以货币计量,并能带来未来效用的环境资源。绿色资产的确认应符合两个标准:一是环境资源未来效用的可能性,二是环境资源计量的可靠性。这两项标准必须在同时满足时才予以确认。应当承认绿色资产具有价值性,从资源稀缺角度分析,拥有和使用绿色资产是要付出代价的,这样就形成了绿色资产的价值;从资源补偿角度分析,为了满足经济活动的要求,人类不得不追加投资以维持自然资源和生态环境的现状,此时绿色资产已包含了劳动量因素,并以货币形式表现为绿色资产的价值,为了能够有效地开发利用和保护环境资源,就需要确定这些绿色资产的价值。对于绿色资产核算的原则:①对于人工投入所形成的资源性资产,应以历史投入形成该资产的成本作为入账价值;②对于购入的资源性资产应以购入价或评估价进行入账;③对于无偿取得,如捐赠和划拨等等形式获得的绿色资产,可以参照同条件类似资源性资产的历史成本或评估价入账,若无历史成本或市场评估价,则以该绿色资产未来可持续利用年份内所带来预计收益的折现值进行入账;④对于已经入账的绿色资产,如有后期发生减值现象,应计提"环境资产减值准备";⑤绿色资产的正常消耗和损失,应按实际发生数或平均成本削减该资产的存量,即应进行绿色资产的折旧或摊销。

(3)绿色负债核算。绿色负债是指企业发生的、符合负债的确认标准,负有与环境成本相关的各项支出义务。若企业负有支付环境成本的义务时,则应将其确认为绿色负债。确认绿色负债时,不一定就是完全法律意义上的强制性义务,若不存在法律意义上的强制性义务而企业负有推定义务时,如企业将超出法律规定标准进行消除污染作为其既定的政策时,在这种情况下则应确认为一项绿色负债。绿色负债应在绿色会计负债账户下设明细分类账户进行核算,根据不同情况应进行相应的会计处理,主要有:①应付环保治理费。一是指向大气、水体排入有害物质或超标的热量、噪音等而应向有关部门缴纳的排污费及环保治理费,即某产品的应付环保治理费=产量×单位排污收费标准(由地区或部门统一制定),发生时直接借记"环境破坏成本——排污费"科目,贷记"应付环保治理费——排污费"科目。二是使用排污品。如企业使用石油,煤炭等矿物燃料排放二氧化碳、二氧化硫等污染物时应追加征收排污费用,则直接计入这些排污品的采购成本,即借记"原材料(或物资采购)"科目,贷记"应付环保治理费——排污费"等相关科目。②应付环保统筹基金。建立环保与能源发展统筹规划,即采取在全社会范围内计提环保统筹基金的办法,为加强生态环境的保护和资源能源的可持续利用与发展提供资金支持与保障。具体计提时可参照企业当期所实现的营业收入或生产的产品数量并按照一定的比例和标准进行计提,会计分录为:借记"环境预防费用"(或"环境治理费用"),贷记"应付环保统筹基金"。

(4)绿色费用核算。绿色费用是指某一主体在持续发展过程中,因经济活动或其他活动所付出或耗用绿色资产的转化形式。绿色费用可以分为自然资源耗减费用、生态资源降级费用、维持自然资源基本存量费用和生态资源保护费用等。绿色费用的确认应符合两个标准。一是未来效用的不可能性。即一项支出若不产生未来效用,或者未来效用不符合绿色资产的确认标准时,那么该项支出就应确认为绿色费用。二是费用计量的可靠性。即对于绿色费用的计价是通过货币形式衡量各项绿色费用的发生额。有些绿色费用可以按照传统会计计价方法进行确认和计量,有些绿色费用则通过数学模型的方法加以确认和计量,以客观地反映生态资源降级及其所恢复的代价。当绿色费用直接构成资源产品成本时,即可按传统的会计方法对其进行计量和核算,直接增加该资源产品的成本。当所发生的绿色费用不能直接构成资源产品的成本时,可以先统一进行费用的归纳和集中,如在"待摊费用"(或"长期待摊费用")科目中进行核算,之后再按照一定的分配比例和标准进行科学的分配与合理的摊销,还可以通过建立数学模型的办法客观地反映发生这些费用时所导致生态资源降级的代价及其所恢复的成本以单独进行核算。现实中这些绿色费用核算的内容主要是一些不可回收包装物的处置和废弃排放物的治理等,这些物质往往造成的环境污染大,又没有回收利用的必要,所以应直接借记"环境破坏成本——污染费"科目,贷记"应付环保治理费——污染费"科目。目的是通过该类费用的核算以促使企事业单位不断改进生产技术水平和增强环保治理意识,降低和减少污染、废弃物的排放,增强社会经济效益和生态环保效益。反映企业从环保投入中所获取的收益,可以通过"环境收入"、"环境利润"和"资源资本增值"等科目进行核算。如企业对生态环境进行投入和合理开发利用而使其资源资本增加时,可以按照当前资源性资产的市场评估价进行重置计量,并对其所增加的部分,借记"环境资产"科目,贷记"资源资本增值"科目;对于企业利用"三废"所生产的产品收入和因循环利用这些废料生产所获得的税费减免,以及因实施环保措施而带来生态效益增加受到的政府部门的补助或奖励,应借记"其他应收款"、"应收补贴款"等科目,贷记"其他业务收入"、"环境收入"、"补贴收入"等科目。

(5)绿色效益核算。绿色效益是指在一定时期内,绿色资产给人类社会所带来的已经实现或即将能够实现并以货币计量的效用和收益。其确认应符合两个标准:一是绿色效益的现实性,二是效益计量的可靠性。绿色效益分为直接绿色效益和间接绿色效益。直接绿色效益是指对环境资源进行开发利用时,取得有形资源产品时所获得的效益。这类效益与人类有目的的生产经营活动有关,它能够直接增加人类的物质积累,如合理采伐森林资源不仅能够获得林产品,而且还能促进林木蓄积量的增加,同时通过对林产品进行销售可以直接获得收益。间接绿色效益指人类对环境资源进行开发利用时所取得的无形效用和收益等。这类效益与合理开发和科学利用环境资源有关,它虽然不直接增加人类的物质资本,但会长远影响人类物质财富的积累过程,如对气候环境进行合理调节和对野生动植物资源进行有效保护等所带来的生态效益等。由于企业对各种环境和资源的利用方式不同,就会产生不同的效用和收益,即便是在同一环境资源下也可能会产生直接效益或是间接效益。因此,在开发利用这些环境资源时应将企业眼前利益和社会长远目标有机地结合起来统筹考虑,做到科学规划、审慎选择,达到绿色效益最大化。

(五)绿色会计信息披露

绿色会计信息披露主要有两种形式:一种是在原有会计报表的基础上增加和披露绿色会计要素的信息内容,另一种是单独设置绿色会计报表。目前国际上还没有统一的绿色会计报表样式,因此,建议各国应在原有企业会计报表中增加有关绿色会计要素的内容,并在报表附注中揭示和披露与环境保护以及发展低碳经济等有关的信息资料。

(六)绿色会计分析

绿色会计分析主要采用投入产出法,着重分析企业生产发展与环境保护之间的平衡关系。通过建立数学模型的办法来反映它们之间的相关程度及其可以控制的因素,以便进行科学的比较和分析,采取正确的措施与途径,妥善处理好企业长远发展与社会生态效益之间的平衡关系,促进低碳经济社会和可持续发展战略目标的最终实现。

随着社会经济的进一步发展,会计与自然环境的联系越来越紧密,用会计方法处理一些环境资源问题必将成为会计学发展的一大趋势。所以,在低碳经济背景下推行绿色会计核算将会有着广阔的发展空间与前景。

参考文献:

[1]刘花兰、张孝友:《论绿色会计的核算、账户设置及报表披露》,载《西南农业大学学报(社会科学版)》2007年第4期。

[2]孙兴华、张淑慧:《绿色会计核算研究综述》,载《中国总会计师》2006年第2期。

企业绿色财务管理体系构建

沈宏益

企业的经济效益、社会效益、生态效益是相一致的。在经济社会的快速发展和全球倡导低碳经济社会的背景下,构建科学、合理的绿色财务管理体系已势在必行。它对于提升企业的社会功能、环保功能和可持续发展功能,以及树立良好的企业形象和提升企业总价值等方面具有重要的现实意义。开展绿色财务管理已经成为企业健康、茁壮成长的一项基本财务路径与核心内容。

一、绿色财务管理的理论基础

(一)绿色财务管理的含义

绿色财务管理是指企业在生产经营活动中,对资金的筹措、投放、使用以及利润分配等过程中导入资源、环境等因素,以社会经济的可持续发展为原则,以实现经济效益、社会效益、环境效益相互统一为前提的一项基本经济管理活动。所谓绿色财务管理体系就是在绿色财务管理的基础上,融入了生态效益和社会效益指标,并遵循有关生态环境的法律和法规约束,以实现资源的可持续利用为目标,使企业的财务管理工作能够适应经济发展、社会进步和生态良性循环的要求。

它与传统财务管理的区别是:(1)在追求经济利益的基础上,实现经济效益、社会效益及生态效益的相互统一;(2)在经济活动中体现了企业的社会责任;(3)强调自然再生产与社会经济活动再生产的协调统一。

(二)绿色财务管理的相关理论

1. 生态资本理论。该理论认为生态系统提供的生态产品、服务应被视为一种资源或是一种基本的生产要素,且具有生态效益价值,即这种生态产品、服务的生态效益价值就是生态资本的成本。它为开展绿色财务管理活动提供了理论基础。

2. 机会成本理论。机会成本的产生基于资源的稀缺性和其用途的可选择性，指当资源用于某种用途时所必须放弃的其他用途中的最高收益。一般为了保护生态环境和生态资源必须放弃一些当前利益和机会，即在机会上丧失了这部分经济利益的流入，而换回是的维护了整个良好的生态环境效益。

3. 企业价值创造理论。企业价值创造活动主要是通过恰当的途径造成资源的合理利用与分配从而实现价值增值，这种方式包括资源的识取和价值创造。当企业通过选择比竞争对手更有效的途径获得资源时，企业就已经获得了较竞争对手优异的资源渠道与价值创造能力。

4. "经济—社会—生态"复合系统理论。该理论认为现存的社会是由自然系统、经济系统和社会系统三个子系统组成的有机整体，各子系统之间是相互协调、相互制约又相互独立的。自然生态系统能够根据自身及外界条件的变化进行自我调节，它是经济系统和社会系统发展的基础。经济系统和社会系统一定程度上会干扰和影响自然生态系统的发展，若其干扰和影响的程度超过了自然生态系统的承受能力，就会导致自然生态系统的退化。所以，这三个子系统在发展过程中应保持一种相互协调和相互促进的可持续发展状态。

二、绿色财务管理体系构建的现实意义

(一)绿色财务管理体系是企业适应市场竞争与发展的要求而产生的

随着社会公众环保意识的不断增强，越来越多的消费者在选择消费品时已逐步领悟到生态环境破坏和污染所带来的种种危害与严重性，对其消费品的需求和选择已全面趋向"绿色化"。一个企业要想长久获得市场竞争地位和永远取得社会公众的理解与支持，应积极采取绿色财务管理政策，并通过绿色经营活动进行绿色产品生产从而获取绿色经济利润，这样才能得以长期生存与发展。因此，构建绿色财务管理体系，能够促使企业产品"绿色化"，并适应社会经济发展要求，这是一种长久有效的市场竞争与发展战略。

(二)绿色财务管理体系可使企业获得政府等多方面的大力支持

随着越来越多的环境和资源问题日益被关注，人们逐步认识到解决该类问题的关键在于变革现有传统的经济模式。在如今法制日益健全的大环境下，任何一种社会经济活动要想长久持续地发展下去，除了得到政府的大力支持和社会公众的理解外，还要获得法律的允许与认可。企业作为社会经济活动的一个基本单位，一方面是社会财富的创造者，另一方面又是环境资源的消耗者与破坏者,其对环境资源的节约和治理保护理应承担着不可推卸的神圣责任。因此,构建绿色财务管理体系能促使企业变革现有传统的经济模式,并获得政府、社会公众、法律等多方面的大力支持与认可,从而有助于实现其经营管理活动的各种目标。

(三)绿色财务管理体系是与企业长远发展利益相统一的

当前,经济社会发展与人口、资源、环境等方面存在着一系列亟待解决的问题。这些问题的解决需要企业在兼顾自身经济利益的同时,又要统筹整个经济社会未来长远发展规划。企业的经营目标是要获取盈利,而绿色财务管理体系的构建能够帮助企业实现盈利,但这种盈利不是单纯指某个短时期内某一企业的获利,而是整个国民经济发展和社会生态文明进步所带来的共同盈利。当然,这种盈利具有全局性和社会性,它将惠及每一个企业的发展,即与企业长远发展利益是相统一的。因此,企业在充分考虑其自身经济利益的前提下,须统筹考虑社会生态文明进步和环境资源的可持续利用与发展问题。即使企业某个财务管理方案中其经济利润较小,但对整个国民经济发展和生态环境保护以及社会资源的可持续发展有利,这也是一项值得考虑的长效方案,因为它能够帮助企业不断提升其社会形象和实现总价值,最终在未来的市场竞争中得以永久生存与长远发展。

(四)绿色财务管理能够消除外部不经济性,实现生态资源的有效配置

所谓外部不经济性是指在实际经济活动中,生产者或消费者的活动对其他消费者或生产者超越活动主体范围的利害影响。它包括正、负两方面影响,正面影响亦称正外部性或外部经济性,负面影响则称负外部性或外部不经济性。也就是说当某个企业或个人的社会经济活动对其他企业或个人产生危害或带来不利影响时,并不为此所支付足够予以弥补或抵偿这种危害的成本及费用,这就是外部不经济性。此时,该企业或个人所付出的自身成本就会小于该活动所造成的社会成本。这些现象是市场失效、经济活动主体不甚清楚或不负其应负责补偿外部费用责任的一种表现。目前,大量的环境问题就是外部不经济性的典型例子。根据经济学中"经济人"利己假设的原理,单个企业如果没有相应的约束机制,就会继续这种外部不经济性行为以获取自身利益最大化,最终结果导致了社会资源的进一步枯竭和生态环境的持续恶化。通过实施绿色财务管理,能够规范社会经济活动的行为准则和强化各种制约与监督机制,并通过鼓励和支持那些率先实行低消耗、低污染的经济行为,遏制和惩处那些高消耗、高污染的经济活动,使得一些外部不经济性能够进行内部化解决,以实现社会生态环境资源的有效配置,它是实施可持续发展战略的一

项根本要求。

三、企业绿色财务管理体系构建

绿色财务管理体系构建是一个系统而又复杂的工程,既具有层次性又有整体性,在这里着重从企业财务管理角度来进行探讨。

(一)绿色财务管理目标

绿色财务管理的目标应是企业绿色财务增加值最大化,对该目标可以通过绿色财务增加值率来进行计量和反映。所谓的绿色经济增加值率就是绿色经济增加值与绿色投入资本之比,它反映了企业通过合理的生产经营活动,采取最优化的财务管理政策,并充分考虑货币时间价值、风险报酬以及对周围生态环境资源的影响,一定时间内单位绿色投入资本所创造的绿色经济增加值的最大化程度。计算公式如下:

$$绿色经济增加值率 = \frac{绿色经济增加值}{绿色投入资本}$$

其中绿色经济增加值=(资本收益率-绿色加权资本成本)×绿色投入资本;绿色加权资本成本包含债务成本、所有者权益成本和所消耗的资源环境成本等;绿色投入资本等于资产减去负债加上环境资本投入。

绿色经济增加值率最大化的优点在于克服了企业追求短期经济利润的盲目行为,使企业在其财富增长过程中能够兼顾与之有关的各方利益,为实现其企业价值最大化起到了积极的财务导向作用,它利于企业长期稳定发展和生态环境资源的优化配置,能够将经济效益、社会效益和生态效益等有机地统一起来并使之最大化。

(二)绿色财务管理原则

1. 可持续发展原则。绿色财务管理应利于企业、社会、环境资源的可持续发展。

2. 利益兼顾原则。绿色财务管理应全面有效地兼顾投资人、债权人、经营者、政府及社会公众等各相关主体的利益,并努力使每一主体的利益能够最大化。

3. 可靠计量原则。绿色财务管理体系的各项指标能够可靠、确切计量,且具有可操作性。

4. 有效控制原则。绿色财务管理的目标能够通过企业的生产经营活动而实现,并可以进行有效控制。

(三)绿色财务管理内容

1. 绿色筹资。指企业为实现可持续发展战略去吸引和筹集用于绿色投资项目发展所需要的资金,主要方式有绿色股票筹资和绿色负债筹资等。

2. 绿色投资。企业绿色投资的方向主要有两个方面:一是为有效利用现有自然生态环境资源,以建设节约型社会为目标而进行的投资;二是为保护治理生态环境和实现可持续发展战略,以构建低碳经济社会为目标而进行的投资等。

3. 绿色营运管理。指企业为合理调配资金和保障绿色营运资金的动态平衡,在生产经营过程中所进行的一系列财务管理活动等。

4. 绿色利润分配。指为保证企业的可持续发展和降低绿色投资风险,需要制定科学、合理的绿色利润分配政策并逐步增加绿色公积金、公益金的提取比例和额度,以广泛吸引社会公众投入绿色项目和形成一个良性循环发展的绿色基金体系,使企业走上绿色可持续发展之路。

(四)绿色财务管理评价

1. 绿色财务管理效率评价

(1)筹资效率

①绿色项目筹资率,即绿色项目筹资额占总资金筹资额的比重,该指标反映了社会公众对绿色项目的认可与支持程度。

②资本成本比较率,即绿色项目筹资成本与非绿色项目筹资成本的比率,该指标小于或等于1,说明绿色项目被接纳的程度高,反映了该绿色项目发展前景好、风险小,现实中一般多为政府支持或扶持项目等,反之亦然。

(2)投资效率

①绿色项目投资率,即绿色项目投资额占企业总投资额的比重,该指标反映了企业用于绿色项目发展的投资化程度,指标值越大,说明企业绿色化投资程度越高。

②节能降耗率,即绿色项目运营后单位产品能源、材料的消耗量变化率,该指标反映了企业绿色项目投资所带来的直接效率,不仅体现在资源节约上,而且还反映在经济与环境效益上。

(3)营运效率

①绿色营运资金均衡率,即一定时期内绿色现金流入量占一定时期内绿色现金需要量的比率。这是绿色财务管理中保持营运资金动态平衡的一项衡量指标。该指标越接近于1,说明绿色营运资金均衡程度越高。

②优惠资金获取率,即一定时期内得到政府和社会各界对绿色项目的鼓励及优惠资金额度占企业总资金来源的比重。该指标反映出企业进行绿色项目投资或运营过程中得到政府和社会的信赖与支持程度。

③绿色经营成本费用率,即企业用于绿色生产经营活动支出占总营业收入的比重,该指标反映出企业进行绿色经营活动管理的效益。

④绿色研发费用率,即绿色项目研发支出占企业总成本费用的比重。该指标反映出企业在日常生产经营活动中对于绿色项目的研发与重视程度,其指标值越大,越有利于绿色项目的发展与创新。

⑤环保设备利用率,即正常使用的环保设备数量占企业环保设备总数量的比重。该指标越接近1越好,指标值等于1是最好的状态,说明企业环保设备都在运转,没有闲置现象。

(4)分配效率

即企业在利润分配过程中是否单列计提有绿色公积金和公益金等。其提取比例越大、额度越高,说明企业越重视绿色基金筹备,这对企业可持续发展及保障绿色活动资金来源具有重要的现实意义。

2. 绿色财务管理效益评价

(1)经济效益

①绿色资产收益率,指绿色项目运营后净收益占企业平均总资产的比重。该指标反映了企业绿色生产经营活动获利情况。

②绿色资产周转率,即绿色项目营业收入占企业平均总资产的比率。该指标反映了企业在绿色生产经营活动过程中总资产的周转速度。

(2)社会效益

①市场获得率,即绿色项目运营后客户量和业务量的增长变化率。该指数一方面反映了企业获得新客户和拓展市场的能力,另一方面也反映了该绿色项目的社会普及与认可程度。

②社会贡献值,即绿色项目运营后企业实现利润、支付利息、上缴税金和安置员工及发放工资总量等。该指标值反映了企业为投资者、债权人、国家及社会就业所做出的贡献。

(3)生态效益

①废物排放减少率,即企业进行绿色项目投资和运营后,其废物排放量的降低与减少程度。该指标值反映企业采取清洁生产后,对环境资源所产生的积极效应与影响。

②废物再回收利用率,即企业予以回收利用和治理的废物、废料、废气、废水量占总产生和排放的废物、废料、废气、废水量的比重。该指标反映企业进行循环经济的程度,体现了其对社会环境资源的贡献状况。

四、结语

实现可持续发展和倡导循环经济已经成为企业生产经营活动中的核心内容,随着经济社会的快速发展,资源、环境、人口与人类社会的和谐与发展问题已经成为全球所关注的热点和难点。在当今低碳经济背景与实行绿色会计核算的前提下,构建科学、合理的绿色财务管理体系具有非常重要的现实意义。因此,企业绿色财务管理还需进一步的研究与探讨。

参考文献

[1]李心合:《财务管理学的困境与出路》,载《会计研究》2006年第7期。
[2]郭复初、郑光亚等:《经济可持续发展的财务论》,中国经济出版社2006年版。
[3]胡蕾:《现代企业新选择:绿色财务管理》,载《合作经济与科技》2007年第12期。

西藏林业经济发展方式转型探讨

——基于碳汇交易的视角

曹 敏 秦国华

一、引 言

据2012年国家林业局公布的全区森林资源清查结果,西藏林地面积达1 783.64万公顷,占其土地面积的14.47%;森林覆盖率为11.98%;活立木蓄积量22.88亿立方米,居全国各省(区)第一位。西藏是全国最大的林区之一,与中国其他地区相比较基本处于原始的未开发状态,已成为我国重要的木材供应后备基地和动植物资源生物宝库。民主改革以来,林业为西藏国民经济的发展做出过重要贡献,随着西藏工业化进程的推进,西藏林业出现了过度开发、发展乏力、经济效益低下的问题,西藏林业在全国的竞争力受到了极大的挑战。田云等(2012)基于13个指标运用主成分分析法对我国31个省(市、区)的林业产业综合竞争力分析,认为西藏居于全国前3位;通过构建林业产业综合竞争力矩阵运用聚类分析法对31个地区进行评价,认为西藏属于"低水平—高潜力"地区。近年来,国家实施退耕还林,西藏国家生态安全屏障建设步伐加快,全球气候变暖引致发展低碳经济势在必行,"十八大"以来,国家大力推进生态文明建设,西藏如何利用这一系列新的发展机遇来提高生态文明的物质基础,提高西藏林业发展水平,挖掘西藏林业经济的高潜力,推进生态产业发展,是摆在西藏各级政府面前的重大战略问题。因此,西藏林业经济发展方式转型势在必行。根据西藏不同区域的森林自然条件、社会经济发展状况及其对森林生态的需求水平可将西藏林地划分为四个功能区:一是藏西北高原荒漠生态修复与保护区,林地定位为遏制高寒草原沙化;二是藏西南水土保持及生态环境综合治理区,林地定位为防治水土流失和土地沙化;三是藏东北水土涵养及特色经济林区,区内林地面积大多以乔木针叶林地为主;四是藏东南山地森林生态保育及生态旅游区,主要有阔叶林、针叶林和灌木林。

二、理论回顾

(一)正外部性理论

生产者或消费者的一项经济活动会给其他社会成员带来好处,但他自己却不能由此得到补偿。此时生产者或消费者从其活动中得到的私人利益就小于该活动带来的社会利益,这种性质的外部影响即正外部性。

(二)科斯定理

科斯第一定理即如果交易费用为零,不管产权初始如何安排,当事人之间的谈判都会导致那些财富最大化的安排,即市场机制会自动达到帕累托最优。科斯第二定理即在交易费用大于零的世界里,不同的权利界定会带来不同效率的资源配置。也就是说交易是有成本的,在不同的产权制度下交易的成本可能是不同的,因而资源配置的效率可能也不同,所以为了优化资源配置,产权制度的选择是必要的。

(三)碳汇交易理论

碳汇,一般是指从空气中清除二氧化碳的过程、活动、机制,主要是指森林吸收并储存二氧化碳的能力。碳汇交易是基于《联合国气候变化框架公约》及《京都议定书》对各国分配二氧化碳排放指标的规定创设出来的一种虚拟交易。因为发展工业而制造了大量的温室气体的发达国家,在无法通过技术革新降低温室气体排放量达到该国家规定的碳排放标准时,可以采用在发展中国家投资造林以增加碳汇、抵消碳排放,从而降低发达国家本身总的碳排量的目标。

三、西藏传统林业经济发展方式的三阶段演变

(一)西藏林业的自然经济阶段

吐蕃时期以来,藏人利用林木资源作为建筑材料和燃料。房建昌(1994)通过研究表明新中国成立前西藏林业资源利用的主要方面是制碗、制香、造纸、取漆、提取紫胶虫胶、栽植桑树创办桑蚕业和引进种植茶树。

(二)西藏林业的农业经济阶段

在农业经济阶段,西藏林业经济主要包括狩猎林业和火耕林业。狩猎在实际活动中分专业狩猎与业余狩猎两类。专业狩猎也叫生产性狩猎,职业猎人在狩猎生产期间不从事其他工作,使用一定的狩猎工具,运用一定的狩猎方

法,以猎取鸟兽等狩猎产品、出售交换其他经济资源为目的。业余狩猎又叫体育性狩猎,是一种特殊的业余活动。随着西藏自治区全面禁猎政策的实施,狩猎林业经济在西藏已基本不存在。火耕林业是使用火去除掉森林,来使得这样获得的空地变成耕地进行农业生产的技术,人类使用这个技术来将森林改变为耕地已经有数千年的历史。例如西藏僜人的刀耕火种,僜人是西藏的少数民族,他们居住在喜马拉雅山南麓的深山老林中,民主改革前仍处在原始公社的末期,生产方式原始落后,生产力十分低下。民主改革后,僜人在人民政府的领导和藏汉族兄弟的帮助下逐步搬出了深山老林,还学会了修筑梯田种植水稻,固定使用土地,发展水果、茶叶生产,采用先进生产技术和生产工具,兴修水利施用肥料,经济发展,生活得到很大改善。

(三)西藏林业的工业化阶段

西藏森林工业开始于1955年,最初在林芝地区建立了更张林厂,年产木材仅几千立方米。目前国有森工企业5家,分别位于林芝地区、昌都地区和日喀则地区,现有职工4 000余人,全行业拥有固定资产约1.5亿元,年生产原木22万立方米,加工锯材10多万立方米。从1984年开始,西藏各地县办林场和伐木场陆续建立起来,1999年整合后全区共有50多家。

西藏森林工业企业的主业为木器制造、家具制造,近年来开始生产木材深加工产品如木地板、无节木、集成材、指接材等。由于西藏森工企业规模小、生产工艺设备落后造成产品结构单一,加之交通运输不便,西藏林业企业经济效益低下,对林木的加工处在初级加工阶段,为了追求更高的经济效益,西藏森林工业企业长期重采伐、轻培育,采育失调,迹地更新的欠账在逐年增加,林业资源遭到掠夺式开发,由此进入了过度采伐—环境破坏—经济效益下降的恶性循环圈。

四、低碳经济阶段西藏林业转型发展林业碳汇经济可行性探讨

(一)低碳经济原理

低碳经济是以减少温室气体排放为目标,构筑低能耗、低污染为基础的经济发展体系,包括低碳能源系统、低碳技术和低碳产业体系。低碳技术包括清洁煤技术和二氧化碳捕捉及储存技术等。目前国际上公认的二氧化碳捕捉及储存技术的核心手段就是林业碳汇,即通过实施造林再造林和森林管理、减少毁林等活动,吸收大气中的二氧化碳并与碳汇交易结合的过程、活动或机制。

(二)西藏发展林业碳汇经济可行性分析

王天津(2008)最早提出西藏可利用丰富的森林、草原和湿地建立碳汇功能区来减少二氧化碳温室气体,保护本地生态环境并为遏制全球气候变暖减少自然灾害发挥作用。仲伟周等(2012)借鉴 Benitez 固碳模型根据土地机会成本及净现值的基本原理对我国各省区造林再造林固碳成本收益进行了分析,研究表明西藏是除云南以外固碳成本最低的省区之一。随着世界经济迅速发展及中国国民生产总值跃居世界第二,温室气体排放呈现爆炸式增长,极端气候和自然灾害频发等全球气候变化已经严重影响到社会经济发展。基于此,国际社会积极采取措施限制温室气体排放,减缓气候变化对人类造成的不利影响,中国政府为应对气候变化这一全球化问题,正式发布《中国应对气候变化国家方案》,2009 年国务院常务会议决定"到 2020 年全国单位 GDP 二氧化碳排放比比 2005 年下降 40%～50%",并将作为约束性指标纳入国民经济和社会发展中长期计划中。由此可以看出拥有丰富森林蓄积量的国家或地区,政府通过制定相关法律政策和产业政策,就可以在全球气候变暖的背景下利用挑战和机遇,通过建设碳汇功能区和发展林业碳汇经济,以碳汇交易为中介,拥抱国际清洁发展机制市场和国内约束性减排市场,实现生态文明和当地林业经济发展的双赢战略。

(三)西藏林业经济发展方式转型的目标分析

林业经济是林业部门和企业的生产经营活动及其组织管理,包括正确处理林业生产和再生产中各方面的经济关系、组织和协调林业生产力诸要素和讲求林业经济效益等三个方面,力图最大化发挥林业的生态效益、社会效益和经济效益。西藏以碳汇交易为中介发展林业碳汇经济,为了维护相关者利益最大化,推动西藏林业经济的平稳转型,实现可持续发展目标,笔者提出一个统筹林业三大效益的概念模型(见图 1)。

图 1　林业三大效益统筹模型

林业在农业经济阶段,政府管理较为宽松,人口数量不多,人们在森林中从事狩猎林业和火耕林业经济活动,从林木中获取生活用燃料,此阶段林业的社会效益最大,经济效益最小,林业的公共产品特性十分突出。到了工业经济阶段,经济发展对林业产品的需求大幅度增长,人们开始用先进的采伐技术对林木资源进行开发,加之人口数量的膨胀,林业经济在取得较好经济效益的同时社会效益在逐步下降。进入后工业经济阶段,经济结构从商品生产经济转向服务型经济,为了实现人口的充分就业目标,提升生态文明水平,实现人口、资源、环境的可持续发展,林业也必须顺应潮流加快林业经济发展方式转型,切实可行的路径就是发展林业碳汇经济、进行碳汇交易,从而在小幅度降低社会效益的同时大幅度提高林业的经济效益并且保持生态效益不变或适度提高,从而达到提高人民生活水平和质量的目标。

五、西藏林业经济发展方式转型的政策探讨

(一)西藏林业碳汇经济的发展主体

《中华人民共和国森林法》第3条规定:森林资源属于国家所有,由法律规定属于集体所有的除外。国家所有的和集体所有的森林、林木和林地,个人所有的林木和使用的林地,由县级以上地方人民政府登记造册发放证书,确认所有权或者使用权。

西藏地处青藏高原,平均海拔4 000米以上,高寒缺氧,自然环境十分恶劣,且地处我国西南边陲,属于我国经济欠发达地区。因此西藏发展林业碳汇经济,西藏自治区政府、林业部门和国有企业掌握的林业生物资产便是保证其在利益相关者的博弈中维持话语权的最强有力的工具,以法律确保国家和西藏各级政府组织在西藏实现林业可持续发展的过程中不丧失发展主体地位。科斯第二定理告诉我们,不同的权利界定会带来不同效率的资源配置,为了优化资源配置产权制度的选择是必要的。因此为了激励各种要素积极投入西藏林业碳汇经济的建设,就要在保证国家和政府利益的前提下充分尊重、明晰、保护集体和个人产权,使其要素投入及时、足额获得收益。

(二)多渠道多元化筹资

1. 建立森林生态效益补偿机制,加速资本集中。这是西藏林业经济发展方式转型的关键,具体途径如下:

(1)征收森林资源税。资源税是以各种应税自然资源为课税对象,为了调节资源级差收入,实现后续生态修复和补偿,并体现国有资源有偿使用而征收的一种税。资源税属于地方性税收,征收主体是地方税务机关,收入不共享。潘球红等(2012)通过研究表明征收森林资源税有利于保护森林资源,提高相关企业个别劳动生产率,促进社会劳动生产率的提高,改革经济发展模式形成良好的经济循环模式。近年来国家推动资源税从量征收向从价征收改革,更为西藏自治区地方政府利用森林资源税筹资带来了利好消息。

(2)西藏生态屏障建设资金。从2007年开始,西藏自治区政府把西藏生态安全屏障建设列为中长期战略。2009年,国家审议通过《西藏生态安全屏障保护与建设规划(2008—2030)》,到2030年西藏将保护和建设三个生态安全屏障区,其中包括藏南及喜马拉雅中段以灌丛—草原生态系统为主体的生态安全屏障区,藏东南和藏东以森林生态系统为主体的生态安全屏障区。中央为支持西藏生态安全屏障建设,按照规划将陆续投入387亿元资金。

(3)西藏公益林生态效益补偿资金。2008年,中央财政将西藏天保工程区以外的国家级公益林全部纳入中央补偿范围,安排资金3.2亿元;2009年为西藏地方公益林新增资金4.4亿元,目前西藏全区的生态公益林全部为中央财政补偿范围。

(4)对口支援。在"十五"期间国家及相关省市安排林业援藏资金约20亿元,"十一五"期间国家安排资金38亿元,《国家林业局关于支持西藏进一步加强生态保护和建设的意见》显示,"十二五"期间国家林业局力争中央资金在"十一五"基础上翻一番。

2. 发展林业碳汇经济,提升西藏林业的资本集聚能力。具体举措有:

利用森林工业企业积累资金。据统计,截至2001年年底,西藏森工企业全行业拥有固定资产约1.5亿元,上缴利税2亿多元。西藏森林工业企业虽然现在经济效益不高,但利用森工企业的自我发展能力积累资金推动西藏林业可持续发展将是未来的主要方向。

利用民族地区资本市场筹资。一是支持西藏有核心竞争能力的生态环保企业上市发行股票筹资,提升企业的林业碳汇项目投资能力。二是发行西藏生态环保债券或信托产品,将西藏林业碳汇项目打包出售。

利用碳汇交易盈利。发展西藏林业碳汇经济,进行碳汇交易,利用国内的强制减排约束进行省际碳汇交易抢占国内碳汇市场份额,积极参与国际碳汇交易市场。西藏全国第一的森林总蓄积量和全国第二低的固碳成本比较优势,这是西藏碳汇交易盈利的良好物质基础,也是西藏林业经济进入良性循环可持续发展的关键转折点。

(三)分类投资

西藏发展林业碳汇经济,最为迫切的任务是利用多渠道多元化筹到的资金和广大宜林土地面积,巩固提高西藏的森林总蓄积量,同时做到因地制宜,按自然规律办事,因此西藏林业经济要做到分类经营,突出重点。《中华人民共和国森林法》把森林分为以下五类:防护林;用材林,以生产木材为主要目的的森林和林木;经济林,以生产果品、食用油料、饮料、调料、工业原料和药材等为主要目的的林木;薪炭林;特种用途林,以国防、环境保护、科学实验等为主要目的的森林和林木,含自然保护区的森林。

1. 保护原始森林

西藏95%以上的森林是原始森林,总面积约1 300多万公顷,以针叶树种为主,主要集中在藏东南,就地域而言主要是藏东的林芝、昌都地区,山南、日喀则、拉萨各有一部分。西藏原始森林作为预防气候变化趋恶的生态屏障,是一项具有巨大正外部性的公共产品,因此其必然成为中央和西藏自治区人民政府财政资金的第一重点投资对象,项目包括防护林、特种用途林。

2. 大力人工造林

西藏人工林主要集中在藏东南的拉萨、山南、日喀则及雅鲁藏布江的一些地区。西藏植树造林除了普遍意义上的栽植行道树和公共绿化外,在西藏发展林业碳汇经济的新时期,主要是种植适宜西藏生长环境,符合国际标准或中国标准的林业碳汇林木,以此来提高西藏的碳汇林蓄积量。西藏有广大的碳汇林种植空间。第一是迹地。西藏森工企业长期重采伐、轻培育,迹地的欠账在逐年增加,张敏(2001)分析计算显示西藏全区因采伐和火灾需要恢复森林面积累计达10万公顷,每年迹地更新欠账以1 300公顷的速度递增。第二是利用率低下的林地。陈彦芹(2011)分析认为西藏宜林面积1 392万公顷,区待开发宜林地630万公顷,是区内现有森林面积439.86万公顷的1.43倍,目前这些宜林地可利用率仅约8%。由此可见西藏人工造碳汇林前景广阔。第三是依据轮伐期砍伐成熟老化林的迹地。森林是不能砍伐的,尤其是原始森林,这是长期根植在人们观念中比较偏颇的观点。砍伐成熟老化林的益处,一是采伐林木用于生产生活获取经济利益;二是使树种结构趋于合理化;三是优化树龄结构,幼林是西藏林木重要的后备资源。第四是退耕还林土地。

3. 栽培经济林木

西藏应大力发展经济林资源,培育适合西藏气候的桑树、茶树、苹果树、核桃树等,满足西藏果品市场的需求,丰富西藏各族同胞的饮食结构。西藏林业经济分类经营的核心是保护原始森林等生态公益林,打造生态保护区,巩固生态效益。重点是大力人工造林,发展西藏林业碳汇经济,提升经济效益,同时栽培经济林木,兼顾社会效益。在明晰产权的前提下,把构成西藏生态安全屏障包括原始森林等在内的生态公益林的价值与使用价值进行分离。使用价值即林业的固碳能力,与人工种植的碳汇林一道打造成可以在碳汇市场上进行交易的林业碳汇。生态公益林进行碳汇交易获得的收益在产权主体和运营主体之间进行分配。通过栽培经济林打造商品林经营区,形成林业产业体系。

(四)统筹运营

1. 人工造林,培育林业后备资源

西藏林业发展的重点,首先是保住现有林业资源,其次是再造植树造林。任务是生态公益林的迹地更新、人工造林和栽培商品林。西藏人工造林的实施场所,是与农牧区相生相伴的林区,因此西藏广大的农牧民将是从事人工造林的主力军。陈彦芹等(2011)通过分析社会林业参与性、权利分配、森林资源冲突管理和乡土知识,认为社会林业在解决西藏林业可持续经营中能够起到积极作用。实现好并发展好西藏农牧民的根本利益乃是西藏推动林业经济转型进行碳汇交易的首要条件,因此在西藏发展林业碳汇经济新阶段,要在林业厅(局)、林业站的组织下引入社会林业管理方式,凸显西藏农牧民在人工造林和护林中的核心地位,才能最大限度地提高人工造林的成活、成林和成材。

2. 发展工程造林和林产品深加工及贸易

由于迹地更新和分散林地不方便进行机械化操作推行人工造林,因此在集中连片的待开发宜林地进行碳汇林造林工作中应大力推广工程造林,以降低造林成本,提高资金使用效率。

西藏森林工业企业应在国家和自治区的法律法规框架下合理采伐林木,提升森林化工科技含量,对林木资源进行深加工,提高林产品贸易规模和水平。适度开发野生动植物资源,发展木本粮油、森林食品、藏药材等特色林产品。

3. 打造林业碳汇交易支撑体系和林业碳汇交易

打造西藏碳汇林服务体系的主要工作包括:(1)大批培养引进碳汇产品交易人才;(2)培训农牧民现代树苗栽植养护技术;(3)打造工程造林、科技造林护林等林业部门及人才队伍,推动地球定位系统(GPS)、地理信息系统(GIS)、遥感技术(RS)等技术在西藏林业中的应用,尤其是运用3S技术进行西藏林业碳汇监测体系建设;(4)购置先进的飞播造林、森林防火设备;(5)组建西藏林业碳汇交易政府部门和企业实体;(6)出台西藏林业碳汇交易政策法规。

世界银行发布的报告指出,全球二氧化碳减排交易量或称碳交易量市场潜力很大,其流通量将达到50亿吨/年。在2008—2012年间,市场交易规模平均可达600亿美元。欧盟碳交易市场目前是国际同类市场中的主体,2006年碳交易额为244亿美元。美国芝加哥环境交易所是目前全球最大的碳交易机构,欧洲的英国、德国也在加紧建设碳交易市场。国内的北京、天津、上海、浙江、广州相继成立环境交易所积极开展碳汇交易。西藏由于地处祖国边陲,信息闭塞,虽然在森林蓄积量上具有绝对优势,但是至今没有加入国际或国内的碳交易市场,也没有在西藏自治区内建立环境交易所从事林业碳汇交易活动。丰富的林业资源面临着巨大的机会成本,因此,西藏自治区人民政府制定出台相关林业碳汇经济政策法规具有紧迫性。西藏应加快林业碳汇项目的调查规划、数据核实、报告编制、申报、审批、制定技术标准、国际国内注册及利益计算分配等工作,并将巨大的林业固碳能力纳入我国统一的碳汇交易市场,对于抢占国际国内碳汇交易市场份额、增加西藏在林业碳汇交易市场的定价话语权具有非常重要的意义。

(五)权衡分配

西藏现有林业分配制度不合理、规费太高,投资林业建设几乎无利可图,是造成企事业单位、人民群众投资林业积极性不高的主要原因,因此应加快西藏林业分配制度改革。为此笔者提出如下权衡分配建议:(1)国家和西藏自治区人民政府是西藏林业生物资产的产权主体,因此西藏林业碳汇交易所得收益其应分配过半。(2)西藏林业部门和国有森工企业是西藏林业碳汇交易的运营主体,其应分配收益应不低于林业碳汇行业平均利润率。为鼓励西藏自治区以外资金投资西藏林业碳汇项目,引进的资金回报在可持续的前提下,应高于借贷资本市场利息率。(3)为推动科技林业工程造林,西藏应利用财税政策对企事业单位的技术投入给予大力支持,比如可以取消原木、原竹特产税,除收取育林基金外不收取任何费用。王天津(2009)研究显示,截至2009年,西藏自治区政府通过让农牧民参与林业项目建设不仅增加农牧民就业1.6万人次,还提高了现金收入1.8亿元以上。西藏全面建成小康社会,必须充分尊重和实现广大农牧民的利益,利用碳汇林建设推动西藏生态扶贫工作,积极回报劳动使西藏农牧民同胞共同富裕,是保证西藏林业经济转型顺利开展的前提和基础。农牧民收入项目有造林劳务费、护林员补助、农牧民集体碳汇林碳汇交易收入、经济林农产品贸易收入,打造农牧民在西藏林业经济部门中的多层次就业格局,人尽其才,各尽所能丰富收入结构。

六、结论

通过梳理西藏传统林业经济发展方式的三阶段演变,笔者认为,西藏林业经济经历自然经济阶段、农业经济阶段、工业经济阶段后,出现了过度开发、发展乏力、经济效益低下的问题,西藏林业呈现出"低水平——高潜力"的特征和林业三大效益失衡的状况,西藏林业在全国的竞争力受到了极大地挑战。退耕还林、西藏国家生态安全屏障建设、国家推进生态文明建设和全球气候变暖引致发展低碳经济等一系列新的发展机遇,必将推动西藏林业经济发展方式转型。利用林业碳汇经济原理,盘点西藏自治区森林总蓄积量和宜林土地面积,构建林业三大效益统筹模型分析西藏发展林业碳汇经济的必要性和可行性,得出发展林业碳汇经济、进行碳汇交易,在小幅度降低社会效益的同时大幅度提高林业的经济效益和保持生态效益不变或适度提高,是西藏林业经济发展方式转型的可行路径和目标。西藏可以通过发展林业碳汇经济,达到提高西藏人民生活水平和质量,实现农牧民人口充分就业,提升生态文明水平,实现人口、资源、环境可持续发展的目标。

参考文献

[1]国家林业局:《中国林业发展报告(2012)》,中国林业出版社2012年版。

[2]田云:《中国林业综合竞争力空间差异分析》,载《干旱区资源与环境》2012年第12期。

[3]高鸿叶:《西方经济学》,中国人民大学出版社2011年第5版。

[4]周珂:《环境法学研究》,中国人民大学出版社2008年版。

[5]防建昌:《近代西藏林业史》,载《中国边疆史地研究》1994年第3期。

[6]王天津:《建立西藏碳汇功能区的若干设想》,载《西南民族大学学报》2008年第7期。

[7]仲伟周:《中国各省造林再造林工程的固碳成本收益分析》,载《中国人口、资源与环境》2012年第9期。

[8]潘球红、林娟、郑雪莲:《浅论我国资源税改革——对森林征收资源税》,载《对外经贸》2012年第7期。

[9]阎平、史建忠、朱永红:《西藏自治区林业发展现状分析与建议》,载《林业资源管理》2001年第6期。

[10]张敏:《西藏林业产业现状及结构调整的建议》,载《林业科技》2001年第1期。

[11]陈彦芹、索朗桑姆:《社会林业与西藏森林可持续发展研究》,载《西藏科技》2011年第3期。

[12]白涛:《西藏林业经济》,中国藏学出版社1996年版。

[13]王天津:《推动碳汇功能建设提高农牧民权益》,载《西南民族大学学报》2009年第2期。

西藏农牧特色产业的发展历程与基本经验

——新中国成立以来西藏农牧特色产业演进的历史考察

杨西平

农牧业是西藏经济建设和产业促进的基础,作为农牧业重要组成部分的农牧特色产业在新中国成立以来经历了不断壮大的曲折发展过程。在西藏经济建设和社会进步的各个时期,西藏农牧特色产业为促进西藏地方经济发展、增加农牧民收入、促进社会进步和维护西藏社会稳定等均发挥了重要作用。回顾西藏农牧特色产业发展实践,笔者坚信:坚持"中国特色、西藏特点"、推进"一产上水平"是促进农牧特色产业发展的根本保障;党中央关怀、国务院及有关部委大力支持是推动西藏农牧特色产业发展的基石;西藏各级党委、政府正确决策是西藏农牧特色产业发展的保证;各级政府投入是西藏农牧特色产业发展的资金基础;农牧业科技是西藏农牧特色产业发展的技术支持;青藏线通车是西藏农牧特色产业发展的基础;兄弟省份无偿援助是西藏农牧特色产业发展的有效补充等均是值得总结和进一步发扬的基本经验。

一、西藏农牧特色产业的发展历程及成就回顾

回顾和平解放以来西藏农牧特色产业发展历程,笔者按照西藏经济社会发展特征,将这一过程分为五个阶段。

(一)1951—1959年是西藏农牧特色产业缓慢发展时期

在1951年和平解放到1959年民主改革前,由于农奴制的生产关系没有彻底改变,西藏农牧特色产业发展缓慢。国家对整个西藏经济实行了一系列帮助扶持政策,如无偿发放农具,免费为牲畜防治疾病,发放无息贷款以及救济款、救灾款,国家组织收购西藏畜产品,等等,这些政策促进了农牧业生产恢复。进藏部队进行的垦荒生产和必要经济建设,对西藏农牧特色产业生产的影响深远。1952年,全区粮食平均亩产只有140斤,1958年也只有158斤。1958年民主改革前夕,牲畜总头数只比1952年增加13.3%。

总体来说,这一阶段西藏农牧特色产业生产发展极为缓慢。但是由于新的生产方式的引进,特别是交通设施的兴修和进藏部队在西藏开荒生产,对西藏传统农牧业开始有了冲击,促进了农牧特色产业发展。

(二)1959—1965年是西藏农牧特色产业个体所有制发展时期

该时期由于西藏反动上层发动了全面武装叛乱,西藏进入了民主改革时期,在农牧区,变农奴主所有制为农牧民所有制,发展了农牧业生产互助组。考虑到西藏当时刚刚经历民主改革,中央为西藏专门制定了"稳定发展"方针,自治区工委制定了"大办农业、大办粮食、大办牧业、农牧并举、多种经营"的政策,农牧区掀起了互助生产和"爱国增产保畜"运动高潮,出现连续6年的增产丰收。到1965年,西藏粮食产量由1959年的18 291万公斤增加到29 077万公斤,农业产值也由4 591.2万元增加到8 304万元,分别增长58.9%和83%。牲畜由1959年的955万头发展到1965年的1 701万头,畜牧业产值也由9 478.8万元增加到18 323.8万元,分别增长78.1%和93.3%。1965年,农业总产值为3.38亿元,较1959年增长82.70%,年均增长10.62%。

在此期间,由于贯彻中央政府为西藏制定的"稳定发展"方针,西藏农牧特色产业得到较好发展。

(三)1965—1978年是西藏农牧特色产业不断发展时期

1965年9月1日,西藏自治区成立,西藏进入了社会主义改造时期,分两个阶段。第一个阶段,1965—1975年的试办人民公社阶段;第二阶段,1973—1978年期间的农业生产恢复和发展时期。从1959年取得平叛胜利一直到1975年社会主义改造基本完成,前期由于受到极"左"路线干扰,没有完全坚持"稳定发展"方针,致使农牧业和农牧特色产业不能保持稳定发展。特别是1970年后,西藏人民公社"政社合一"、"一大二公"脱离了西藏农牧业发展水平,产生了管理上的"一哄而上",分配上的"平均主义"、"大锅饭"。如在1967—1972年期间,由于受"文化大革命"干扰,致使粮食产量连年下降,1972年比1966年下降8%。畜牧业生产发展缓慢而不稳定,1972年牲畜总数比1965年仅增长了1.7%,牧业产值仅增长13.02%,每年平均增长2%。从1973年开始中央增加了对西藏的财政支援,1973年和1978年召开了全区第三次和第四次牧区工作会议,确定了牧区"以牧为主,多种经营"的方针,畜牧业取得较大发展。牲畜总头数从1973年的2 025万头(只)发展到1979年的2 349万头(只),主要畜产品产量也有不同程度增长,肉食增长30%,绵羊毛增长27.4%,奶类增长38.3%,畜牧业产值增长27.3%。

这一阶段西藏农牧特色产业基本上处于自然经济状态,农牧特色产业本身缺乏与各种产业之间的联系制约了西藏农牧特色产业发展。

(四)1978—2000年是西藏农牧特色产业大发展时期

这一阶段,围绕中央三次西藏工作座谈会精神,西藏农牧业以及农牧特色产业有了较大发展。1979—1983年主要是围绕贯彻1980年第一次西藏工作会议精神,对农牧区进行经济体制改革。放宽政策,免征牧业课税,取消对畜产品的统派购,恢复集市贸易,鼓励牧民群众发展家庭副业,允许牧民进城经商或从事工业、建筑业、运输业、服务业等经营活动,允许牧民增加自留畜。1984年,中央第二次西藏工作座谈会确定了"牲畜归户,私有私养,自主经营,长期不变"的政策,提出了"以牧为主,牧农结合,因地制宜,多种经营,全面发展商品生产"的农牧业生产方针。与此同时,中央和自治区还利用财政投资,大搞畜产品商品基地建设。1984—1989年,牧业产值增长了60.23%,每年平均增长3.85%。1999年,肉类产量达13.5万吨。1990年以来,自治区召开了全区第五次牧区工作会议,在总结前12年畜牧业发展经验和问题的基础上,安排了畜牧业发展"八五"计划和"九五"设想。农牧特色产业综合生产能力大幅度提高。截至2000年,全区粮食、油菜总产分别比1978年增长近1倍和4倍;全区肉、奶产量分别比1978年增长2倍多和1倍多;农业总产值增长11倍;全区蔬菜地面积达5万亩,品种达60余个,年产量17万吨;渔业产量1800吨,部分重点城镇旺季蔬菜自给率达70%。

这一时期,西藏主要农畜产品由过去的长期短缺变为总量基本平衡,部分地区出现品种性、结构性的供大于求。同全国一样,西藏农牧特色产业发展进入了一个战略性结构调整阶段。

(五)2000—2008年是西藏农牧特色产业飞速发展时期

2001年6月,中央召开第四次西藏工作座谈会,制定了新时期西藏工作的指导方针,并且确定了国家直接投资117个援藏项目,总投资312亿元;各省市对口支援建设项目70个,总投资约10.6亿元。国家投资和中央财政扶持,主要用于农牧业、基础建设、科技教育、基层政权相关设施建设以及生态环境保护和建设,着重解决制约西藏发展的"瓶颈"和突出困难。与此同时,西藏党委、政府也及时提出"一产上水平、二产抓重点、三产大发展"的发展战略。2008年自治区党委七届四次全委会又提出"必须坚持把推进一产上水平作为发展现代农牧业的战略性措施,加强农牧业基础建设,大力发展农牧业特色产业和产业化经营,加快转变农牧业经济发展方式,努力走出一条具有西藏特点的现代农牧业发展路子"。这些重大方针、政策、措施为西藏农牧特色产业发展创造了良好条件。西藏农牧特色产业获得了巨大发展,2003—2008年,西藏各级政府共整合资金10.8亿元,扶持发展了173个特色农牧业项目。藏西北绒山羊、藏北牦牛、藏西绵羊、藏东南林木资源、藏药材、藏中优质粮油和城郊无公害蔬菜以及藏猪藏鸡开发等几个产业带建设也初现成效。

农牧特色产业发展带动了农牧区经济发展,使得农牧民获得实惠。截至2008年年底,西藏农牧民人均纯收入连续5年保持两位数增长,比2002年增长83.3%。特色农牧业成为农牧业经济新的增长点和农牧民新的增收点,特色农牧业产值占全区农牧业总产值比重达到10.9%,特色农牧业收入占农牧民人均纯收入比重达到9.8%。2006年西藏全区农牧民人均纯收入中有238元来自特色农牧业收入,占9.8%,农牧特色产业项目区农牧民人均纯收入中平均有660元来自特色农牧业收入,比重达27%。为了进一步说明农牧特色产业在农牧民增收中的贡献,笔者选择在农牧特色产业领域有突出成效的几个典型事例说明。

1. 尼木县在2007年引入尼池生态农业综合开发公司,促进了以藏鸡养殖为主的特色种植、养殖业。2007年,农牧民人均纯收入2 779.27元,同比增长17.1%。2008年上半年,尼池藏鸡养殖基地已完成投资1 170万元,带动农户148户,每年使农牧民增加收入200万元以上。

2. 2007年,山南地区以大蒜、黄牛奶源、藏鸡养殖、绵羊短育、冷水鱼、藏药材、林果业等为主的特色产业产值达到1.49亿元,占农牧业总产值的23%,同比增长15.6%。全地区农民人均纯收入2 950元,增长16.6%。

3. 琼结县着力发展藏鸡养殖、短期育肥、生猪养殖等特色产业,2008年上半年,全县农牧民人均纯收入达1 496元。2008年完成藏鸡养殖20万只,实现增收24万元;完成短期育肥8 000只,实现增收81.6万元;完成生猪养殖5 000头,实现增收150万元;完成黄牛改良3 000头,实现增收120万元;完成绵羊改良3 000只,实现增收18万元。

4. 2008年,朗县通过突出发展特色农牧产业,加快了农牧业产业建设步伐,上半年农牧民人均纯收入实现2 690元,同比增长12.3%,其中现金收入1 560元,同比增长9.8%。

5. 2004年以来,日喀则地区实施了优质青稞生产基地、日喀则马铃薯生产基地、白朗、拉孜县蔬菜生产基地等特色产业项目,项目总投资28 718.115万元,其中国家投资为12 895.59万元。截至目前,项目累计涉及农户45 463户,27万多人,通过项目建设带动项目区平均人均增收650元。

6. 那曲地区在发展专业化农牧民合作经济组织的基础上,以专业化带动农牧民增收,2007 年,全地区农牧民专业合作经济组织实现收入 6 018.43 万元,2008 年上半年收入约 1 300 万元。在西藏农牧特色产业大发展的同时,农牧特色产业产业化进程不断加快。一方面,西藏特色农牧产业稳步推进品牌战略。到 2007 年底,西藏已有 2 个中国名牌产品、4 家企业的 7 个国家免检产品、12 个西藏名牌产品和 23 家质量信誉 AAA 级企业。青藏铁路开通后,5100 牌矿泉水作为铁路直通车组专用产品,打开了全国市场,目前已具备了年产 30 万吨生产能力。另一方面,近几年,西藏农牧特色产业产业化发展也不断深入,建立了以农牧户为基础,以"龙头"企业为依托,以经济效益为中心,以系列化服务为手段,通过实施种加养、产供销、农工商一体化经营,将农牧业再生产过程的产前、产中、产后整合成为一个完整的产业体系模式。主要采取"基地＋农户"一体化经营型(如林芝藏猪藏鸡繁育基地)、"公司＋农牧户"一体化经营型(如白朗县嘎东镇贵热村糌粑加工厂)、"公司＋农牧户＋基地"产业化经营型(如诺迪康药业股份有限公司)、专业批发市场连农牧户型(如江孜大蒜出口基地)、农牧民个体经济组织帮助农牧户型(如那曲尼玛县牧业股份合作制)等形式。这些产业化模式的建立带动了农牧民专业合作经济组织的兴起并逐渐壮大。目前,西藏共有农畜产品专业协会型、股份合作型和中介组织与能人带动型等各类农牧民专业合作经济组织 248 个,联系会员 12 800 户,约 11.36 万人。

二、西藏农牧特色产业发展的基本经验

回顾西藏农牧特色产业的发展历程和取得的巨大成就,笔者认为有以下经验值得总结和进一步发扬:

(一)坚持"中国特色、西藏特点"、推进"一产上水平"是促进西藏农牧特色产业发展的根本保障

"要把中央的方针政策同西藏实际紧密结合起来,走有中国特色、西藏特点的发展路子"是 2008 年 3 月 6 日胡锦涛总书记参加西藏代表团审议时所做出的重要指示。总书记强调要深入贯彻"十七大"精神,走出一条具有中国特色、西藏特点的发展路子,这一战略思想对西藏经济社会发展具有非常重要的指导意义。"一产上水平、二产抓重点、三产大发展"是西藏自治区各级党委、政府长期坚持的经济发展战略目标。2008 年自治区党委七届四次全委会提出必须坚持把推进"一产上水平"作为发展现代农牧业的战略性措施,加强农牧业基础建设,大力发展农牧业特色产业和产业化经营,加快转变农牧业经济

发展方式,努力走出一条具有西藏特点的现代农牧业发展路子。推进"一产上水平"对于农牧特色产业而言就是要积极推进农牧特色产业产业化经营、加强农牧特色产业的科技含量、加强农畜产品质量标准体系和检验检测体系建设。

上述两方面根本目的是要服务于建设现代农牧业、发展农村经济、增加农牧民收入,致力于"小康西藏、平安西藏、和谐西藏"建设。

(二)党中央关怀、国务院及有关部委大力支持是推动西藏农牧特色产业发展的基石

党中央历来重视西藏工作,先后召开了四次西藏工作座谈会,专门研究和部署西藏工作。在新时期以胡锦涛同志为总书记的党中央高度重视西藏工作。2005年8月,中央政治局召开会议专题研究西藏工作;2006年11月,国务院制定了加快西藏发展、维护西藏稳定的40条优惠政策;2007年1月31日,国务院召开第167次常务会议,温总理亲自主持,专门研究西藏"十一五"项目规划,确定了180个项目,"十一五"投资778亿元,其中涉农投资22.96亿元;党的十七届三中全会作出了关于推进农村改革发展若干重大问题的决定;农业部确定在"十一五"期间农业援藏工作的五项重点,在具体实施过程中,农业部帮助西藏自治区完成了《农牧业"十一五"发展规划》、《农牧业特色产业发展规划》,指导西藏理清农牧业发展思路,共安排西藏农业基本建设项目69个,累计投入资金3.84亿元,是"九五"时期的2.7倍。

(三)西藏各级党委、政府正确决策是西藏农牧特色产业发展的保证

自治区各级党委、政府在党中央及国务院和有关部委的方针、政策指导下,因地制宜、狠抓政策落实,将改善农牧民生产生活条件、增加农牧民收入作为西藏经济社会发展的"首要任务"。要实现"首要任务"就必须促进西藏农牧特色产业发展,为此,西藏各级党委、政府机关均制定了大量促进西藏农牧特色产业发展的政策、措施。2000年,《西藏自治区关于招商引资的补充规定》明确提出,西藏农牧业引资重点:高原生态特色农牧业、节水农业,农作物优质高产新品种、新技术开发,中低产田改造,蔬菜基地、商品粮油基地和牲畜繁育、育肥基地建设,禽类养殖,水产品养殖,草业和草场建设,农牧业技术推广和服务,农牧业产业化经营。2000年,《关于扶持和培育农牧区农业产业化经营龙头企业意见》为西藏农牧特色龙头企业发展提供了制度保障。2000年,《关于稳定基层农牧业技术推广体系意见》为西藏农牧特色产业发展的技术推广工作提供了依据。2007年,西藏自治区政府公布实施的《西藏自治区农牧业发展"十一五"规划纲要》明确提出,必须坚持以邓小平理论和"三个代表"重要思想为指导,深入贯彻落实科学发展观,围绕建设社会主义新农村这条主

线,把改善农牧民生产生活条件、增加农牧民收入作为经济社会发展的首要任务,把体现农牧民利益的各项政策措施落到实处。抓住"一产上水平"这个关键,按照"用现代工业的理念经营现代农牧业,用产业开发的理念搞活农牧区经济,用以人为本的理念推进农牧民增收"的思路,坚持农牧业优势产业优先发展、优势区域优先突破的方针,加强基础设施建设,加快科技进步和创新,调整经济结构,扶持龙头企业,大力推进传统农牧业向现代农牧业转变,努力提高农牧业整体效益和综合生产能力,不断拓展农牧民增收渠道,促进农牧业和农牧区经济又好又快发展,为社会主义新农村建设奠定坚实的基础,并据此提出促进西藏农牧业发展的8项措施。2008年10月,中共西藏自治区委员会制定的关于贯彻《中共中央关于推进农村改革发展若干重大问题的决定》的意见为进一步推动西藏农牧业发展、增加农牧民收入、促进西藏新农村建设提供了基础性制度支持。

(四)各级政府投入是西藏农牧业特色产业发展的资金基础

在党中央、国务院亲切关怀和西藏各级党委、政府正确决策下,西藏农牧区经济体制改革不断深入,在农牧业投资体制改革的同时,各级政府对农牧业基础建设投入逐年增加,农牧区基础条件明显改善。据统计,"十五"期间,仅西藏农牧部门实施的农牧业基础设施和项目建设投资就达8.3亿元,比"九五"时期增长9.4倍。"十一五"以来,中央加大了对西藏农牧业的投资力度。2006年,中央对西藏农牧业基础设施和项目建设总投资高达7.2亿元,比2005年增长60%;2007年,农牧业基础设施和项目建设总投资近8亿元,比上年增长11.1%;2007年年初,国务院召开第167次常务会议,专门研究并原则同意西藏"十一五"建设规划,其中涉及农牧业和农牧区建设的项目有动植物防疫检疫、游牧民定居、农牧业特色产业、农牧业科技推广体系建设、农村户用沼气、农产品质量监督体系建设等12个重点项目,国家投资达22.96亿元。

(五)农牧业科技是西藏农牧特色产业发展的技术支持

西藏各级党委、政府历来重视发展农牧业科技,依靠科技推动西藏农牧特色产业发展。"十一五"期间西藏自治区将实施提高粮油单产科技行动、种养业良种推广科技行动、农畜产品质量安全科技行动、重大动物疫病防控科技行动和科技入户行动,提高农牧业发展速度和质量。通过实施上述农牧业五大科技行动,主要致力于大力推广良种育繁、精量半精量播种、农作物病虫草鼠害防治、耕地质量建设、农业机械化等实用技术;重点抓好青稞、牦牛、白绒山羊、藏猪、藏鸡、藏系绵羊、优质奶牛等品种的繁育推广,力求形成具有西藏特色、优势明显、生产能力强、资源消耗低的良种产业,全面提高良种在生产中的实际应用率。同时,通过农牧业科技行动,使西藏农牧业科技创新和应用能力不断增强,到"十一五"末农牧业科技贡献率提高40%,种植业良种覆盖率达到90%左右,并使农牧民科技文化素质和就业增收技能得到较大提高。2007年,科技投入首次超过亿元,中央资金首次超过地方资金,基本达到翻一番。2007年,西藏科技经费达到1.6亿多元,比2006年增长1.32倍,科技项目92项,其中自治区0.56亿元(71项),国家1.11亿元(21项),分别比2006年增长30.2%和3.1倍。2007年度科技对西藏经济增长贡献率达到29%。

(六)青藏线通车是西藏农牧特色产业的发展基础

青藏铁路通车,在两方面促进了西藏农牧特色产业发展。一方面,青藏铁路通车促进了西藏特色农牧业及其加工业加快发展,拓宽了西藏特色农牧业发展空间。主要表现在:一是市场空间增大,二是生产成本降低,三是产品优势明显,四是市场需求增加,五是产业分工细化,六是产业链条延伸。这吸引了更多的消费、投资主体,开拓高原绿色特色农畜产品市场,不断增强了西藏农牧产业可持续发展能力和后劲。另一方面,青藏铁路通车进一步优化了西藏农牧区产业结构,推进农牧业产业化进程。主要表现在:一是有力带动了特色畜牧业发展,二是有力带动了特色种植业发展,三是有力带动了特色渔业发展。

(七)兄弟省份无偿援助是西藏农牧特色产业发展的有效补充

在中央四次西藏工作会议促进下,全国各地以及中央各部门掀起了援藏热潮。这些无私援助为西藏农牧特色产业发展提供了有益的资金、技术和管理方式的改进。如在近几年开展的那曲地区引进辽宁润泽清真食品有限公司的经济合作、昌都地区与西北农林科技大学的合作以及2008年乃东县组织本地农牧特色产品参加"农博会"等对于提高西藏农牧特色产业和产品科技含量及拓宽西藏农牧特色产品营销手段和营销途径均有深刻意义。

三、西藏农牧特色产业发展建议

在未来如何推动西藏农牧特色产业的进一步发展,笔者认为近期应做好以下工作。

(一)完善资金投入体制,开拓龙头企业的融资渠道

针对西藏农牧产业龙头企业资金实力不强、市场竞争力弱的实际,完善龙头企业资金投入体制,进一步拓宽龙头企业的融资渠道。建议政府在条件成熟的地区设立扶持西藏特色优势产业的专项基金,从资金上帮助龙头企业融资活动;各级地方财政进一步加大对扶持特色产业发展的投入力度,扩大投资

规模;积极引导金融机构调整发展特色优势产业的贷款扶持政策,降低门槛,简化手续,扩大规模,延长还款期限,满足龙头企业大额资金需求;引导证券管理部门优化特色优势产业上市融资的政策,支持有特色的西藏农牧龙头企业尽快上市融资。

(二)开拓思路、采取多种形式,加大对农牧业技术的支持力度

西藏自治区技术市场发展相对滞后,完全依靠区内市场解决农牧业特色优势产业研发、生产、销售等方面的技术问题还存在很大难度。为此,笔者认为应通过多种渠道引进农牧业科技人才,为农牧业特色优势产业发展提供技术支撑。一是鼓励企业从内地引进人才,提高企业的技术水平。二是加大技术援藏力度。通过援藏渠道引进农牧特色优势产业发展所需人才,推动企业新产品研发和服务。三是加大对技术产业的支持力度,鼓励更多技术含量高的企业进入西藏,研发新技术,生产新产品,开拓新市场,发展新经济。四是大力推进远程科技教育,引导农牧民利用先进手段学习农牧科技,掌握致富技能。五是按照鼓励探索、扶持创新、宽容失败、支持成功的方针,建立创新扶持基金,积极支持企业开展创新活动,发展科技型产业。六是坚持引进大量实用性技术,推动科技转化为生产力。

(三)积极推动专业合作经济组织发展壮大

鼓励农牧民组建专业协会或合作社,为农牧民提供生产、仓储、运输、销售等方面的服务,推广发展特色优势产业的成功经验。在发展专业化合作组织建设过程中加大政府扶持力度,建议县市政府选派能人带领群众组建专业协会或合作社,发挥示范效应,在群众自发难以形成农牧业专业化组织的地区政府可以适当给予资金支持,培育农牧业专业组织,并加大特色农牧产业经纪人队伍建设。

(四)支持特色优势产业,加强品牌建设

西藏地处高原,种植业与内地相比具有明显季节差,产品价格有优势;没有工业污染,是发展绿色食品、有机食品的好地方;土地、水利、光照资源丰富,发展农牧特色种植业、养殖业潜力大,市场前景好。做大做强农牧特色优势产业,必须加强品牌建设。一要抓紧做好商标注册工作,防止他人抢注,影响西藏自治区农牧特色产业发展。二要注册农牧特色产品原产地标识,保护西藏产品优势,为做大做强创造条件。三要制定和完善农牧特色产品生产标准,统一生产技术,扩大生产规模,增强市场竞争力。

参考文献

[1]毛娜:《数字鼓舞人心——新年新气象,2009年西藏经济发展展望》,《西藏日报》,2009-01-16。

[2]向巴平措:《如何走好有中国特色、西藏特点的发展道路》,新华网,2008-03-11,http://news.xinhuanet.com/misc/2008-03/11/content_7763724.htm。

[3]中共西藏自治区委员会关于贯彻《中共中央关于推进农村改革发展若干重大问题》的决定的意见,http://www.chinatibetnews.com/zhengfuzaixian/2008-10/19/content_163433.htm。

[4]本报评论员:《大力推进一产上水平》,中国西藏新闻网,2008-10-31.http://www.chinatibetnews.com/pinglun/2008-10/31/content_167962.htm。

[5]尹丹丹:《中国确定今后五年农业援藏重点》,中国新闻网,2008-04-9.http://www.chinatibetnews.com/yuanzang/yzdongtai/2008-04/09/content_81635.htm。

[6]巴桑次仁:《西藏农牧业和农牧区基础条件明显改善》,中国西藏新闻网,2008-12-03.http://www.tibetdaily.net/xizang/caijing/2008-12/03/content_177904.htm。

[7]王攀:《西藏实施农牧业五大科技行动》,中国西藏新闻网,2008-01-04.http://www.chinatibetnews.com/keji/2008-01/04/content_72842.htm。

[8]西藏科技事业发展进入全新阶段.中国西藏新闻网,2008-2-28.http://chinatibetnews.com/keji/2008-02/28/content_78148.htm。

[9]青藏铁路通车对西藏农牧业经济产生深远影响.中国西藏新闻网,2007-07-05.http://www.chinatibetnews.com/zhuanti/2007-07/05/content_64812.htm。

西藏农牧业比较优势的实证考察与对策建议

杨西平

一、导言:研究意义与理论回顾

农牧业始终是西藏经济发展的重中之重。自西藏和平解放以来,经过几十年的发展,农牧业仍是其主导产业,农牧业发展在全区国民经济中的重要地位依然不可动摇。但由于所处地理位置、生态环境的特殊性以及信息闭塞、历史基础等原因,再加上自身技术储备、技术人才以及资金等领域的缺陷,造成过去西藏农牧业生产一直处于低水平、低层次、低效益状态。实践表明,科学合理地估计西藏农牧业的比较优势是挖掘西藏农牧业发展潜力、确定西藏特色农牧业发展方向、制定有效的农牧业促进政策的关键,是落实"中国特色、西藏特点",推进"一产上水平"的基础环节。

与此同时,比较优势理论从问世以来已经发展成为一个包括绝对优势理论、比较优势理论、要素禀赋理论(也称为要素禀赋比较优势理论)、规模经济理论以及基于运输成本问题考虑的区位理论等在内的理论体系,这些理论在国外解释包括农牧业在内的经济发展中取得了巨大成功。这些理论在20世纪70年代开始传入我国并被用于分析我国的农牧业优势问题。起初的研究主要集中在定性描述研究上,定量实证分析相对较少。80年代末以来国内学者对比较优势的测定方法和实证分析的研究越来越多。比较有代表性的研究包括:程国强的"中国主要农产品的比较优势"研究,他利用国内资源成本系数法对中国主要农产品做了成本比较优势的实证分析估计,认为中国棉花已失去比较优势,大豆生产具有一定的比较优势但有利程度正逐渐下降,甘蔗、苹果、烤烟、生猪具有显著的比较优势。陈武用显示比较优势指数法对我国经济比较优势进行了实证分析,他认为在1985—1992年间,我国农产品的比较优势由2.01降到1.23,从较强比较优势变成较弱比较优势;粮食比较优势大幅度下降,大米、大豆分别从4.62和3.61下降到1.92和1.13,油籽类、纤维类经济作物及茶叶、蜂蜜等农产品具有明显的比较优势,蔬菜、食糖和部分水畜产品的比较优势有所上升。李向红运用国内资源成本系数法,研究了我国四种粮食作物在1987—1995年间的比较优势变化规律:除个别年份外,大米具有比较优势,而大豆、玉米和小麦呈现出明显的比较劣势。潘文卿采用出口产品国际竞争力指数和产业内贸易指数法,从产业间贸易优势和产业内贸易状况对我国5大类19小类主要农产品进行了测算,认为我国具有比较优势的农产品往往是一些劳动密集型产品,大多数土地、资源、资金密集型的农产品在我国已不具备比较优势,中国农产品的对外贸易优势已逐渐从土地密集型转向劳动密集型产品。徐志刚采用国内资源成本系数法和综合优势指数法,测定、分析了我国各省市主要农产品生产的比较优势,并以种植业为重点分析对象,探讨了我国种植业农业结构调整的方向和相应政策。李建平、罗其友采用国内资源成本系数法,对我国主要畜产品,在尽可能区分饲养方式的条件下进行成本比较优势的测算,同时运用比较优势指数法,对在实际出口中所显示出来的比较优势进行对比分析,通过两个结果的比较来分析我国畜产品的比较优势和国际竞争力。林毅夫提出了比较优势战略发展理论,他认为在资源禀赋结构的基础上,在政府的指导协调下,一个地区要发挥自己的优势,成为市场中有竞争力的主体,从而提升产业、技术结构,促进经济快速发展。徐宗俦提出了区域比较优势理论,他认为要充分发挥区域比较优势,发展地方特色农业,不断完善市场经济体制,从而有效转移农村劳动力,增加农民收入,促进农村城镇化进程,是建设和谐社会题中之意。上述研究表明,比较优势理论作为一种比较成熟的理论对于解释我国农牧业的优势是可行和有效的,但把比较优势理论应用于区域农业问题研究的则比较有限。

基于上述实践和理论考虑,笔者在本文中拟使用区位商测算法,通过讨论西藏农牧业的比较优势,由此提出农牧业发展也应发挥比较优势,发展西藏特色农牧业,以特色促进区域农牧业发展。

二、比较优势测算方法选择

目前,测算比较优势的主要方法有显示比较优势指数法、国内资源成本法、区位商、综合比较优势指数法等。本文拟选择区位商和综合比较优势指数法的测算方式。

(一)区位商

该方法是用来反映一个部门是否是该地区专业化部门及其专业化水平的一个指标。区位商又称区域专业化率,是指一个地区特定部门的产值在该地区工业(或农业)总产值中所占的比重与全国该部门产值在全国工业(或农业)总产值中所占的比重之间的比值。其计算公式表述为:

$$q_{ij} = \frac{(e_{ij}/e_i)}{(E_j/E)}$$

式中:q_{ij} 表示 i 区域 j 部门的区位商。e_{ij} 为 i 区域 j 部门的产值,e_i 为 i 区域所有产业的产值,E_j 为全国 j 部门的总产值,E 为全国经济总产值。

当 $q_{ij} > 1$ 时,则说明 i 区域 j 产业有一部分是为区外服务,表示 i 区域 j 产业有明显的区域优势,它在一定程度上显示出该产业在国内的竞争力较强,q_{ij} 越大,则表明生产的区域化程度越高。

当 $q_{ij} < 1$ 时,则表明 j 区域 i 产业处于劣势。

我们在使用这个指标的时候,区位商值是采用这样一种计算方法:用各省各产业的产值除以该地区国内生产总值求得这些产业产出在该省 GDP 中的份额,以这个比重作为分子;同时,用全国这个产业的产值除以全国 GDP,求得这个产业产出在全国 GDP 中的份额,以这个比重作为分母,最后用分子除以分母求得区位商值。

(二)综合比较优势指数法

该方法主要参考了中国农业大学农业经济系李秉龙教授的综合比较优势指数法,该方法分别计算生产效率优势指数(EAI)、生产规模优势指数(SAI)和综合比较优势指数(AAI)。生产效率优势指标用一个地区一种作物(动物)的单产水平表示;生产规模优势指标用动植物的生产规模表示,种植业用种植面积、畜牧业用养殖的数量、水产养殖业用养殖面积表示。单产水平和生产规模相互作用形成了综合比较优势指标。其计算方法如下。

1. 效率优势指数

效率优势指数主要是从资源内涵生产力的角度来反映作物的比较优势,计算公式如下:

$$EAI_{ij} = \frac{\left(\dfrac{Ap_{ij}}{Ap_i}\right)}{\left(\dfrac{AP_j}{AP}\right)}$$

式中:EAI_{ij} 为 i 区 j 种农作物的效率优势指数;Ap_{ij} 为 i 区 j 种作物单产;Ap_i 为 i 区全部农作物平均单产;Ap_j 为全国 j 种作物平均单产;AP 为全

国全部作物平均单产。$EAI_{ij}>1$,表明与全国平均水平相比,i 区 j 作物生产具有效率优势;$EAI_{ij}<1$,表明 i 区 j 作物生产与全国平均水平相比生产效率处于劣势。EAI_{ij} 值越大,生产效率优势越明显。

在一般情况下,生产规模越小,其单产水平越高,效率优势指数也就越高。因此效率优势指数往往并不能客观地反映一个地区一种作物的真正比较优势,而且也不能反映市场的需求和传统的种植制度概况。

2. 规模优势指数

规模优势指数反映一个地区某一农作物生产的规模和专业化程度,它是市场需求、资源禀赋、种植制度等因素相互作用的结果。一般来说,在一定长的时期内,只要有相当的规模,就意味着有市场需求,而有市场需求就意味着有经济效益,因此,规模优势指数反过来在一定程度上可以反映农作物生产的比较优势状况。

规模优势指数的计算公式如下:

$$SAI_{ij}=\frac{(\frac{GS_{ij}}{GS_i})}{(\frac{GS_j}{GS})}$$

其中:SAI_{ij} 为规模优势指数;GS_{ij} 为 i 区 j 种农作物的播种面积;GS_i 为 i 区所有农作物的播种总面积;GS_j 为全国 j 种农作物的播种面积;GS 为全国所有农作物的播种总面积。$SAI_{ij}>1$,表明与全国平均水平相比,i 区 j 作物生产具有规模优势;$SAI_{ij}<1$,表明 i 区 j 作物生产处于劣势。SAI_{ij} 值越小,劣势越显著。

3. 综合优势指数

综合优势指数是效率优势指数与规模优势指数的综合结果,能够更为全面地反映一个地区某种作物生产的优势度。由于资源因素和市场区位因素在区域农业比较优势形成中的重要性可谓旗鼓相当,缺一不可,二者之间的相互制约关系极为显著,只要其中一方面降低就会对整体水平影响很大。换句话说,如果只有单方面的比较优势,根本不存在另一方面的比较优势,就会导致比较优势的消失。因此,这种综合比较优势只能取上述两种比较优势的几何平均值。因为算术平均值会扩大互补关系,不能反映区域农业比较形成中两种因素缺一不可的相互制约关系。因此,取效率优势指数与规模优势指数的几何平均数来反映区域综合比较优势。综合优势指数的计算公式如下:

$$AAI_{ij}=\sqrt{EAI_{ij}\times SAI_{ij}}$$

$AAI_{ij}>1$,表明与全国平均水平相比,i区j作物生产具有比较优势;$AAI_{ij}<1$,表明i区j作物生产与全国平均水平相比无优势可言。AAI_{ij}值越大,优势越明显。

当然比较优势理论是我们分析西藏农牧业优势的主要方法,但绝非全部,笔者认为对于西藏农牧业比较优势的理论分析方法应该是一个理论体系,在这个理论体系中凡是对发展西藏农业有利的方法,我们都应该适当采用。如:西藏昼夜温差大,水资源储量丰富,光热资源充足,为农产品的生长提供了独特的生产环境;西藏农业产品具有鲜明的民族特色,如青稞面、牦牛肉、藏鸡蛋等都是其他地方少有的,市场上外部竞争力比较小;独特的自然环境和特殊的农牧产品结构是西藏农牧业发展的绝对优势,符合亚当·斯密的绝对优势理论。西藏农产品营养价值高、绿色无污染等特点则使西藏农牧业产品符合竞争优势理论等。

三、西藏农牧业比较优势的实证考察

基于以上方法介绍,笔者将从西藏大农业内部产业区位优势、西藏农作物种植业比较优势、西藏畜牧业生产比较优势等三个方面估计西藏农牧业的优势。

(一)西藏大农业内部产业区位优势分析

为了考察西藏大农业内部产业的区位优势,笔者利用2007年全国和西藏的农林牧渔业各项产值(见表1),使用区位商来分析西藏大农业内部区位优势。

表1 2007年全国和西藏的农林牧渔业各项产值对比表

单位:亿元

地区	农林牧渔业总产值	农业产值	林业产值	牧业产值	渔业产值
全国	48 983.0	24 658.1	1 861.6	16 124.9	4 457.5
西藏	79.8	35.9	6.3	34.9	0.1

数据来源:《中国统计年鉴(2008)》和《西藏统计年鉴(2008)》。

通过计算,西藏农业的区位商值为0.89,林业的区位商值为2.07,牧业的区位商值为1.32,渔业的区位商值为0.01。显然在西藏发展林业和牧业具有区位比较优势。农业具有其存在的合理性,渔业最没有区位优势。以此结果

可以看出,西藏林业、牧业发展大有潜力,大有可为,可重点发展。西藏农业因其特殊品种资源优势又有可为,加以耕作技术和生产条件变化将大有作为。西藏渔业没有产业发展优势,可作为社会生活的必要补充。

(二)西藏农作物种植业比较优势分析

1. 数据来源

考虑到数据的可获取性,本文主要选取西藏主要农产品作为研究对象。同时,由于种植业生产受自然环境的影响较大,故本文选择了3年(2005—2007年)的数据(见表2),以减少计算结果的误差,尽可能保证数据体现客观现实。而本文列出的作物播种面积、农产品总产量等统计数据则来自《中国统计年鉴(2008)》和《西藏统计年鉴(2008)》。

表2 西藏与全国近三年主要农作物的面积、单产对比表

作物种类	全国		西藏	
	播种面积(千公顷)	平均单产(公斤/公顷)	播种面积(千公顷)	平均单产(公斤/公顷)
稻谷	28 901.27	6 324.30	1.00	5 617.39
小麦	23 375.67	4 494.83	41.26	6 347.39
玉米	28 099.50	5 258.33	3.35	4 993.92
豆类	12 276.65	1 596.93	8.27	3 861.47
薯类	8 487.42	3 525.83	0.59	10 048.88
花生	4 188.97	3 203.33	0.05	2 493.75
油菜籽	6 301.33	1 829.82	24.39	2 293.32
全部农作物	153 700.33	5 287.31	233.64	6 953.33

注:以上数据均为2005—2007年3年的平均值。

2. 计算结果及其分析

根据上述资料和前文所述方法测算西藏畜牧业综合比较优势指数(见表3)。

表3　西藏种植业比较优势测算结果

作物种类	效率优势指数 EAI	规模优势指数 SAI	综合优势指数 AAI
稻谷	67.5	2.3	12.4
小麦	107.4	116.1	111.7
玉米	72.2	7.8	23.8
豆类	183.9	44.3	90.3
薯类	216.7	4.6	31.5
花生	59.2	0.8	6.8
油菜籽	95.3	254.6	155.8

(1)西藏农作物中的小麦、薯类、豆类等的生产具有效率比较优势。其中，豆类、薯类效率优势相当明显，而小麦效率优势则不是很明显。

(2)西藏农作物中的小麦、油菜籽等的种植具有规模比较优势。其中，油菜籽具有很强的规模比较优势，小麦也具有明显的规模比较优势。

(3)总体来看，小麦、油菜籽等的种植生产具有综合比较优势。其中，油菜籽综合比较优势比较明显。

(4)由于青稞只有在海拔3 000米以上的地方才能种植，所以对于全国来说它具有绝对优势。

(三)西藏畜牧业生产比较优势分析

1. 数据来源

考虑到数据的可获取性，本文选择了西藏畜牧产品3年(2005—2007年)的数据，以减少计算结果的误差，尽可能保证数据体现客观现实。而本文列出的牲畜年底头数、牲畜肉产量等统计数据(见表4)分别来自《中国统计年鉴(2008)》和《西藏统计年鉴(2008)》。

表4　西藏与全国近三年的主要牲畜头数与平均单产对比表

地区 牲畜种类	全国		西藏	
	年底头数万头（只）	平均单产（公斤/头）	年底头数万头（只）	平均单产（公斤/头）
牛	10 683.56	54.86	635.00	21.22
羊	28 909.07	12.64	1 702.67	4.64
猪	43 053.98	104.27	29.33	39.66
牲畜年底头数	84 459.14	82.46	2 420.00	9.32

2. 计算结果及其分析

根据上述资料和前文所述方法测算西藏畜牧业综合比较优势指数(见表5)。

表5 西藏畜牧业比较优势测算结果

种类	效率优势指数(EAI)	规模优势指数(SAI)	综合优势指数(AAI)
牛	342.2	207.438 3	266.4
羊	324.8	205.554 8	258.4
猪	335.9	2.377 552	28.3

从生产效率优势和规模优势来看,西藏的牛、羊和猪都具有比较优势,而且牛和羊还具有综合比较优势,只有猪没有综合比较优势。综上所述,西藏农牧业在其发展中有其独特的资源优势和品种优势,如种植业中的薯类、豆类作物以马铃薯、豌豆为代表,效率优势相当明显;油菜籽具有很强的规模比较优势及比较明显的综合比较优势;青稞只有在海拔3 000米以上的地方才能种植,所以对于全国来说它具有绝对优势。而畜牧业方面经过藏民族几百年甚至上千年辛勤培育和驯养的藏牦牛、藏绵羊、藏山羊则有独特的规模优势和综合比较优势,所以说在西藏特色农牧业发展中有其产业发展的资源优势和规模发展优势。

四、发展西藏特色农牧业的对策建议

基于上文分析,西藏应立足本地实际,以自然资源的比较优势为依托,突出区域特色,把特色资源优势转化为经济优势,大力发展特色农牧业,形成新的经济增长点。为此,笔者认为西藏农牧业发展应从以下几个方面入手:

(一)加快农牧业结构调整,充分发挥比较优势

1. 合理调整种植业发展规划,提升特色产业水平

积极推进种植业内部的结构调整,坚持以市场为导向,采用因地制宜的原则,调整全区粮经饲作物的种植比例。坚持以粮为主、多种经营互补,既要保证西藏有充足的粮食供应,又要适当增加优质、高效的经济作物种植比例,大力发展油菜籽、青稞等比较优势大的农产品生产。

2. 大力推广粮草轮作,加强农牧结合

在水热资源较好、生产潜力较大的"一江两河"地区、林芝地区等地,推广粮草轮作制度。一方面,可以提高复种指数,充分利用土地资源、水热资源,提

高资源利用率;另一方面也可解决西藏畜牧业草畜矛盾大、自然草场超载退化的问题。

3. 调整农牧业结构,形成比较优势,提高经济效益

首先,要扎实推进种植业和畜牧业之间的结构调整,加速城郊、农牧区畜牧业的发展,通过发展畜牧业,促进种植业产品优势转化为畜牧业经济优势。

其次,要以提高产品质量和效益为中心,高度重视农牧业品种结构调整,全面提高农畜产品的质量安全水平。

再次,是要根据各个地区的实际情况,优化农牧业区域布局,选准主导产品,扶持龙头企业,将农畜产品加工、提高农畜产品附加值、农畜产品流通等作为发展的重点,提高农牧业综合效益,促进农牧业经济结构的全面调整。

(二)加大投资力度,促进农牧业科技进步和农牧民素质提高

一方面,西藏各级政府要加大农牧区和农牧业的投入力度;另一方面,由于大部分农牧民受教育程度低,加大对基础教育的投入,提高农牧民素质。

(三)着力打造名优品牌,培育龙头企业,大力推进特色农牧业发展

1. 着力打造西藏绿色农牧产品的名优品牌

首先,要依托特色资源优势,着力开发包括青稞、蚕豆等农产品和藏药类产品等在内的名优产品。鼓励支持建立农牧区生产基地,扶持特色产品加工企业。

其次,要着力开发以虫草、灵芝等珍贵的特色产品为原料加工的药酒饮料,用西藏特产的中草药加工制作的具有特效的新品牌藏药,以高原牦牛肉为原料加工制作的肉干制品等在内的特色产品。

再次,政府部门应建立绿色食品生产专职机构,其任务是构建农牧民与上级管理部门、科研技术机构、龙头企业之间的纽带,为绿色食品开发进行全方位服务。依托龙头加工企业的运作机制、规范和管理方式和广泛的市场信息,带动绿色食品原料基地的建设和发展。

2. 大力培育和扶持龙头企业,带动产业化发展

针对西藏特色农牧业产业化水平不高,企业小、散、弱、差的问题,努力增加农牧业产业化资金、人力、物力投入,重点培育、扶持一批龙头企业,把龙头企业作为结构调整的拉动力量。

第一,切实落实好龙头企业的土地、财税、金融、经贸和人才优惠政策。

第二,妥善处理企业与农牧户的关系,巩固"公司+基地+农户"的生产经营模式。

第三,可以与国内外资金雄厚、科技水平较高、管理先进的企业联合起来,

组建农牧产品企业集团,在国内外市场上形成强有力的竞争优势。

第四,实施龙头带动产业战略,将科研成果转化、农牧产品市场开拓、原材料基地建设结合起来提高西藏农牧业产业化水平,提高经济和社会效益。

(四)加快市场培育,完善农牧产品市场流通体系

首先,要积极培养牧民的市场意识,树立"效益第一"的观念,一切经营活动要以效益为中心,缩短牲畜的饲养周期,提高出栏率和商品率;其次,必须立足于西藏的资源优势,以市场为导向,以科技为依托,把握市场需求和变化动态,扶持一批规模大、带动力强的农畜产品加工企业。

参考文献

[1]孙久文:《区域经济学教程》,中国人民大学出版社2003年版。

[2]林毅夫:《中国的奇迹:发展战略与经济改革》,上海人民出版社2003年版。

[3]孙自保:《西藏农业生产结构分析及调整措施初探》,载《中国农学通报》2006年第7期。

[4]西藏社会科学院:《西藏经济蓝皮书——中国西藏发展报告(2006)》,西藏人民出版社2006年版。

[5]白涛:《西藏农牧区的改革》,西藏人民出版社2005年版。

[6]狄方耀:《西藏经济学导论》,西藏人民出版社2006年版。

西藏乡村经济转型的目标与基本路径

李爱琴

西藏自治区是一个以农牧业为主的地区,乡村人口占总人口的80%以上。改革开放以来,西藏乡村经济的发展受益于家庭联产承包责任制和市场经济体制等两次大的制度创新,取得了巨大成就。据统计,1985年全区农村社会总产值达17.71亿元,占当年全区GDP的99.72%;2005年全区农村社会总产值达82.37亿元[①],占当年全区GDP的32.87%。可见,西藏乡村经济在西藏国民经济中所占份额虽有所下降,但仍占有十分重要的地位,是西藏经济发展和社会稳定的基础。西藏乡村不仅承担着全区80%以上人口的吃饭问题,而且对全区经济的发展也具有举足轻重的作用,因而推动西藏乡村经济发展、增加农牧民收入,全面建设西藏新农村,不仅是经济问题,也是社会问题和政治问题,它既关系到西藏城乡协调发展、全面建设小康社会的大局,也关系到西藏社会的稳定。但由于受自然条件、历史沿革、社会经济发展的现实水平等因素的制约,西藏乡村经济的发展还相当落后,乡村经济结构不合理、生产力水平低、科技含量不高、市场发育程度低,使其远不能适应现代市场经济发展的要求。实施乡村经济结构转型、提高乡村经济的综合竞争力是新形势下西藏农牧业发展的必然选择,也是增加农牧民收入、实现全面建设小康社会目标的战略举措。

本文以当前西藏乡村经济的环境和现状为立足点,着重研究西藏乡村经济结构转型的目标和基本路径,为构建适应社会主义市场经济的西藏乡村经

---

① 西藏自治区统计局:《西藏统计年鉴(2006)》,中国统计出版社2006年版,第146页。

济发展模式提出己见。

一、西藏乡村经济发展的环境与现状

由于特殊的地理环境和历史沿革,西藏乡村经济的生存与发展环境与内地完全不同。综观西藏乡村经济形势,以下特征尤其突出:

(一)农牧民收入偏低

西藏乡村人口约占西藏总人口的80%以上,其中乡村劳动力的80%从事农业生产。西藏农业主要仍以土地和劳动力的投入为主,机械、物资、科技投入量较少,农业生产率较低。由于经济基础薄弱、财源匮乏,使西藏农牧民收入水平普遍偏低,"三农"问题十分突出,是全国农牧民收入最低、城乡收入差距最大的省份。农牧民增收渠道狭窄、收入增长缓慢,人均年收入排序逐年下降,1978年居全国前10名,1985年下降为第21位,自2000年起一直居全国最末,2004年农牧民人均纯收入仅为1 861元。收入水平低、收入增长缓慢和城乡收入差距加大已成为影响西藏乡村经济发展的主要因素之一[①]。

(二)乡村经济结构单一,农业大而不强,非农产业发展缓慢

自1994年中央第三次西藏工作座谈会以来,随着自治区政府对产业结构进行调整与优化,西藏乡村经济结构得到了相应的改善。但由于自然条件和历史因素的限制及现有经济发展水平的制约,乡村经济规模小、结构单一、生产手段落后、农牧产品加工增值链短、农牧业劳动生产率低、非农产业发展缓慢的特点依然十分突出。

图1是1990—2005年西藏农村社会总产值构成情况。数据表明,尽管西藏农村社会总产值逐年增长,但传统的农牧业占乡村经济主导地位的格局基本上没有变化,乡村第二产业处于萌芽状态,第三产业亦处于非常初级的阶段,主要从事农资、日用消费品供应及饮食服务业等商业活动。

图1根据《西藏统计年鉴》(中国统计出版社2006年版,第147页)的数据计算绘制而成,2002年以前农林牧渔业总产值不含农林牧渔副业产值。

从图1数据可以看出,西藏乡村经济中的非农产业所占比例小、发展缓慢、结构不合理。乡村经济中的非农产业主要包括乡村工业、乡村建筑业、乡村运输业和乡村商业。1990年,农村社会总产值18.23亿元,非农产业产值

---

① 喻廷才:《大力发展县域经济建设》,《西藏日报》,2006-01-24。

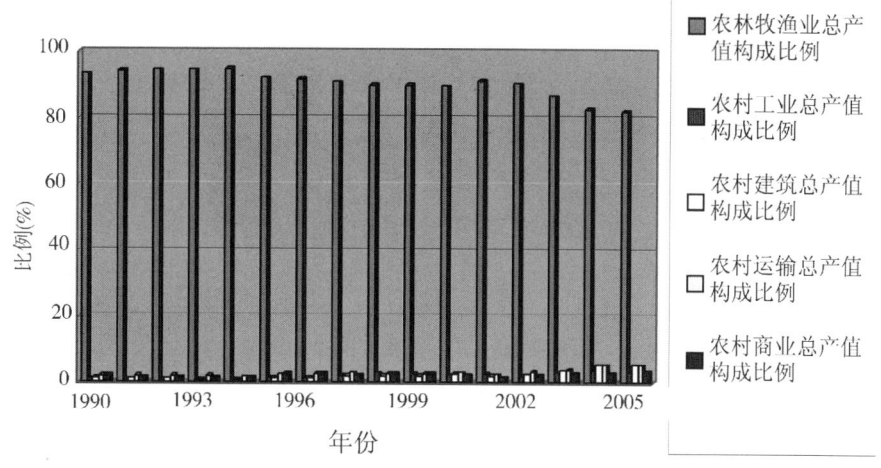

图 1　1990—2005 年西藏自治区农村社会总产值构成

仅占 6.54%。2005 年，这个比例上升到 17.76%，但仍偏低。

图 2 数据表明西藏农业内部产业结构发展极不平衡。农牧业是西藏乡村经济的主要组成部分，但大而不强、结构不合理、发展水平低。具体表现为：农业比重大却停留在较低的发展水平，农产品科技含量少、机械化程度低，以对自然资源的简单利用为主；畜牧业产值比重高，但靠天养畜的局面尚未得到根本改变，而且畜牧业重数量、轻质量的生产观念导致以破坏草场生态为代价追求产出的后果；林业、渔业所占比重小。截至 2005 年，农、林、牧、渔业总产值为 67.74 亿元，农业、牧业、林业、渔业的比重分别为 44.12%、44.36%、8.41%、0.02%，农业和牧业所占比重仍较大，林业、渔业所占比重小，特别是渔业，仅占零点几个百分点，与全国相比，变化趋势相反。① 这种畸形的产业结构导致整个农业大而不强、主导产业不突出、比较效益差、农副产品竞争能力弱，难以带动农牧民收入的提高。西藏乡村经济的这种以农业为主的单一结构特点，难以适应市场、环境和政策的变化，由此表现出整体质量的薄弱，尤其在市场经济条件下，更加突显以传统农业为主的西藏乡村经济在资金自我积累方面的弱势，成为西藏乡村经济结构调整的严重羁绊。

---

① 西藏自治区统计局：《西藏统计年鉴（2006）》，中国统计出版社 2006 年版，第 140 页。

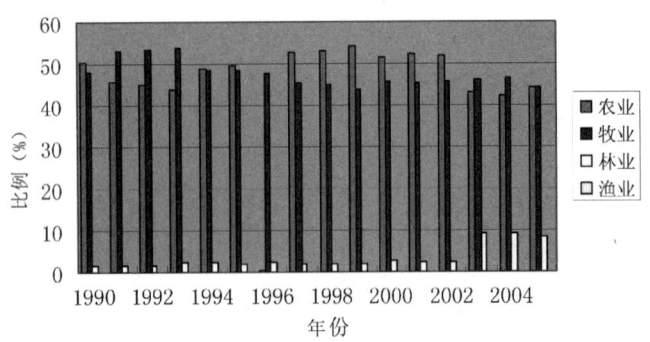

图 2 1990—2005 年份西藏农业内部产值结构

资料来源:根据《西藏统计年鉴(2006)》第 140 页的数据计算绘制而成

(三)乡村经济的市场化程度低

长期以来,西藏乡村经济的生存状态多以自给半自给的自然经济和小农经济为主,农产品交换主要发生于当地农村集贸市场,流通规模有限,市场化水平很低。其主要原因是西藏乡村远离国民经济市场中心以及民族文化历史沿革的独特性。在这块相对封闭的土地上,农牧民仍沿袭传统粗放的生产经营方式,商品意识和市场观念的建立远远落后于沿海和内地。因此,农畜产品的商品转化率极低、大量剩余农畜产品滞留、各种生产要素不能有效流动等市场程度低下问题,是西藏乡村普遍存在的现象。导致西藏乡村经济市场化程度低的另一个原因是,农牧民和乡镇企业尚未完全承担和具备建立和完善市场经济的主体功能。毋庸置疑,乡村经济活动的主体是农牧民和乡镇企业,然而西藏的广大乡村中普遍存在着以一家一户为生产单元的模式,乡镇企业则以基础薄弱、产品单一、规模小而分散的微小型作坊为主,农牧民和乡镇企业远未具备市场经济运行主体的准备。农牧产品缺乏市场竞争力也极大地制约了乡村经济的市场化水平。西藏乡村农牧产品的同构化现象普遍,科技含量低、种类少且多为低端或初级产品,缺少品牌效应和市场需求研究,产销脱节的事情时有发生,通过市场实现产品价值的过程受阻,产品缺乏市场竞争力成为必然的结果。影响乡村经济市场化程度的因素还与生产要素流动性差相关。由于思想意识、管理体制及其他因素,西藏乡村的土地、劳动力、资金等生产要素普遍缺乏流动性,成为推进市场化进程的又一阻隔。

除上述原因外,乡村服务体系落后、信息不畅等现象亦对西藏乡村的市场化程度形成不利影响。西藏乡村的信息渠道不畅,缺少有效的市场中介组织,都不利于农牧民和乡镇企业及时了解农牧产品价格和各种供求信息,影响了各种经济活动的顺利进行。

(四)乡村劳动者综合素质低

据2000年全国人口普查统计数据,西藏乡村人口为171.72万人,乡村从业人员100.83万人,乡村文盲率为35.90%,西藏农牧民受教育程度平均约4.5年(比内地平均水平低2.5年)[①]。在这种条件下,西藏农牧区少数地方仍沿袭"以物易物"的交换方式,生产与再生产的意识极为淡薄,缺少必要的生产积累,有些农牧民家庭的产出仅仅能够维持生活,种植什么、养殖什么就吃什么,收不抵支,少数家庭甚至难以维持简单的再生产过程。乡村劳动力的从业结构不合理亦不容忽视。1990年,西藏乡村劳动力为90.85万人,从事非农业的劳动力为4.84万人;2004年,全区乡村劳动力增加到105.69万人,比1990年增加16.33%,年均增加1.17%,从事非农业的劳动力为20.5万人,年均增长23.11%。就农村劳动力中从事农业生产的人数比例而言,1996年以前超过93%,2004年下降到80.60%。由此可知,西藏乡村人口中从事非农产业的劳动力比重逐年增加,主要分布在服务业和建筑业(如图3所示)。

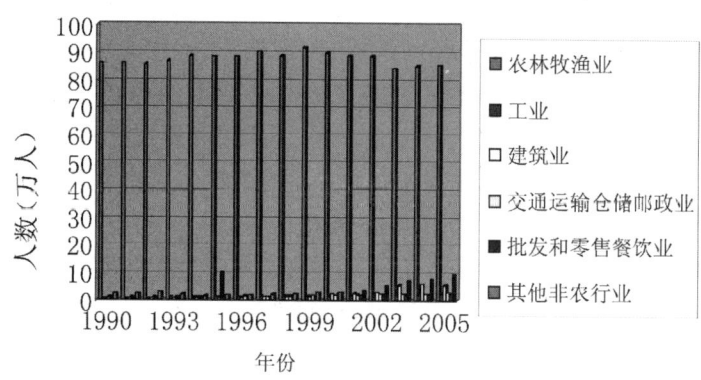

图3 西藏乡村从业人员行业分布图

资料来源:根据《西藏统计年鉴(2006)》第139页的数据计算绘制而成。

(五)乡村的公共基础设施落后,城镇化水平低

由于受历史、特殊地理位置等因素制约,西藏乡村的基础设施十分落后,

---

① 萨茹拉、曹仁祥:《西藏人口、经济发展问题初探》,载《中国藏学》2005年第1期。

通信不发达、交通运输不便,乡村公路大多是路况条件差、缺少维护的沙石路。由此形成的封塞导致西藏乡村远离市场,使农牧民基本失去了与外界交易的宝贵机会,囿于自给自足的自然经济,远远落在现代市场经济浪潮之后。另外,城镇化水平低亦大大制约着乡村经济的发展。到 2002 年年底,西藏仅有一个地级市、一个县级市和 80 个建制镇。作为西藏最大城市的拉萨市其城区面积仅为 51 平方公里,其他的建制镇面积均不到 1 平方公里。西藏是全国唯一缺少三个规模等级、只有小城市的省区,即西藏的小城市占区域内城市总数的比例为 100%,而新疆、广西、内蒙古的这一比例分别为 87.5%、72.7%和 69%。

二、西藏乡村经济转型的目标

西藏和平解放以来,乡村经济经历了加快发展阶段之后,目前正在步入跨越式发展时期。笔者认为,在这种背景下应根据上述西藏乡村经济的现状与特点,以培育市场机制和建立市场体系为导向,以可行性和渐进性为基点,建立西藏乡村经济转型的各项目标。

(一)西藏乡村经济逐步向市场经济过渡

西藏乡村经济转型的基本目标是建立以市场化为导向的乡村经济体制。具体而言:(1)要以市场需求为导向,不断调整、优化乡村产业结构,以生产适销对路的产品来实现乡村生产经营结构的市场化;(2)通过制度创新和组织创新,大力培育乡村市场经济微观主体,组织、引导农牧民走向市场,以效益为中心,依托科技进步,提高工农业产品的生产率和优质率,降低生产成本,增强产品的市场竞争力,不断开拓市场;(3)按照市场经济规律要求改革西藏乡村农产品流通体制,发展多元流通主体,搞活乡村市场流通,完善乡村市场体系,做到货畅其流和生产要素合理配置。

(二)提高西藏乡村的城镇化水平

推进西藏乡村的城镇化进程,是实现西藏乡村经济转型的重要保障,也是优化经济结构、促进社会经济可持续发展的重大举措。大力发展乡村小城镇,旨在形成以拉萨为中心的大城市、以地区所在地为次中心的中等城市和以县域所在地为外围次中心的小城镇,进而带动乡村经济发展的城镇化格局,促进乡村富余劳动力的有效转移和农牧民生活质量与劳动力素质的提高,促进乡村第二、三产业的发展,为实现西藏社会经济的跨越式发展提供基础。

(三)加大西藏乡村经济的工业化构成

西藏乡村小城镇建设的物资来源在于乡村经济的工业化水平。换言之,加大西藏乡村经济的工业化构成,是有效实施西藏乡村小城镇建设战略的有效保证,是实现西藏乡村经济转型的前提。在加大工业化构成的过程中,要注意保护生态环境,利用区位和自然条件优势,树立信息化带动工业化、工业化促进城镇化的发展思路,寻找乡村经济工业化、城镇化、信息化和现代化的共生机会,具有十分重要的战略意义。

(四)加大西藏乡村经济的科技化含量

西藏乡村地域广大、人口密度小、现代意识薄弱、科技水平落后,实现西藏乡村经济的市场化转型,在很大程度上依靠乡村科学技术水平的普及与提高。加大西藏乡村经济的科技化含量,必须在农牧业技术、管理创新与制度创新相结合的基础上进行。要结合农牧业经济结构的调整、优化,逐步推广农牧业机械化和适用技术,健全农牧业科技推广体系,培养农牧业科技人才,建立和健全相应的管理规范与政策,为促进乡村经济的科技化提供保证。

三、实现西藏乡村经济转型的基本路径

改革开放以来,特别是中央第三次西藏工作座谈会以来,西藏乡村经济在生产方式和生产条件方面都发生了重大变化,但也出现了一些新问题。例如,拉萨、日喀则、山南等地出现了低消费水平基础上的阶段性和区域性粮食过剩;那曲、阿里、昌都则普遍出现粮食总量不足现象。另外,农牧民增产不增收、种植结构单一、优质农牧产品相对不足、产品特色不明显、结构不合理、科技含量低、生产结构与市场需求结构不相适应等问题日益凸现。

(一)重新配置生产要素,调整和优化乡村经济结构

对乡村生产要素进行重新配置,调整和优化乡村经济结构是实现西藏乡村经济进入良性发展的关键,也是实现乡村经济转型的首要任务。在进行结构调整的过程中要坚持从实际出发,尊重农牧民的经营自主权,发挥区域比较优势,从而全面提高整个乡村经济的发展水平。具体而言,首先要考虑种植业,特别是粮食的结构调整。在西藏中部地区(主要指雅鲁藏布江中部和拉萨河、年楚河流域),由于地理、气候、生产条件较好,城镇相对集中,人口密度较高,应以生产粮食为主,同时积极发展林果、蔬菜等经济作物。另外,考虑到青稞占西藏粮食总产量的59%,属地方习惯种植和消费品种,尽管口粮消费市场容量有限,但可尝试深加工开发,比如可开发市场前景看好的青

稞酒。关于粮食种植的优化还可考虑从欧洲、澳大利亚、北美等地引进优质啤酒大麦品种进行试种。关于经济作物的调整要注意到西藏油菜籽生产远不能满足当地需求的现象和邻国尼泊尔对菜籽油有较大需求的情况,可适度扩大双低油菜种植面积。西藏的纯牧区面积广大,乡村经济发展的重点应放到牧业发展上来,这是乡村经济结构调整的重心。西藏畜牧业的主要产出有肉、酥油、毛、皮、绒、奶等,经济价值高,在国内外市场均享有很高声誉,通过产品深加工可获得高附加值和经济收益。因此,调整牧业经济结构应在从低效畜牧业向高效畜牧业转变、从传统粗放经营向现代化经营转变的同时,大力发展畜产品加工业,扩大加工范围,提高深加工质量,形成规模,扩大国内市场占有率,并通过活跃的边贸市场扩大出口份额,培育持续性和日益广阔的市场空间。西藏有 4 000 多公里的边境线,已有较正式的边贸市场 28 个,为调整牧业结构、扩大商品出口提供了强有力的支持。种植业、畜牧业是西藏乡村广大人民赖以生存的基础和主要的经济活动。以"因地制宜、突出重点、农牧结合、协调发展"的方针,更加科学合理地配置生产要素、调整和优化产业结构是实现西藏乡村经济转型的必由之路。

(二)整合乡村劳动力市场,发展乡镇企业和多种经营

乡镇企业作为乡村非农产业的重要构成,在就业和乡村经济发展中发挥着极为重要的作用。乡镇企业吸纳乡村剩余劳动力,带动和促进农村经济的发展,引导农牧民从事第二、三产业,促进乡村工业化和现代化水平,是增加农牧民收入和脱贫致富、实现乡村经济转型的又一重要途径。与全国以及其他民族区域自治地方相比,西藏乡镇企业的发展水平低、规模小、经营种类少。目前,西藏乡村小城镇建设的顺利推进为加快乡镇企业发展提供了良好契机,乡镇企业的发展也促进了小城镇的繁荣,二者互为促进、共生共荣。因此,要深刻认识乡镇企业在小城镇发展和实现乡村工业化过程中的重要作用,坚持"积极扶持、合理规划、适当集中、加快发展"的原则,充分运用国家鼓励和支持乡镇企业发展的优惠政策,为乡镇企业的发展营造更好的前景。要积极发展对外横向联合,吸收和借鉴内地和西部其他省区乡镇企业发展过程中创造的资金、技术和管理经验,通过联合开发,扩大西藏乡镇企业规模,提升产品与企业的水平。应当清醒地认识到,这是一个循序渐进的过程,乡镇企业应立足于本地资源,逐步在传统产品和传统技术中融入新的技术和经营因素,从家庭经营、联户经营和小规模经营逐步向高附加值和现代化经营方式扩展,为提升乡镇企业水平和规模,以及实现乡村经济转型提供重要基础。

(三)为建立乡村经济的市场体系奠定基础

建立和完善社会主义市场经济体制,是西藏经济体制改革的目标,也是西藏乡村经济转型的目标。长期以来,西藏乡村经济的市场化发育迟缓,农牧民的市场意识淡漠,农牧业商品率低于全国水平,农牧产品市场体系不完善,流通渠道不通,信息不充分,有效的市场中介机构十分匮乏,因此,在建立市场经济体系的前提下实现乡村经济转型,的确是一个严峻的挑战。要解决好这个问题,首先应合理引导农牧民的消费习惯,促进乡村需求的多样化程度,进而刺激乡村市场经济的发育。其次,发挥市场在配置资源过程中的作用,提倡联合经营和多种经营,树立品牌意识,打好绿色牌、高原牌、民族牌,充分运用旅游对贸易的促进作用,大力促进市场的繁荣。再次,从西藏实际出发,构建适应不同生产力发展水平的乡村市场服务体系,其中包括政府下属的专业技术服务机构、社区合作建立的综合服务机构、企业为农牧民提供的综合服务组织和农牧民协会的服务项目等内容。

(四)寻找独具特色的竞争优势,构建乡村经济转型的微观基础

西藏经济要实现市场经济条件下的经济转型,必须寻找和发展具有自身特色的竞争优势。西藏乡村虽然拥有丰富的自然资源,但尚未对其中潜在的特色优势进行充分开发。例如,拉萨市110公里外、地处拉萨至日喀则交通干道旁的尼木县吞巴乡,是著名的藏香产地,山清水秀的自然景观与独具民族特色的工艺流程更是令人赏心悦目,流连忘返,湍急的流水带动水轮,轮轴推动磨杆将石槽中的特种木料——尼木藏香的主要原料研磨成浆。整个制香环境和工艺与自然环境融为一体,在清新和谐中演绎古老文化的内涵。这种独具特色的产品及其生产工艺与环境,集物品、观赏、文化传递等多种因素于一体,如果合理开发后进入市场无疑具有独特的竞争优势。西藏乡村中具备这类特点的不同景观和产品分布广泛,却基本上都锁在深闺。因此,寻找独具特色的竞争优势,以此为基础构建乡村经济转型的微观基础,兼具合理性和可行性。此外还可以通过建立绿色农业和生态农业来寻求西藏乡村经济中微观层面上的竞争优势。建立绿色农业生产体系和生态农业,发展无污染、营养价值高的绿色和特色食品,并通过"订单农业"和"公司+基地+农户"等生产经营模式,发挥农牧民的生产积极性,以特色产品与特色经营作为进入市场的竞争优势。注意提高生产与经营的专业化程度,发展包括乡村专业合作社、营销协会、农产品批发市场、外销窗口等促销与销售的多种渠道,刺激农牧业商品的增值效益。在这个过程中,政府的引导和扶持不可或缺。政府应制定政策,通过税收优惠、贴息贷款等方式扶持具有市场竞争力的龙头企

业,达到推进深加工、延伸产业链、提高附加值、增强竞争力的目的。政府还应鼓励科研单位与龙头企业联营,加强企业与科技部门、高等院校和技术推广部门的合作,提高产品科技含量,不断开发符合市场需求的安全优质产品,培育、提升和扩展乡镇企业的竞争优势,为有效形成乡村经济转型的微观基础提供样板和模式。

(五)有效开发人力资源是实现西藏乡村经济转型的根本

西藏乡村从事非农经济活动的劳动力逐年增多,然而西藏人力资源素质偏低的现实却从根本上约束了西藏乡村经济转型进程的顺利进行。因此,提高乡村适龄儿童入学率,可防止新文盲的产生,向农牧民大力宣传科学技术知识,形成崇尚科学的社会风气。面对农牧民广泛开展文化知识培训,发展多层次职业技术教育体系,培养具有科学文化知识和崇尚科学的新型农牧民,尤其是加强技术骨干的培养并发挥其示范和带动作用,对西藏乡村社会经济发展和经济转型极具现实意义和深远影响。

(六)依靠科技进步促进西藏乡村经济转型

在西藏乡村经济转型过程中应注重科技手段的应用,积极推广品种改良,促进新产品开发,传播和推进适用技术与现代新技术、新方法的运用,树立依靠科技进步实现经济转型的意识,逐渐提升科学技术作为新型生产力要素的比重。首先,要重视和加强农牧业科技研究与开发。当前,西藏农牧业经济发展趋势对农牧科技工作提出迫切要求,必须以西藏自治区人民政府提出的"三个重点"和"三个突破"作为发展农牧业科技的纲领。"三个重点"包括以基层农牧科技人员的培训提高为重点、以农牧业实用技术的推广普及为重点、以引进适应高原种植的作物优良品种和本地畜种改良为重点;"三个突破"指在"绿色证书"的推行上有重大突破、在农牧实用技术的推广范围和效益上有重大突破、在农作物品种和牲畜畜种改良上有重大突破。只有坚持这个方向,才可能实现农牧业生产从依靠传统经济转移到依靠科技进步和提高劳动者素质的轨道。其次,国家应调整对口援藏的重点和方式,加大援藏工作重点从城市向农村的转移力度。长期以来,国家及地方对口的援藏工作主要集中在城镇,为改善城镇基础设施和加快城镇社会经济发展发挥了极为重要的作用。然而,由于各种客观原因,对于基础设施条件简陋、社会经济发展环境落后的西藏广大乡村,援藏工作的延伸却极为有限。在今后的工作中亟须将援藏重心从城镇转向乡村,为实现西藏乡村经济转型提供强有力的支持,尤其是要将重点放在科技援助乡村之上。具体而言,一是发展乡村职业技术教育,提高农牧民的素质,通过普及种植业适用技术等业务培训,提高种植业管理干部、科技人员和农民的科技素质;二是扶持"退牧还草"移民,使处在恶劣生存条件的农牧民获得基本的生活和生产资料;三是帮助西藏乡村与国家和区域性农业科研单位建立长期稳定的援助关系,为西藏乡村培养人才提供交流机会和技术成果转让推广渠道,倡导和扶持西藏乡村亟须的生物、种植、林业、草场、藏药等适用技术、农牧业监测控制技术及无公害特色农产品生产加工技术的研究与开发,切实加大西藏乡村科技的援藏力度。

(七)寻找多种途径,提高农牧民收入

乡村是农牧民生存的根基和基本空间。在广阔的西藏乡村生活和居住着占全区总人口80%以上的农牧民。农牧民的生产与生活状况是西藏社会经济发展的基础和西藏稳定的基本保障。换言之,离开提高农牧民收入去奢谈西藏经济发展与西藏乡村经济转型,无疑是空谈。针对这个问题,党中央明确指出,"改善农牧民生产生活条件,增加农牧民收入是西藏经济社会发展的首要任务,是衡量西藏发展战略成功与否的重要标准",并提出了"到2010年力争农牧民人均纯收入进入全国中等行列"的目标。改革开放以来,西藏广大农牧民的生活水平和质量得到了很大改善,年平均收入水平由1978年的人均175元增加到2000年的1 331元,绝对贫困人口数量迅速下降。但是,由于西藏农牧区社会经济发展基础十分薄弱,乡村经济和农牧民生活的相对发展水平大大落后于我国平均水平,更无法望及沿海发达地区农村之项背,甚至呈现出西藏乡村整体的相对贫困状态。例如,2005年全区人均产生总值仅占全国平均水平的65.3%,农牧民人均纯收入仅占全国平均水平的63.8%,经济社会发展整体水平与内地相比差距很大。[1] 因此,在西藏乡村经济发展的战略转型过程中必须充分认识农牧民增收的重要性和紧迫性,切实把增加农牧民收入作为农牧业和乡村经济转型的出发点和落脚点,解决农牧民增产不增收的问题,广辟渠道增加农牧民收入。实现上述目标,首先要在实现农牧业生产从追求农牧产品数量增长向提高效益转变上下功夫,逐渐放弃粗放型经营而代之以集约型经营。其次,变以往的农牧业支持工业化发展模式为今后的工农业协调发展模式,加大农牧业基础设施的投资,彻底扭转重工轻农的倾向。再次,将以往的重城镇轻乡村转变为城乡共同发展,改善和修改那些照顾城镇而忽视乡村的做法和政策。另外,从制度层面上考虑增加农牧民收入问题,要求自治区人民政府把增加农牧民收入问题列入西藏

---

[1] 张庆黎:《抓住发展和稳定两件大事推进和谐西藏建设》,载《求是》2007年第2期。

国民经济和社会发展规划之中,并制定有效的实施措施。同时,国家建设项目和对口援藏建设项目应发挥重大作用,为基础设施最薄弱的乡村提供援助项目和配置资源,为农牧民增收构建良好环境和条件。农牧民应当发挥主创精神,把借助国家和各个地方的援助力量与自力更生、勤劳致富相结合,摸索出一套行之有效的做法,并形成制度。

(八)加强基础设施建设,为西藏乡村经济转型创造基本条件

西藏的基础设施十分薄弱,广大农牧区"行路难、用电难、看病难"仍是普遍现象,常能源匮乏、自然生态体系脆弱等问题严重困扰着西藏乡村社会经济的发展,制约着乡村经济转型的顺利推进。面对这种状况,自治区党委提出,"今后相当长的时期,需要进一步加大投入,加强基础设施建设,这是推动我区经济社会实现跨越式发展的关键",强调"基础设施建设的重点一定要放在解决瓶颈制约上"。加快乡村基础设施建设的重点,首先是加强乡村公路建设,抓住青藏铁路通车和筹划支线建设的机遇,做好铁路主干线和支线沿线县站(点)建设,为建立乡村交通设施奠定根基,提高乡镇、行政村的通达深度和通过能力,力争在2010年达到所有乡镇和80%的建制村通公路的目标。其次是以"农牧民安居工程"为龙头,建设尽可能覆盖面广且质量可靠的水电道路、通讯邮政、广播电视、医疗教育等基础设施。再次是加强能源的建设开发,以水电为主,发挥西藏的地理优势,充分利用风能、太阳能、地热等可再生资源,在保护环境的前提下,切实解决偏远地区群众生产生活的能源短缺问题。另外,坚定不移地执行最严格的耕地和草场保护制度,有效推进"退牧还草"工程,加强农田、草场水利基本建设,增加保灌面积,加强对中低产田的改造,提高抗灾能力,在条件合适的地方建设一批饲草料基地,为畜牧业生产的可持续发展构建基础。各级政府应当调整财政政策和财政支出结构,完善和强化各项支农政策,坚持财政投入向农牧区倾斜、向县以下基层倾斜的原则,加大投入力度,设立专项资金和引导援藏资金,同时吸引民间和企业的投入,为西藏乡村基础设施建设提供可靠保障。

参考文献

[1]西藏自治区统计局:《西藏统计年鉴(2006)》,中国统计出版社2006年版。

[2]喻廷才:《大力发展县域经济建设》,《西藏日报》,2006-01-24。

[3]西藏自治区统计局:《西藏统计年鉴》,中国统计出版社2006年版。

[4]萨茹拉、曹仁祥:《西藏人口、经济发展问题初探》,载《中国藏学》2005年第1期。

[5]西藏自治区社会科学院:《西藏经济蓝皮书(2002)》,西藏人民出版社2002版。

［6］杨武:《中国民族地理学》,中央民族大学出版社1996年版。

［7］张庆黎:《抓住发展和稳定两件大事推进和谐西藏建设》,载《求是》2007年第2期。

西藏农牧民持续增收的困境分析与路径选择

沈宏益

自西藏和平解放 60 年以来,农牧区社会经济面貌发生了很大变化,也取得了一些举世瞩目的成就,农牧业生产实现了全面大发展,农牧民的生活和收入水平有了显著提升。但随着西藏社会经济快速发展和对外交流及合作程度进一步扩大,农牧业生产和发展面临着许多新问题,诸如生态资源短缺、生产效率低下、增收后劲不足和发展差距扩大等问题,继而影响到农牧民持续增收与西藏和谐社会的构建。在此,我们有必要来探究西藏农牧民持续增收等问题。

一、西藏农牧民持续增收的理论基础与现实意义

在当今市场经济条件下,实现农牧民持续增收是正确处理"民生改善－经济发展－社会进步"之间的和谐关系。其理论基础主要有:

(一)不完全信息理论

不完全信息理论指各种经济资源和行为主体在时间、空间上分布是不均匀和不对等的,它们存在不协调等信息内容。在不完全信息条件下,行为主体所作出的选择往往不可能是最优的。在传统农业阶段下,由于社会生产力水平低,农民对外界环境的变化基本是无能为力,一般不会去冒险采用新技术,其经营目标是维持现状和生存。由此,决定了农民在市场竞争中呈现弱质性,使得其收入具有风险性和不确定性。

(二)帕累托无效率理论

帕累托无效率理论指在其他人效用水平不变的情况下,通过重新配置资源和要素,使得另一些人的效用水平有所提高,与之相对应的就是帕累托最优,即资源配置达到最优状态。当前,农牧民收入增长缓慢,从资源配置角度

看是处于帕累托无效率状态。对于农牧民而言,能给其带来收入的资源主要是土地和劳动力,目前这两种资源均不是配置最佳,不能为农牧民带来增收的巨大效益,这是一种帕累托无效率状态。由此,提高农牧民收入迫在眉睫。

(三)区域经济梯度推移理论

从区域经济发展角度出发,农牧民收入增长须符合区域经济梯度推移理论。区域经济梯度推移理论认为,每个国家或地区都处在一定的经济发展梯度上,每出现一种新行业、新产品、新技术,都会随时间推移由高梯度区向低梯度区传递。按照该理论,一个落后地区要实现经济起飞,就必须循阶梯而上,首先应发展自身有较大优势的初级产业,并承接那些从高梯度地区外溢来的产业。目前,我国中西部地区农牧民收入处于梯度的较低层次,要提升农牧民收入水平须实现跨越台阶,并完成由传统农牧业向现代农牧业转化,以实现区域经济梯度推移。

(四)西藏农牧民收入持续增长的现实意义

一是夯实西藏农业经济发展基础。这些年来,西藏农牧民不仅以自己的劳动和产品贡献和保障了全区整个农牧业发展,而且也支撑了西藏城市经济的繁荣与进步。农牧民收入的持续增长,不仅关系到其自身生活水平的改善与提高,而且也影响到整个国民经济能否健康运行与可持续发展,它能够夯实农业经济发展基础并不断缩小城乡、地区之间发展差距,从而有效保障整个国民经济健康运行与良好发展。

二是推进西藏社会主义新农村建设。农牧民收入持续增长是社会主义新农村建设的重要保障。从社会主义新农村建设的内涵来讲就是要将物质文明、精神文明、生态文明和民主政治建设等融为一体,使其社会生产力水平高度发达、农牧民生活水平极其富裕和农村民主政治建设全面进步。这一目标的实现最终要依靠坚实的物质基础和良好的体制政策作保障,而促进农牧民收入持续增长则是其根本。

三是实现西藏全面建成小康社会目标。西藏经过和平解放和改革开放,逐步实现了农产品供给由长期短缺到总量平衡,再到丰年有余的历史性转变。但当前西藏农牧业发展面临着前所未有的资源约束与竞争压力,开始出现了农牧民收入增长趋势减缓等新问题,如不尽快扭转这种现象,必将会影响到西藏农牧民生活水平的提升和全面建成小康社会目标的实现。所以,必须结合"十八大"提出的"经济建设、政治建设、文化建设、社会建设、生态文明"等各方面的战略目标与任务要求,探讨和促进西藏农牧民持续增收的各种路径与措施。

四是妥善解决西藏"三农"问题。农业、农村和农民是一个相互联动的利益链条。农业和农村社会经济发展的直接受益体就是农民,农民收入提高能够有效推进农业现代化进程和壮大区域经济并及时应对市场竞争与挑战,其带动的是农业科学化生产经营和农村社会经济面貌全面改善及党的惠农富民政策在农村中得到落实。所以,探讨西藏农牧民持续增收途径有助于妥善解决"三农"问题。

五是维护西藏和谐与稳定。经济是社会稳定和发展的基础,一旦农牧民收入过低就会滋生一些不安定或不稳定的因素,如农牧民对日新月异的高新产品和现代文明有一种失落感及距离差,造成心理上的不平衡。同时,由于收入少、底子薄、发展基础差,没有实力去改变现状,久而久之形成了狭隘的生存观与发展理念,多依靠政府救济或补助,缺少发展机会,并与城市及发达地区之间差距在不断扩大等,其不满或不安定的因素必然产生。

二、西藏农牧民收入增长现状与困境分析

(一)增长现状

1. 农牧民收入增长不协调。近二十年来,西藏农牧民人均纯收入实现了持续增长,但与全区人均GDP增长速度相比,农牧民人均纯收入增长趋势明显落后于人均GDP增长,呈现不协调增长态势。如1990—2010年期间,西藏农牧民人均纯收入每5年期间平均增速分别为8.57%、8.68%、9.32%和14.78%,而人均GDP平均增速则为13.07%、14.16%、14.6%和13.9%,即农牧民收入增长速度远不及人均GDP。这些数据表明在西藏社会经济快速发展的今天,农牧民并未从现代文明中获得相应同步的收益与发展,且农牧民人均纯收入与人均GDP之间差距有不断扩大之势(详见表1和图1)。

表1 西藏农牧民人均纯收入及人均GDP增速对比表

年份	农牧民人均纯收入		人均GDP	
	绝对数(元)	增速(%)	绝对数(元)	增速(%)
1990	582	—	1 276	—
1995	878	8.57	2 358	13.07
2000	1 831	8.68	4 572	14.16
2005	2 078	9.32	9 086	14.60
2010	4 139	14.78	17 319	13.90

数据来源:《西藏统计年鉴(2011)》。

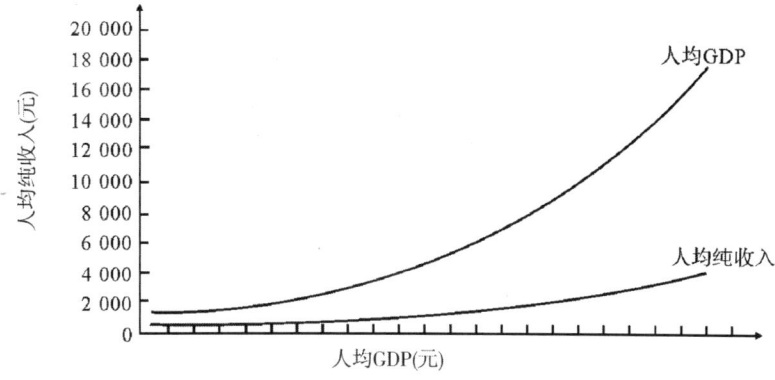

图 1　西藏农民人均纯收入与人均 GDP 增长变化图

2. 农牧民收入增长不平衡。西藏农牧民收入增长不平衡主要表现在两个方面。一是与全国及西部平均水平相比具有较大差距。2010 年西藏农牧民人均纯收入为 4 138.7 元,与全国平均水平 5 919 元相差 1 780.3 元,差幅为 30.08%。与西部 12 个省(市、区)平均水平 4 392.4 元相差 253.7 元,差幅为 5.78%。可以看出,西藏农牧民收入至今仍是落后于全国及西部平均水平。二是与西藏城镇居民可支配收入相比有较大差距。2010 年西藏城镇居民人均可支配收入达到 14 980 元,增长较快,而农牧民人均纯收入虽有一定程度增长,却只及城镇居民人均可支配收入的 1/4,其增幅相对缓慢。

3. 农牧民消费地域化特色明显。西藏农牧民消费习惯具有很强的地域特色,主要表现为用于民俗宗教性支出多,而用于改善自身生产和生活条件少;用于满足和维持基本现状需求多,而用于扩大再生产和进行教育投资以及科技文化领域消费少,且城乡之间消费表现不平衡。2010 年西藏农村居民人均生活消费支出为 2 635 元,而城镇居民人均消费性支出为 10 523 元,二者相差 7 888 元(详见表 2 和图 2),城镇居民人均消费性支出几乎是农村居民人均生活消费支出的 4 倍。另据 2011 年中国统计年鉴数据显示,西藏农牧民人均消费水平在全国各省(市、区)中的排名是位居后三位。有关研究表明:在高海拔地区,为满足机体营养和代谢水平所需要的日常食物和热量消耗要比低海拔地区高出 35% 以上。由此可见,西藏农牧民的实际生活水平远低于全国其他省(市、区),实现西藏全面建设小康社会的目标依然任重而道远。

表2 西藏农村居民人均消费支出与城镇居民人均消费支出对比表

年份	农村居民均消费支出(元)	城镇居民人均消费支出(元)
1990	484	2 329
1995	762	3 981
2000	1 144	4 737
2005	1 532	9 040
2010	2 635	10 523

数据来源：《西藏统计年鉴(2011)》。

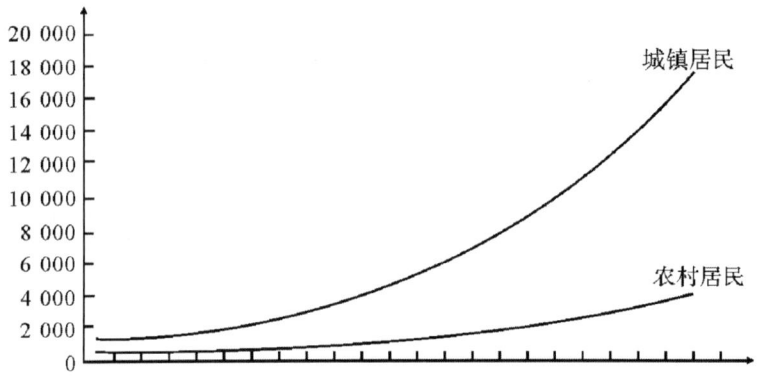

图2 西藏农村居民人均消费支出与城镇居民消费支出对比图

4. 农牧民收入呈多元化发展。长期以来"种、养、殖、牧"收入一直是西藏农牧民家庭收入的主要来源。全区社会经济快速发展和一系列惠农富民政策的实施，极大地带动和促进了西藏农牧区社会经济发展，也拓宽和丰富了农牧民群众的就业渠道与增收空间。以往单靠"小农业"为主要收入来源的格局已被彻底打破，一种"全方位、宽领域、多元化"的收入机制和分配体系正在形成，如劳务工资收入、财产性收入、转移性收入等已经成为西藏农牧民家庭收入来源中不可缺少的重要组成部分，至2010年，这部分收入来源的比重已经占到全区农牧民人均纯收入的44.21%（详见表3和图3）。

表3　2010年西藏农牧民收入构成统计表

项　　目	金额(元)	占比(%)
农牧民人均纯收入	4 138.7	100.00
其中:家庭经营纯收入	2 308.8	55.79
工资性收入	1 108.8	26.79
财产性收入	169.1	4.09
转移性收入	552	13.33

数据来源:《西藏统计年鉴(2011)》。

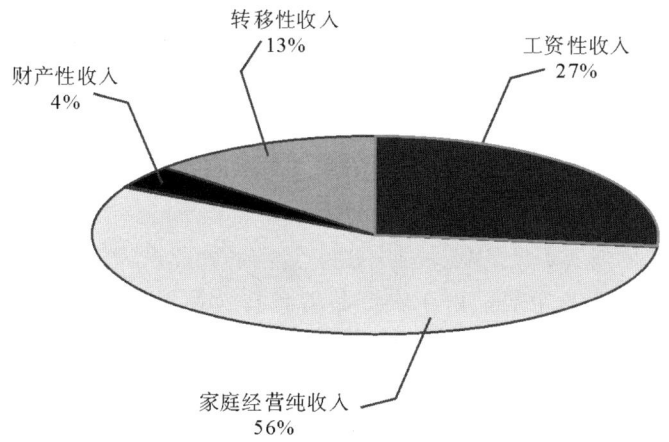

图3　2010年西藏农牧民收入来源构成图

5. 农牧民收入增长不稳定。由于受基础条件、环境资源、生产方式和社会发展水平等因素限制,目前西藏农牧民收入增长还不稳定。西藏地处高海拔地带,常年气候寒冷,不适宜植被和作物生长,生态资源非常脆弱,这种有限的自然资源状况直接影响了农牧民收入增长,加之一些不合理的开采活动和过度放牧等行为,最终使生态退化和资源耗竭,导致社会经济发展滞缓和农牧民增收困难等。

(二)困境分析

一是地域限制,发展落后。西藏地处"世界屋脊",受地理环境和区域位置的限制,社会经济发展相对落后,广大农牧区交通设施极为不便。据统计,目前,全区仍然有10%的农牧区享受不到卫星电视,有76%的乡镇不通电信光缆,约70万的农牧民用不上电,100万左右的农牧民饮水存在安全隐患等。

当前,全区总体物价水平几乎要高出全国平均水平50%以上,居高不下的生活成本和沉重的经济发展压力,将是严重制约农牧民收入增长的一个瓶颈。

二是城乡分割体制,制约农牧业经济发展。在西藏经济社会发展与转型过程中,同样也保留了原计划经济体制所遗留下来的二元经济结构模式,这种二元经济结构模式的存在导致了"城乡分割"局面和社会收益分配不公等现象,使得农业领域长期投入不足,农村社会经济发展滞缓,农业扩大再生产受阻等,这是导致农牧民收入增长缓慢的一个主要原因。

三是发展观念落后,农牧民素质偏低。由于受区位条件和社会历史等因素的影响,西藏农牧民思想意识守旧和发展观念落后,且文化素质偏低。据2010年第六次全国人口普查资料显示,西藏每10万人口中具有大学文化程度的有5 507人,具有高中文化程度的有4 364人,具有初中文化程度的有12 850人,具有小学文化程度的有36 589人,文盲率几乎占到41%,且接受过中、高等教育的人员大多生活在城镇。由此可见,西藏农牧民素质普遍不高,直接决定着其认识和改造社会发展的能力与水平,也制约着西藏农牧区经济社会发展方式的转变。

四是科技创新不足,农业效益不高。目前,西藏科技对农业发展的贡献力不足,仅有36%,这主要是由于农产品的科技含量不高,在市场上缺乏竞争力,多为广种薄收,只求数量而不求质量倾向所致,且农牧区环境欠优化,农业发展空间较小,没有形成自身的农业创新机制与动力等,很难产生良好的社会经济效益,影响了农牧民收入的持续增长。

五是农业的弱质性,制约农牧民收入增长。农业的弱质性主要体现在大宗农产品差异性较小,其进入壁垒很低,而且生产者要面临很大的市场风险和自然灾害等。西藏农业的弱质性表现更为突出,除了受环境、资源等影响外,还表现为农牧民在面对社会经济发展和谋求自身发展等方面存在弱质性,部分农牧民不是积极主动地去迎接挑战和参与竞争,而是等待国家的政策扶持和救助救济等,一定程度上影响了其收入增长。

三、实现西藏农牧民持续增收的路径选择

实现西藏农牧民收入持续增长,必然要与"自给自足,小而全"的传统农牧业经济方式决裂,突破制约其收入增长的各种困境和瓶颈,走需求诱导式变迁的路子。

路径一:劳动增量法。就是在重点区域和生产领域,结合其资源优势和地域特点,增加物质资本和人力投入,以增加和创造财富,实现农牧民持续增收。

千百年来,藏族人民以其勤劳、智慧和顽强拼搏的精神开拓了雪域高原,创造了独具特色、博大精深的淳朴民风和勤劳致富的优秀民族传统。目前,以农耕放牧为主的农牧业经济生产仍是西藏农牧民发家致富的主要路径,可在一些劳动力充足、资源优势较为突出的地区和领域通过集中发展劳动密集型产业或财政扶持项目,如加强农畜产品种养殖基地建设和特色农产品加工等,不断扩大其生产规模并增加要素投入,更大范围地聚集土地、劳动力、资金、技术、信息等各种要素和资源,以实现规模生产和获取规模经济效益,求得劳动生产率的提高和社会财富的全面增加,这是实现农牧民持续增收的根本。

路径二:技术进步法。科学技术是第一生产力,现代高科技对经济发展和社会进步的助推作用已被广泛认识和普遍重视。2013年中央一号文件继续强调加大对农业的高科技投入。技术进步法就是通过投入和应用先进技术及设备设施,不断开发新产品,发展新产业来促进农牧业经济全面发展。西藏农牧民要想在目前资源受约束的条件下创造更多的社会财富与经济价值,必须通过科技投入与创新,才能发挥其生产潜力和创造价值的活力,并实现财富与日俱增和生活水平不断提升。它不仅要求农牧民学习先进的科技文化知识,而且还应在实践中能够进行自主创新与开拓进取,这是实现农牧民持续增收的关键。

路径三:要素扩张法。要素是创造财富的"工具",要素扩张不仅要求要素投入量增加,而且还应体现在各要素投入量之间的配置合理与结构科学,这样才能发挥要素资源的最佳配置与最大效用。当前,西藏农牧区社会经济发展中存在的主要问题是要素投入量不足和各要素投入比例不合理、不科学等。对此,一方面应继续加大对农牧业生产各要素的投入量,另一方面还应注重各要素投入量之间的比例合理与结构科学,并逐步由原来的单一现金补助向技术、人才、信息、管理、服务等转化,不断帮助其改进和完善交通、水利、通讯、教育、科技、卫生、文化、金融等公共服务设施和基础条件,促使其由"输血型"财政向"造血型"经济转化,不断增强其发展的后劲与动力,这是实现农牧民持续增收的保障。

路径四:专业合作法。西藏农牧区市场体系建设目前尚不完善,要实现农牧区经济与外界市场之间的有机联系与完全对接,专业合作法是一种有效的途径。它是通过专业合作经济组织让农牧民群众积极参与市场竞争与合作,并能够将产前的农资产品采购和产后的销售与加工,通过"委托-代理"制形式交由合作社代理,合作社受"社员"委托并统一进行"购、产、销"活动。这种方式有助于把分散的家庭经营与规模化、专业化生产有机地结合起来,既节约交易费用和降低经营风险,又能实现专业化分工和规模化生产。因其合作经济组织完成的是"订单式农业"生产,因此能够有效解决"小生产"与"大市场"之间的矛盾,并降低生产经营风险和消除因信息不对称所导致的生产盲目性与资源浪费性等现象,这是实现农牧民持续增收的平台。

路径五:特色取胜法。农业发展的根本出路在于走"特色化、效益化、可持续化"经营发展之路。所以,西藏应立足其资源特色和社会经济发展现状,寻求走特色取胜之路,要将培育战略支撑产业和壮大特色优势品牌作为有效推进西藏农牧业经济发展的重大战略举措来实施,按照"生产规模大、辐射带动强、科技含量高、品种质量优、发展前景广、产业效益佳"的目标与要求,大力推出"名、优、特、新"产品系列,不断提升农畜产品的高附加值率和产业链价值,注重产业结构的优化调整和综合效益的全面提升,紧紧围绕生态农业、现代农业和高原绿色农业发展的战略目标与方向,不断挖掘和发挥农业增收潜力,积极探究和创新农业经营模式,坚持走特色化、效益化、可持续发展之路,这是实现农牧民持续增收的动力。

路径六:农外就业法。农外就业法就是鼓励和支持农牧民到农业以外的产业和领域去就业和发展,到城镇和较发达的地区去创业和提升。目前,西藏农牧业人口占全区人口比重仍较大(2010年农牧业人口占全区人口比重为76%),这是农牧区社会经济发展水平低的一个侧面反映。西藏社会经济要实现全面快速发展,就得设法降低和减少农牧民。所以,农牧民实现其增收的一个重要途径就是改变自身身份,到农业以外的产业和领域去谋求提升与发展。随着全区产业结构的不断调整和优化升级,农业劳动生产率将持续提升,单位土地所需劳动力就会越来越少,需要有更多的农村剩余劳动力向第二、三产业转移,这样一方面可以帮助农牧民积累资金并提升其生产技能和素质,为进一步"返乡"发展农业经济奠定良好的基础;另一方面可以加速西藏的城镇化、工业化和信息化建设步伐。当前,中小城镇和乡镇企业仍是西藏转移农村剩余劳动力的主要阵地,应推动农牧区剩余劳动力不断向这些领域转移,这是实现农牧民持续增收的桥梁。

路径七:完善机制法。要实现农牧民收入持续增长,就得不断完善各种政策保障与机制体制,继续深化农村各项体制改革,全面推进和落实强区富民政策。一要加大和创新农业投入机制,以机制创新带动农牧民持续增收;二要健全和完善农村金融服务机制,以机制保障促进农牧民持续增收;三要推进和形成农村教育培训机制,以素质提升促进农牧民持续增收;四要建立和完善城乡联动发展机制,以"城乡一体化"发展带动农牧民持续增收;五要促进和完善农村土地承包经营流转制度,以权益保障促进农牧民持续增收;六要健全和完善农村综合服务与创新机制,以和谐新农村构建推进农牧民持续增收;七要建立养老、医疗、失业、工伤、生育、住房等综合保障机制,确保农牧民收入不降低。

参考文献

[1] 郭兴邦:《对"三农"问题的思考》,载《学术论丛》2007 年第 2 期。

[2] 晋鹏程、王苓:《21 世纪农业现代化的重要标志》,载《农村研究通讯》2007 年第 3 期。

[3] 董李:《农村富余劳动力资本化及其转移中的教育培训作用研究》,载《地域研究与开发》2008 年第 5 期。

[4] 刘明慧、许慧:《农村劳动力转移与政府职责定位》,载《大连海事大学学报(社会科学版)》2009 年第 3 期。

[5] 吕炜、孙永军、范辉:《社会公平、财政支农与农村消费需求》,载《财经科学》2010 年第 1 期。

[6] 李冠华:《农业结构调整与农民收入关系论证——以甘肃省张掖市为例》,载《现代农业》2010 年第 1 期。

[7] 刘彤华:《我国社会保障制度促进收入分配公平作用探析》,载《经济研究导刊》,2010 年第 2 期。

[8] 冯德显、梁少民:《新农村建设模式及动力机制研究》,载《地域研究与开发》2011 年第 6 期。

[9] 西藏统计局:《西藏统计年鉴》,中国统计出版社 2011 年版。

[10] 宁爱凤、刘友兆:《不同城市化水平地区农户农地收入分析——基于浙江省农户的问卷调查》,载《地域研究与开发》2012 年第 3 期。

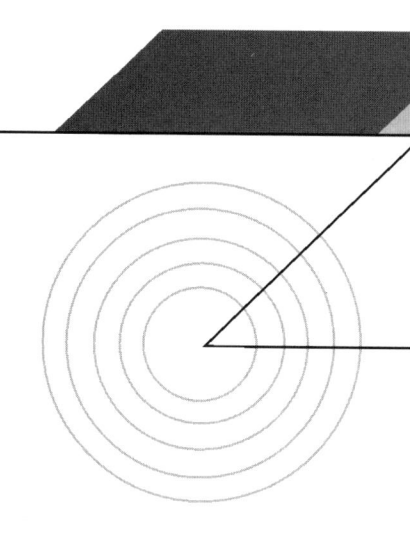

会计理论研究

对会计和审计理论与实务中重要性原则的研究

秦国华

在知识经济时代,经济全球化、数字化、网络化和无形化使会计和审计的内容和范围进一步拓展,会计信息系统加工的对象纷繁复杂,在现实的市场经济中完全对称的信息环境几乎不存在。面对日益高涨渴望充分披露会计信息的呼声,成本效益先行的经济人必须重新审视重要性边界。如何把握充分披露原则与重要性原则的均衡统一,是会计人员和审计人员值得深思的问题。此外,经济环境使企业面临不断加剧的风险和不确定性,特别是金融工具的日益创新对会计提出了新要求,哪些是应在表内确认的重要项目,哪些需表外重点披露,取决于对其进行重要性判断。大量不断涌现的被现行财务报告体系轻视的不确定性经济业务,因为所需判断内容多、判断难度大,给管理当局使用操纵、隐瞒等手段弄虚作假提供了庇护的土壤。而在审计工作方面,对重要性的快速准确的判断无疑能合理降低审计成本和审计风险,符合现代人作为有限理性的经济人的心理,这对于我们建立独立审计诚信机制,甚而对于整个市场诚信的建立能起到推动作用。

一、重要性的定义

(一)会计重要性的定义

会计中的重要性概念,有很多种定义和描述。《国际会计准则》对重要性概念的描述为:"如果资料的省略或差错会影响报表使用者根据会计报表采取的决策时,资料就具有重要性。"美国财务会计准则委员会把重要性定义为:"考虑到一定周围环境,会计报表中存在的一项错误或漏报的会计信息,可能使一个有理性的报表使用者受其影响而改变其决策的程度。"我国会计准则没有给重要性以明确的定义,而要求会计核算过程中对经济业务或会计事项,应区别其重要程度采用不同的会计处理方法和程序。具体来说,对会计主体的经济活动或会计信息使用者相对重要的事项应分别核算,分项反映,力求准确,并在会计报告中作重点说明。而对于那些次要的会计事项,在不影响会计信息真实性和不至于误导财务会计报告使用者做出正确判断的前提下,可适当简化会计核算手续,采用简化的会计处理方法,合并反映。

(二)审计重要性的定义

重要性也是现代审计理论的一个非常重要的概念,国际审计界对它的定义多源于会计理论中对重要性的定义。根据《国际审计准则——审计重要性》的说明,"重要性"是指"信息的错报或漏报足以影响使用者根据财务报表所做出的经济决策,那么该信息是重要的"。我国《独立审计具体准则第10号——审计重要性》给重要性所下的定义为:"重要性是指被审计单位会计报表错报或漏报的严重程度,这一程度在特定环境下可能影响会计报表使用者的判断和决策。"

(三)会计和审计中重要性概念的联系

尽管"重要性"在会计和审计中有不同的内涵和表现形式,但会计中的重要性概念与审计中的重要性概念还是存在多方面的联系的。

1. 重要性概念的提出都是为了提高会计和审计工作效率

重要性概念的提出都是为了在保证会计和审计质量前提下,提高会计和审计工作效率。从理论上讲,会计核算越全面、准确,会计信息的可靠性越高。但由于现代企业规模的庞大、业务的复杂,要达到上述要求是不现实的,也不符合"成本效益"原则。因此,会计和审计职业均采用了重要性概念。

2. 重要性概念对会计和审计实务均产生了广泛的影响

重要性概念对会计和审计实务均产生了广泛的影响。会计中以重要性的判断影响固定资产和低值易耗品的划分标准、费用计入方式、明细账的设置依据、项目在会计报表中披露的详细程度等诸多方面。审计中对重要性的判断会影响审计范围的确定、实施的审计程序、审计结论、审计意见的类型和最终审计风险。

3. 重要性概念在会计和审计中的运用,很大程度上都取决于工作人员的职业判断

重要性概念在会计和审计中的运用,很大程度上都取决于会计人员和审计人员的职业判断。会计和审计对重要性判断时均需从数量和性质两方面考虑。但目前会计准则和审计准则对重要性并没有明确规定量化标准;从重要

性判断的性质方面讲,也没有明确哪些属于重要的事项或哪些属于不重要事项的指南。因此,会计和审计人员应根据经济主体的性质及其规模的不同并考虑其所处的经济环境,综合会计项目的性质、精确度要求及有关法规对财务会计的要求等因素对其重要性水平做出判断。

4. 重要性的判断都是以会计信息使用者决策的需要为依据

会计和审计对重要性的判断,无论从性质还是从数量角度,最终都是以会计信息使用者决策的需要为依据。对于会计信息使用者关注的事项,会计应分项核算,力求准确,详细披露。对于会计信息使用者的决策影响较大的项目,审计中应实施详尽的审计程序以降低审计风险。由于会计和审计对重要性的判断最终需考虑会计信息使用者的需要,会计中重要性规范的是事前与事中的会计处理,而审计是对会计信息的再次确认,其重要性规范的是对会计处理结果的事后审核。可见,会计重要性的判断会影响审计重要性的判断,合格的注册会计师在进行审计鉴证时应先考察被审计单位对重要性的把握与运用后再选择合理的重要性水平,以期达到审计成本、效益与风险的最佳效果。

5. 实证研究是合理确定会计和审计重要性标准的有效途径

会计报表使用者的多元性及多层次性,决定了其对报表信息的使用要求不尽相同,因而对重要性的判断会有多重标准。客观地说,现有的会计和审计准则中的重要性标准多数来自会计师们的经验,即其标准是通过实证方式取得的,实证的依据也来自于会计师的经验。实际上,美国的公认会计原则很大部分是实践经验的总结。所以对会计和审计重要性的进一步认识需从实证研究入手。美国自 20 世纪 70 年代以来一直致力于统一重要性标准的实证探索,取得了一些阶段性进展。但由于在实务中重要性的定性与定量标准皆难以把握,目前理论界也只制定了比较模糊的标准,对其深入认识尚需继续大量的实证调查。

二、重要性概念在实务中的运用

(一)重要性概念在会计实务中的运用

重要性原则作为会计要素确认、计量基本原则的一种修订性惯例在会计核算中采用的必要性是显而易见的。在会计核算中运用重要性原则首先会涉及重要性的判断问题,但对于不同的会计主体和会计事项来说,重要与不重要是相对的。一般来说,重要性可以从性质和数量两个方面判断:就性质而言,只要该会计事项一发生就可能对决策产生重要影响,则属于具有重要性的会计事项;就数量而言,当某一会计事项发生额达到一定数量就可能对决策产生影响,则应将其作为具有重要性的会计事项处理。但不同规模的企业在判断某一会计事项是否重要时,量的标准是有很大差异的。比如一个资产总额1亿元的企业和一个资产总额100万的企业,判断某一项支出是否属于重要性事项,其数量标准就可能有很大的差异。在实务中,成本控制中的例外原则、选择现金等重要资产作为内部控制制度的重点、存货管理中的ABC法等都可视为重要性原则的灵活运用。

显然,我们从前面有关重要性概念的表述中可以得出以下观点。(1)重要性概念总是针对会计报表而言的。判断一项经济业务是否重要应视其在会计报表中的错报或漏报对会计报表使用者所作决策的影响而定。若一项业务在报表中的错报或漏报足以改变或影响报表使用者的判断,则其是重要的;否则就不重要。(2)重要性必须从会计报表使用者角度考虑,因为会计报表是为了满足其使用者的信息需要编制的。当然,会计报表使用者应是具有一定的理解能力并能够理性地做出判断和决策的人。(3)重要性的判断离不开特定的环境。企业不同或时间不同判断重要性的标准也就不同,重要不重要是相对的,对重要性的评估需要运用专业判断。(4)重要性与相关性虽都要考虑信息对决策者的影响或引起的差别,而且决策者需要了解的(即相关性的)信息往往就是重要的信息,但二者间仍存在着重大区别,不能混淆:相关性取决于决策者对信息是否感兴趣,而重要性则取决于信息是否对决策者起作用,不披露此类信息是否足以引起重大的差别。有些信息可能与决策相关,但因其金额过小,不予披露不至于影响使用者的决策,此类信息即为不重要的信息。(5)运用重要性原则是为了把握住问题的实质,抓住关键点,兼顾效率和效果,以实现成本效益原则。

(二)重要性概念在审计实务中的运用

重要性概念对审计实务有广泛影响,审计人员对重要性的判断直接影响审计范围、审计程序和审计风险。会计人员运用重要性概念,是对会计信息是否单独提供或揭示进行首次判断;而审计是对会计信息质量进行鉴证,其对重要性所需的判断力高于对会计人员的要求。审计人员对重要性的判断同样应从性质和数量两个方面考虑。我国《独立审计具体准则第10号——审计重要性》中规定:注册会计师应以资产总额、净资产、营业收入、净利润等为判断基础,采用固定或变动比率等确定会计报表的重要水平。根据国外的经验,以总资产和总收入为判断基础的,其重要性比率为0.5%～1%;即在1%以上的错、漏报会影响信息使用者的决策,而0.5%以下的错、漏报则不会影响其正确决策。这里存在一个弹性区间,对规模较大的单位应选用较小的比率,而对规模较小的单位则应选用较大比率。以净资产为判断基础的重要性为1%。以税前净利为基础的为5%～10%。审计人员必须根据被审计单位的规模、业务性质、会计信息使用者对信息的需求、自身经验等主观判断被审计单位可容忍的最大错、漏报,即重要性的数量标准。同时,审计人员还应根据错、漏报的性质,也就是错、漏报原因判断其重要性。某项错、漏报从数量方面或许并不重要,但就性质而言可能是重要的。具体来说,金额相同的情况下,以下几种错报与漏报对信息使用者的影响更为重大:舞弊或违法行为造成的错报与漏报;可能影响履约义务的错报与漏报;影响收益趋势的错报与漏报;不期望出现的错报与漏报,如现金和实收资本账户若出现较小错报与漏报,也应引起相关利益者的高度重视。

重要性概念在审计实务中的运用具体体现在以下几方面:

1. 编制审计计划时,合理评估重要性水平,据以确定所需审计证据的数量

由于计划重要性水平越低,意味着可容忍的会计报表或账户余额中的错报、漏报的金额越小;而可容忍的错报金额越小,为保证审计工作能发现所有超过或容忍错报的重大错误所需要的审计工作量和证据就越多。因而,重要性水平与审计证据间呈反向变动关系,计划重要性水平越低,所需获取的审计证据越多。

2. 在审计过程中,重要性判断直接影响对审计风险的评估

根据《国际审计准则》的定义,审计风险是指当会计报表存在重要错报或漏报时审计人员发表不当审计意见的可能性。由于重要性是审计人员从报表使用者角度进行判断的结果,因而重要性水平确定得越低,审计人员通过审计不能查出会计报表中重要错报的可能性(机会)越大,审计风险就越大。此时,审计人员只能通过执行更详细的符合性测试或实质性测试程序来降低审计风险。可见,审计风险与重要性水平间呈反向变动关系。即重要性水平越高,审计风险越低;反之亦然。把握重要性与审计风险之间的这种反向关系可使审计人员保持应有的职业谨慎,合理确定重要性水平,保证审计工作的效率与效果。

3. 评价审计结果时,重要性水平有助于合理确定审计意见类型和审计报告的种类

审计人员在评价审计结果,确定应发表审计意见的类型时,应当汇总已发现但被审单位尚未调整的错报或漏报,将其同会计报表层次的重要性水平相比较,确定该汇总数是否超过重要性水平或其性质是否重要。如汇总数超过

重要性水平或属性质重要,审计人员应考虑扩大实质性测试的范围或提请客户调整报表;如客户拒绝调整,或实施扩大测试后,该汇总数仍超过重要性水平,应发表保留意见(比较重要时)或否定意见(非常重要时);如汇总数接近重要性水平,审计人员应实施追加审计程序或提请被审单位进一步调整已发现的错报或漏报,以降低审计风险;如汇总数远低于重要性水平且性质不重要,可发表无保留意见。在具体确定审计意见类型时应进行定性判断,充分考虑影响审计意见类型的各种因素的重要程度。

(三)会计人员和审计人员对重要性原则使用的比较

1. 会计人员对重要性原则的使用

会计重要性是报表使用者对会计信息的一种需求特征,其含义表现在两个方面:报表使用者只需要重要的会计信息,以及企业管理当局按报表中是否存在重要的遗漏或错误承担法律责任。实务中,企业管理当局依据这样的标准对外编报会计报表,法官依据这一质量标准判定管理当局应否承担法律责任,审计人员依据这一标准来确定自己发表审计意见的类型。

会计重要性作为约束会计行为的准则,与审计(或司法)重要性作为注册会计师(CPA)发表审计意见或追究信息提供者法律责任的准则是有差别的。会计重要性从量的角度考虑不应强调"遗漏"或"不报",只能强调"每个重要项目应在财务报表中单独列报。不重要的金额应与具有类似性质或功能的金额汇总,不必单独列报"(《国际会计准则》第1号,第29条),"如果某项目单个看不重要,则应将其与财务报表内或附注中的其他项目汇总。但是,其重要程度不足以在财务报表内单独列取的项目,对于附注而言,却可能是足够重要的,从而应在附注中单独列报"(《国际会计准则》第1号,第30条)。

2. 审计人员对重要性原则的使用

企业外部人需要重要的会计信息,审计人员对重要性原则的使用就是根据各项法规、准则的规定及审计人员自身的专业判断,检查被审计单位管理当局是否遗漏或错报了企业外部人需要的重要的会计信息。

审计人员对重要性的运用包括两个方面:第一是以重要性水平作为判别会计报表质量状况的标准,并依据这一标准对会计报表的质量状况发表审计意见;第二是作为审计行为(工作)的准则,即只检查会计报表在所有重要方面是否符合"三性"(合法性、公允性、一贯性)。

三、对重要性概念的再思考

(一)重要性在实务操作中的主观性和内容上的客观性是统一的

重要性的判断依赖于会计人员的主观判断,但重要性的判断离不开特定的客观环境,要受到会计系统外部使用者的制约,它不应以信息提供者的意志为转移,至少应该使不同的人在相同的情况下运用重要性原则对同一事物进行判断时,结果相同或相近。重要性的主观与客观的两栖特性,要求高水平的职业敏感与职业判断,而高素质的会计和审计从业人员匮乏是我国会计与审计界面临的主要问题。

(二)重要性是创新性与一贯性的统一

由于知识经济时代经济环境的不确定性与复杂性,瞬息万变的金融市场和日益创新的衍生金融工具的出现,使得重要性的性质与数量标准都在经历着革新,其标准需要随着经济环境对其的新要求而修正,以适应新经济业务的需要。而在相同的经济环境下,对同样的经济业务所适用的重要性标准则应一致;并且在不同的时期,对同一业务的重要性应相同,所以制定重要性标准时应注意前后一致。目前我国企业内部对判断会计事项的标准缺乏一贯性,实务中重要性准则与相关细则的缺位,使得会计操纵的空间得以存在。管理当局为了自身利益的考虑,对有些不重要项目进行利润嫁接;而对于某些重要项目则不予充分披露,以蒙骗广大投资者,这也是导致会计信息质量失真的一个原因。

(三)重要性原则是诚信回归的加速剂

在实务操作中,体现成本与效益统一的重要性原则是诚信回归的加速剂。时下,全球呼吁诚信回归,在独立审计诚信将可能意味着直接审计成本的增加或审计市场份额的失去之际,对重要性的快速准确的判断无疑能合理降低审计成本和审计风险,从而中和其"诚信回归成本",符合现代人作为有限理性的经济人的心理。这对于我们建立独立审计诚信机制,甚而对于整个市场诚信回归能起到推动作用。因此加强对重要性的深入研究和运用,对会计和审计的发展有着长远而深刻的意义。

参考文献

[1]《独立审计具体准则第10号——审计重要性》,1996年12月26日国家审计署发布,自1997年1月1日起实行。

[2]《中华人民共和国审计法》,1994年8月31日国家审计署发布,自1995年1月1

日起实行。

[3]张武标:《审计重要性的运用》,载《审计与理财》2006年第1期。

[4]李传红、徐王伟:《会计与审计中重要性原则的比较》,载《军事经济学院学报》2005年第3期。

[5]张楚堂、刘拓:《审计与会计运用重要性原则的比较》,载《中国会计视野》2006年第3期。

公司治理评价基础上进一步发展和完善的现代风险导向审计

杨西平

现代公司治理是以科学决策为核心,以平衡利益相关者利益为基点,以公司价值最大化为目标,从而使股东长远价值最大化的治理机制。公司治理是联系企业内部和外部的桥梁,是将公司的外部受托经济责任转化、分解到内部受托经济责任的机制。因此,良好的公司治理能够有效地促进经管者履行对所有者的受托经济责任,以及下一级经管者有效地履行对上一级经管者的受托经济责任;能够有效地降低财务报表重大错报风险,注册会计师能够依据公司治理评价结论评估财务报表重大错报风险,实施独立现代风险导向审计。而现代风险导向审计作为确保受托经济责任有效履行的机制,必能够成为公司治理的有效工具,为公司治理服务。

一、公司治理与现代风险导向审计的关系

一是公司治理与现代风险导向审计有共同理论基础,即委托代理理论、不完全契约理论、交易成本理论、信息不对称。二是公司治理、会计信息与审计均源于受托经济责任。三是公司治理与现代风险导向审计有共同的目标,即增加公司价值,实现企业目标。四是公司治理是现代风险导向审计的对象。五是公司治理与现代风险导向审计的相互作用,表现在:公司治理对审计独立性、对重大错报风险评估的影响;现代风险导向审计是完善公司治理机制的重要内容,是创造公司价值的重要载体。

二、公司治理评价基础上的现代风险导向审计的优点

审计的功能在于保证和促进受托经济责任的全面有效履行,受托经济责

任的全面有效履行,要求公司必须建立完善的治理结构。以往的现代风险导向审计以评价内部控制为主,实施风险评估。公司治理结构全面地囊括了为平衡利益相关者的利益,保证和促进受托经济责任的全面有效履行而建立的一系列政策和程序。因而从公司治理评价入手,能够系统性地考虑相关因素,评价企业重大错报风险。公司治理评价基础上的现代风险导向审计具有如下优点:

(一)更加全面地考虑相关因素,实施重大错报风险评估

以往的现代风险导向审计以评价内部控制为主,实施风险评估,风险评估范围较模糊,缺乏系统性,较难全面地把握相关因素。公司治理结构囊括了为平衡利益相关者的利益,保证和促进受托经济责任的全面有效履行而建立的一系列政策和程序。公司治理效果一方面表现为剩余经营风险,另一方面直接表现为财务报表的合法性和公允性。当公司治理较健全,剩余经营风险较低时,公司管理层倾向于在财务报表中如实地反映经济业务活动;当剩余经营风险较高,管理层存在舞弊动机和压力时,即使公司治理较健全,财务报表仍存在较高的重大错报风险。因而从评价公司治理入手,能够更全面地考虑相关因素,增强风险评估的系统性,实施重大错报风险评估。

(二)更好地将重大错报风险评估与现代风险导向审计目标相联系

以往的现代风险导向审计由于评估对象缺乏系统性,对重大错报风险评估与现代风险导向审计目标的联系不够明确。现代风险导向审计目标在于对财务报表发表审计意见,为此必须实施审计程序,收集审计证据,评价财务报表的合法性、公允性,即评价财务报表的反映。财务报表的反映一方面取决于公司治理形成的剩余经营风险,该剩余经营风险可能导致管理层具有财务舞弊的动机和压力;另一方面在管理层不具有财务舞弊的动机和压力时,财务报表的反映直接取决于公司治理,即公司治理对财务报表的反映的控制作用。因而,从评价公司治理入手,能够更好地将重大错报风险评估与独立审计目标相联系。

(三)从公司治理评价入手,更好地发挥独立审计活动完善公司治理的导向性作用

以往的现代风险导向审计通过管理建议书的方式帮助企业改善内部控制,内部控制仅是公司治理的组成部分之一,因而没能较全面地完善公司治理。通过公司治理评价,评估财务报表重大错报风险,实施对财务报表的审计,注册会计师发表的审计意见体现了公司治理的效果,该审计意见验证或修正了最初的公司治理评价结论。被审计单位将依据最终的公司治理结论完善

其公司治理,因而从公司治理评价入手,能更好地发挥独立审计活动较全面地完善公司治理的导向性作用。

综上所述,笔者认为公司治理评价基础上的现代风险导向审计,发展和完善了已有的现代风险导向审计,适应了企业不断完善自身公司治理的社会环境。当然,企业公司治理的完善程度参差不齐,因此,对公司治理机制较完善的企业实施公司治理评价基础上的独立现代风险导向审计时,相比对该企业实施原有的现代风险导向审计,能够取得更好的审计效果。

三、公司治理评价基础上的现代风险导向审计的基本实施路径

(一)建立公司治理评价标准体系

自20世纪90年代提出公司治理概念以来,学术界积极地研究公司治理评价的技术分析。目前,已有众多的研究组织和咨询机构从不同的角度提出了可行的公司治理分析评价技术模型,并得到了一定程度的应用。当前主要的评价标准有:标准普尔的公司治理评分系统、戴米洛公司的公司治理评级系统、里昂证券的公司治理评估体系、时代公司的良好声誉指数、南开大学公司治理研究中心的南开治理指数和香港大学中国金融研究中心的 G 指标等。注册会计师应利用现有的有关公司治理的研究成果,根据独立审计需要加以借鉴性运用,形成适合独立审计需要的公司治理评价标准体系。独立审计运用公司治理评价标准体系的目的在于评估重大错报风险,因而注册会计师应着眼于与财务报表公允反映相关的公司治理,以确定公司治理是否影响财务报表的公允反映及其影响程度。

(二)运用公司治理评价标准体系,实施公司治理评价

通过了解被审计单位及其环境,运用公司治理评价标准体系,评价公司治理效果,最终评价公司剩余经营风险和公司治理层、管理层的诚信度等,从而评价相关受托经济责任的全面有效履行状况,以确定公司治理是否影响财务报表的公允反映及影响程度。公司治理评价的基本环节包括确定治理目标、分解治理环节、测试治理水平、评价治理水平以及报告治理水平。首先,根据被审计客户及其利益相关者的基本情况,辨认组织治理环境,确认其治理目标;其次,根据治理要求,将治理目标分解到公司内部各委托代理环节,对整个治理框架中每一层次的基本要求予以明确;最后,比照各治理因素的最佳治理标准,判断公司治理现状,测试治理结构现状,寻找各治理环节中存在的重大缺陷即可操纵空间,从而确认治理水平,形成治理评价报告。治理评价报告作为审计的阶段性成果反馈给被审计客户,以帮助被审计客户进一步完善治理

结构。

(三)评估财务报表重大错报风险

注册会计师为了对财务报表发表审计意见,在评价公司治理时,应着眼于与财务报表公允反映相关的公司治理。根据公司治理评价,评估财务报表重大错报风险时,应侧重于考虑以下方面:

1. 剩余经营风险。剩余经营风险代表公司治理没能实现预期经营目标的可能性,当存在较大的剩余经营风险时,公司管理层甚至治理层将存在较大的财务舞弊动机和压力,被审计单位将存在较大的财务报表重大错报风险。

2. 治理层和管理层的诚信度。它可能源于治理层和管理层原有的诚信度,也可能由于公司治理本身存在重大缺陷,使得原本诚信的治理层和管理层丧失了诚信性。通过评价该诚信度,估计治理层和管理层发生财务舞弊的可能性。

3. 公司治理对财务报表公允反映的直接促进性作用。公司治理形成的剩余经营风险可能导致管理层串通舞弊行为,从而间接影响财务报表的反映,此外公司治理本身具有直接促使财务报表公允反映的功能。在这里,注册会计师应评价在排除管理层串通舞弊的情况下,公司治理在多大程度上促使企业的财务报表公允地反映交易和事项,即考虑公司治理对财务报表公允反映的保证性作用。

(四)实施其他审计程序

在评价公司治理的基础上,依据重大错报风险评估结论,计划并实施基本的审计程序,最终编写审计报告。公司治理评价贯穿于整个审计过程,当审计人员根据已有的公司治理评价结论实施了审计程序后,可能发现原有的公司治理评价结论导致审计程序不足,此时注册会计师应依据新的公司治理评价结论补充实施相关的审计程序。

治理会计信息失真是一项系统工程

李爱琴

会计信息是一种综合性的经济信息。随着我国市场经济的发展,人们越来越认识到会计在现代社会中的重要作用,国家宏观经济管理和企业微观管理都离不开会计信息。会计信息的真实性是会计工作的生命,也是会计管理工作成败的关键。然而,严重、普遍的会计信息失真问题,已成为困扰我国经济改革和发展的一大难题。怎样看待和如何遏制会计信息失真势头的蔓延,是需要我们认真思考并亟待解决的重要课题。

一、会计信息失真的表现及其危害

会计信息的真实性是会计信息的生命,任何会计信息失真现象都是同会计的本性直接相违背的。所谓会计信息失真是不能真实地反映各会计主体的经济活动情况。它可以从三个方面来理解。一是"会计信息处理失真",是指各单位对发生的经济活动进行违反规定的会计处理。这种会计信息失真是主观的和故意的,其背后必有不可告人的动机,其责任在于单位和会计人员。二是"经济业务失真",是指领导或会计人员对各单位不合理、不合法的经济活动认识不足,都按正常活动的规定进行会计处理,这种会计信息失真,显然是由于单位领导和会计人员缺乏应有的责任心和业务素质太差,导致未能负起会计监督的责任。三是"财务会计制度失真",它是指由于财务制度在某些方面还不完善和不合理所造成的会计信息失真。

会计信息失真的类型多种多样。有主动型失真,也有被动型失真;有经济动机型失真,也有非经济动机型失真;有合法的失真,也有不合法的失真。会计信息失真主要表现在以下几个方面:一是会计信息不完整,一些单位为了自身局部利益,有意不建账,不搞会计核算,不报送会计报表,大量的经济运行信息被人为地排除在国民经济核算体系之外;二是会计信息不真实,虚假反映社会再生产的运行内容,实行内外两套核算办法向社会提供经过人为"加工"过的会计信息,以达到其某种目的;三是会计被扭曲,社会再生产的运行状况被人为歪曲,致使会计核算资料失真,假发票、假收据、假凭证、假账簿满天飞,甚至将个人游乐、行贿开支、住房装修等非法事项列入合法项目之中;四是会计行为紊乱,法制观念差,"小金库"乱收费、乱罚款、乱摊派,划预算内为预算外,乱摊成本,乱列支出,虚假挂账,虚列利润,不提折旧等。

会计信息失真无论在宏观上还是在微观上都危害极大,它体现在政治、经济和社会各个方面。首先,会计信息失真严重影响了我国正常的社会经济秩序。由于会计信息失真,使得有关核算资料发生扭曲,掩盖了某些矛盾,造成国民收入超量分配,消费基金过于膨胀,使国家宏观调控达不到应有的效果,还严重影响了经济预测和决策。同时,会计信息失真造成了大量的国有资产流失,给国家带来严重损失。较为保守的估计,1982—1992年间我国国有资产流失至少在5 000亿元以上(5 000亿元这个数字是1991年我国国民生产总值的25.2%,国家财政收入的138.4%,固定资产投资的90.6%,全国职工工资总额的15%)。另外,会计信息失真同时在政治和社会方面也带来了一些不良影响,给贪污腐化、行贿受贿等违法行为和不良风气提供了温床,这种不良倾向如果任其发展下去,必然会对我国精神文明建设造成严重的危害,其后果是不堪设想的。

二、会计信息失真原因透析

1. 会计法规不健全,执法不严格,没有形成"造假犯法"的法制环境。市场经济是法制经济,从法制建设角度看,近几年我国虽然制定了不少财务会计法规,但从现实需要看,还很不完善和健全,有的条文操作性不强,执行缺乏力度;而且在会计信息失真的执法过程中也存在执法不严之处,如果有法不依,执法不严,那么,立法再多也不过是纸上谈兵,从而必然助长弄虚作假之歪风,使会计信息失真问题更加严重。

2. 缺乏监督约束机制。会计信息失真的重要原因是对经营者缺乏一种有效的监督约束机制。随着我国《企业法》、《公司法》等有关法规的进一步实施,企业经营者的经营自主权得到落实,但如何有效而合理地监督制约经营者的权力和行为,却一直没有很好地解决。由于会计缺乏独立性,致使会计人员的监督职能得不到发挥。早在1987年,我国著名会计学家阎达五教授就感叹道:"中国的会计监督工作很难,企业会计人员的身份非常特殊,会计工作的板凳很难坐,它要坐在企业的板凳,另一半要坐在国家的板凳上,稍有不慎就得挨其中的一板子。"会计人员是在夹缝中求生存,其独立性不能得到保障,会计信息的真实性也就成了无源之水、无本之木。于是在企业中普遍出现了"站得住的会计顶不住,而顶不住的会计都站得住"的怪现象。这个问题得不到解决,解决会计信息失真的问题也就成为一句空话。

3. "官出数字,数字出官",浮夸风沉渣泛起。这是干部体制、人事体制上的弊端。有些企业领导为了取悦上级领导,骗取荣誉,常常指使财会人员弄虚作假,计算出经理利润、厂长利润。还有些领导为了突出业绩,完成承包任务,指使会计人员对会计资料和数据进行"修正"。另外,长期以来,出现的"官出数字,数字出官,报得好,升得快"的现象没有得到很好解决,企业领导为了完成考核指标,不得不按需变更会计资料,实现其所谓的"业绩"。

4. 不良利益驱动。"人们奋斗所争取的一切,都同他们的利益有关。"马克思说,会计信息失真本质上是人们"追逐利益"而造成的。在经济体制转轨的过程中,会计信息失真问题愈加突出。在计划经济体制下,有着一套完整的约束机制和道德行为规范。市场经济的实施打破了那种"干好干坏一个样"的传统体制,充分调动了企业和个人的积极性。企业将追求利润最大化、股东权益最大化作为奋斗目标,"利益"成为人们追逐的目标,在多元利益的驱动和缺乏有效约束的条件下,"上有政策,下有对策"。有些单位和个人就"不择手段"地达到"致富"目的,反映在会计方面突出的表现就是造假账,偷税漏税,或化为私有,或截留收入等,致使会计信息大范围、多环节、长时期失真。

5. 企业领导和会计人员素质不高。在新旧财务会计制度转换过程中,一方面,会计人员的素质不能适应变化了的形势,一些企业领导任人唯亲,安排一些不懂会计业务的外行担任会计机构负责人或主办会计人员对一些政策吃不透,业务技术不精,导致会计信息失真。以河北省为例,全省在职会计人员317 266人,按学历结构分,硕士研究生14人,本科生2 960人,大专生26 638人,中专生65 359人,高中生124 742人,初中及以下97 553人,分别占0.004%、0.93%、8.4%、20.6%、39.32%、30.75%;按专业技术资格任职情况分,已聘高级会计师249人,会计师14 413人,助理会计师45 976人,会计员50 883人,分别占0.08%、4.54%、14.49%、16.02%。另一方面,企业领导对会计准则、政策、法规制度不了解、不熟悉,以致有些经营者自己违了法也不知道。

6. 会计信息失真的体制性根源。如果我们做进一步分析，会计信息失真作为一种现实的经济现象在其背后隐藏有更加深刻的体制性原因。换言之，会计信息失真的根源应该从我国正处于高度集中的计划经济体制向市场经济体制过渡时期新旧两种体制并存所产生的矛盾与摩擦中去寻找，如政府职能的转变远未完成，某些利益集团可能为市场取向的改革设置障碍，使市场经济体制的微观基础——真正产权明晰、权责明确、政企分开、管理科学的现代企业制度难于在短期内建立，市场经济运行的法制化、规范化和有序化也难以实现，在这种条件下，要完全确保综合反映经济活动的会计信息的真实性，也就无从谈起了。

三、治理会计信息失真是一项系统工程

会计信息失真的原因是多方面的，是我国改革开放过程中在社会、经济、文化、科技诸多领域出现的各种矛盾和弊端的综合反映。治理会计信息失真是一项综合性的系统工程，若要从根本上解决问题，应当从多方面入手进行综合治理。

1. 健全法制，确保会计信息质量。对会计信息失真的问题，应当首先从健全财务会计法规体系入手，使财务会计法规尽可能全面、配套、及时，并且有可操作性，堵住会计信息失真的法律漏洞，从法律角度保证会计信息的质量。一般而言，建立我国会计信息法规体系可从三方面着手。一是会计法，它是会计法规标准中的最高层次，由全国人大常委会颁布。二是会计准则，它是根据会计法的要求而制定的，并对所有以营利为目的的经济组织的会计核算工作具有约束力。为了进一步提高会计信息质量，现行会计准则体系尚需进一步完善，制定实施细则，规定违法处罚的定性、定量标准。如将会计信息质量特征分层次纳入会计法规体系，各类会计信息质量的审核、控制办法以及对提供不符合质量要求的会计信息的部门和责任人的惩罚措施都应在相应的法规中做出具体规定，使其具有强制性和可操作性。三是制定会计从业职业道德准则，规范会计人员的职业行为。在完善财务会计法规体系的同时，应加大执法力度，严格执法，对于违反有关法律、法则的单位和个人应当依法处理。

2. 建立健全社会监督体系，充分发挥社会中介机构的公证和监督作用。首先，会计社会监督应根据会计法、会计业务处理标准、会计职业道德准则，对会计行为和会计人员的执业行为进行有效监督，以保障上述准则的贯彻执行。其次，大力发展注册会计师事业，充分发挥其社会审计的公正作用。主要是加快我国注册会计师事业的发展，培养大批具有政策水平、业务能力、

良好职业道德品质及严明职业纪律的注册会计师,通过立法,肯定注册会计师组织的独立法律地位,在法律上使其具有法人资格,在业务上能够保持客观、公正、独立的第三者立场。通过立法规范企业会计报表和其他财务会计资料,未经注册会计师审计并出具报告书,就不具有正规会计信息的效力,使企业会计信息置于社会监督之下。再次,强化企业外部监督,财政部门要加强会计管理力量,尽快理顺财政监督、审计监督、税务稽查、银行监督等方面的关系,形成综合性监督检查的合力。

3. 不断强化企业自我约束机制。建立一套行之有效的自我约束机制是防止弄虚作假,制止违反财经法规,规范会计行为,提高会计信息质量的重要手段。为此,首先要加强内审监督,除借助专门的内部机构和人员进行日常的查核和监督外,还要拓宽审计领域,对会计核算及会计信息的合法性、真实性、准确性进行审核,严把监督关,尤其对企业的预提费用、待摊费用、递延资产等影响利润的账户进行专项审计,使审计监督真正成为维护企业经营正常运转的经济医生。其次,要强化会计监督,必须改变事后监督为对企业经济活动的全过程监督,严格事前、事中控制,防患于未然,使会计监督发挥真正的作用。再次,完善财务管理制度,根据"两则"、"两制"和财政部《关于商业企业建立健全内部财务管理办法的指导意见》,结合本企业实际,建立健全符合自身特点的企业内部财务管理办法、会计核算办法和有关内部控制制度,保证企业的各项经营活动和理财行为置于规章制度的约束之中,从而为提供真实的会计信息奠定一个良好的会计基础。

4. 提高企业领导和会计人员的素质。会计信息失真的问题归根到底是人员素质的问题。这里既涉及企业领导人员,也涉及财务会计人员。提高人员的素质是防止会计信息失真,提高会计信息真实性的根本所在。一是强化对企业领导和会计人员的法纪教育,要求他们懂得财经纪律、会计法规和财务制度,并带头执行,切实做到遵纪守法,合法经营。二是要鼓励和支持会计人员忠于职守,坚持原则,依法进行会计监督。三是对会计人员要进行不定期的培训,不断更新其观念和知识,提高其政治素质和业务能力。

5. 进行全方位、深层次的配套性改革。如前所述,会计信息失真有着深层次的体制性根源,也就是说,会计信息失真不单纯是一个经济现象,解决这一问题的根本出路在于加快进行全方位、深层次的配套改革,在改革经济体制的同时,改革政治体制,促进政治、经济、社会的协调发展,从而为提高会计信息质量营造一个健康有序的社会环境。

职工薪酬的难点分析和税法差异

沈宏益

一、新旧准则的比较

(一) 首次系统规范

新准则中首次系统规范了企业和职工建立在雇佣关系上的各种支付关系,而旧准则没有专门的具体准则来加以规范,只是在《企业会计制度》中规定了应付工资包括各种工资、奖金和津贴等。

(二) 内容更加明确

《企业会计准则第 9 号——职工薪酬》中明确规定了职工薪酬是企业为获得职工提供的服务而给予各种形式的报酬以及其他相关支出。具体包括:职工工资、奖金、津贴和补贴;职工福利费;医疗保险费、养老保险费、失业保险费、工伤保险费和生育保险费等社会保险费;住房公积金;工会经费和职工教育经费;非货币性福利;因解除与职工的劳动关系给予的补偿;其他与获得职工提供的服务相关的支出。

(三) 引入了"辞退福利"的概念,并规范了其确认和计量的原则

《企业会计准则第 9 号——职工薪酬》所规范的职工薪酬比以往的内涵大为增加,既有传统意义上的内容,如工资、奖金等,还增加了诸如辞退福利等新的内容,以适应我国市场经济的发展。

(四) 规定通过"应付职工薪酬"账户核算企业根据有关规定应付给职工的各种薪酬

本账户应当按照工资、职工福利、社会保险费、住房公积金等应付职工薪酬项目进行明细核算。

二、职工薪酬的难点分析

(一) 非货币性福利的会计处理

非货币性福利是指企业以非货币性形式支付给职工的各种福利,如将资产的产品发给职工,将本期拥有的房屋等资产无偿提供给职工使用等。对于非货币性福利应该根据收益对象计入相关资产成本或当期损益,同时确认应付职工薪酬。

【例1】 A公司是生产空调的企业,有职工300名,其中生产工人250名,车间管理人员30名,厂部管理人员20名。2007年3月,A公司决定将其生产的空调作为福利发给职工。该空调的单位成本为2 000元,单位计税价格(公允价值)为3 000元,适用的增值税税率为17%。

1. 决定发放时:

借:生产成本　　　　　　　　　　　　　　　877 500
　　制造费用　　　　　　　　　　　　　　　105 300
　　管理费用　　　　　　　　　　　　　　　 70 200
　　贷:应付职工薪酬——非货币性福利　　　　　　　1 053 000

2. 实际发放时:

借:应付职工薪酬——非货币性福利　　　　1 053 000
　　贷:主营业务收入　　　　　　　　　　　　　　 900 000
　　　　应交税费——应交增值税(销项税)　　　　 153 000
借:主营业务成本　　　　　　　　　　　　　 600 000
　　贷:库存商品　　　　　　　　　　　　　　　　 600 000

【例2】 A公司为总经理提供轿车免费使用,轿车的月折旧额为400元。

借:管理费用　　　　　　　　　　　　　　　　　400
　　贷:应付职工薪酬——非货币性福利　　　　　　　　400
借:应付职工薪酬——非货币性福利　　　　　　　400
　　贷:累计折旧　　　　　　　　　　　　　　　　　　400

(二) 辞退福利的会计处理

《企业会计准则第9号——职工薪酬》中规定:企业在职工劳动合同到期之前解除与职工的劳动关系,或者为鼓励职工自愿接受裁减而提出给予补偿的建议,同时满足下列条件的,应当确认因解除与职工的劳动关系给予补偿而产生的预计负债,同时计入当期损益:

1. 企业已经制定正式的解除劳动关系计划或提出自愿裁减建议,并即将实施。该计划或建议应当包括拟解除劳动关系或裁减的职工所在部门、职位及数量；根据有关规定按工作类别或职位确定的解除劳动关系或裁减补偿金额；拟解除劳动关系或裁减的时间。

2. 企业不能单方面撤回解除劳动关系计划或裁减建议。

【例3】 A公司由于其生产的产品不再适应市场的需要，因此，2007年5月公司管理层制订了一项辞退计划，规定2008年1月1日起，以职工自愿的方式辞退100名生产工人，每人补偿30 000元。辞退计划已经与职工协商一致。该辞退计划与2007年8月20日经董事会正式批准，于2008年实施完毕。

借：管理费用　　　　　　　　　　　　　　　3 000 000
　　贷：应付职工薪酬——辞退福利　　　　　　　　3 000 000

（三）以现金结算的股份支付

以现金结算的股份支付，是指企业为获取服务承担以股份或其他权益工具为基础计算确定的交付现金或其他资产义务的交易。以现金结算的股份支付，应当按照企业承担的以股份或其他权益工具为基础计算确定的负债的公允价值计量。授予后立即可行权的以现金结算的股份支付，应当在授予日以企业承担负债的公允价值计入相关成本或费用，相应增加负债。完成等待期内的服务或达到规定业绩条件以后才可行权的以现金结算的股份支付，在等待期内的每个资产负债表日，应当以对可行权情况的最佳估计为基础，按照企业承担负债的公允价值金额，将当期取得的服务计入成本或费用和相应的负债。企业应当在相关负债结算前的每个资产负债表日以及结算日，对负债的公允价值重新计量，其变动计入当期损益。

【例4】 2007年1月1日，经股东大会批准，甲公司对其200名管理者每人授予100份现金股票增值权，条件是自2007年1月1日起必须在公司连续服务3年，即可自2009年12月31日起根据股价增长幅度获得现金，该增值权应在2011年12月31日之前行使完毕。甲公司估计，该增值权在负债结算之前每一个资产负债表日以及结算日的公允价值和可行权后的每份增值权现金支付额如表1。

表 1

年份	公允价值	支付现金
2007	14	
2008	15	

续表

年份	公允价值	支付现金
2009	18	16
2010	21	20
2011		25

第一年有20人离开公司，公司估计三年中还将有15人离开；第二年又有10人，公司估计还将有10人离开；第三年又有15人离开。第三年年末，有70人行使股票增值权获得了现金。第四年年末，有50人行使股票增值权；第五年年末，剩余5人全部行使股票增值权，见表2。

表2 应付职工薪酬和计入当期损益表

单位：元

年份	应付职工薪酬	支付现金	当期损益
2007	（200－35） 100×14×1/3＝77 000		77 000
2008	（200－40） 100×15×2/3＝160 000		83 000
2009	（200－45－70） 100×18＝153 000	70×100×16＝112 000	105 000
2010	（200－45－70－50） 100×21＝73 500	50×100×20＝100 000	20 500
2011	73 500－73 500＝0	35×100×25＝87 500	14 000
		299 500	299 500

1.2007年1月1日，不作处理。

2.2007年12月31日：

借：管理费用　　　　　　　　　　　　　　　77 000

　　贷：应付职工薪酬　　　　　　　　　　　　　　77 000

3.2008年12月31日：

```
借：管理费用                                    83 000
    贷：应付职工薪酬                                    83 000
```
4. 2009 年 12 月 31 日：
```
借：管理费用                                   105 000
    贷：应付职工薪酬                                   105 000
借：应付职工薪酬                                112 000
    贷：银行存款                                       112 000
```
5. 2010 年 12 月 31 日：
```
借：公允价值变动损益                             20 500
    贷：应付职工薪酬                                    20 500
借：应付职工薪酬                                100 000
    贷：银行存款                                       100 000
```
6. 2011 年 12 月 31 日：
```
借：公允价值变动损益                             14 000
    贷：应付职工薪酬                                    14 000
借：应付职工薪酬                                 87 500
    贷：银行存款                                        87 500
```

三、会计处理与税法的差异及纳税影响

新会计准则与新所得税实施细则比较，主要存在以下几个方面的差异：

（一）职工薪酬的范围不同

新准则中的职工薪酬如前所述包括 8 项内容，而所得税实施细则中所指的工资薪金，是指企业每一纳税年度支付给在本企业任职或者受雇的员工的所有现金形式或者非现金形式的劳动报酬，包括基本工资、奖金、津贴、补贴、年终加薪、加班工资，以及与员工任职或者受雇有关的其他支出。因此，企业预计的辞退福利和以现金支付的股份支付在税法中没有考虑进来。

（二）福利费的规定不同

新准则规定：职工福利费不再计提，而是采取据实列支，计入相关资产或成本费用中。新所得税实施细则第 44 条规定：企业发生的职工福利费支出，不超过工资薪金总额 14% 的部分，准予扣除。

（三）工会经费和教育经费的规定不同

新准则规定：国家规定了计提基础和计提比例的，应当按照国家规定的标准计提。新所得税实施细则第 41 条规定：企业拨缴的工会经费，不超过工

资薪金总额2%的部分,准予扣除。新所得税实施细则第42条规定:除国务院财政、税务主管部门另有规定外,企业发生的职工教育经费支出,不超过工资薪金总额2.5%的部分,准予扣除;超过部分,准予在以后纳税年度结转扣除。

(四)对商业保险的规定不同

新准则规定:以购买商业保险形式提供给职工的各种保险待遇,属于职工薪酬,计入相关资产或成本费用中。新所得税实施细则第36条规定:除企业依照国家有关规定为特殊工种职工支付的人身安全保险费和国务院财政、税务主管部门规定可以扣除的其他商业保险费外,企业为投资者或者职工支付的商业保险费,不得扣除。

(五)辞退福利的规定不同

新准则规定:辞退福利符合规定条件的准予全部计入"管理费用"。新所得税实施细则规定:一是职工没有选择继续在职的权利,属于因解除与职工的劳动关系给予的补偿,根据《国家税务总局关于企业支付给职工的一次性补偿金在企业所得税前扣除问题的批复》(国税函〔2001〕918号)规定,企业对已达一定工作年限、一定年龄或接近退休年龄的职工内部退养支付的一次性生活补贴,以及企业支付给解除劳动合同职工的一次性补偿支出(包括买断工龄支出)等,原则上可以在企业所得税税前扣除。各种补偿性支出数额较大,一次性摊销对当年企业所得税收入影响较大的,可以在以后年度均匀摊销。二是职工有选择继续在职的权利,属于或有事项,通过预计负债计入了费用。税法上对费用的税前扣除,原则上为据实扣除,因此按税法规定对企业确认的预计负债而计入费用的金额不允许税前扣除。

参考文献

[1]中华人民共和国财政部:《企业会计准则》,中国财政经济出版社2006年版。

[2]中华人民共和国财政部:《企业会计准则——应用指南》,中国财政经济出版社2006年版。

[3]顾韧:《从国企上市看辞退福利的会计处理》,载《财会月刊》2008年第1期。

物价变动下存货成本核算的新视角

沈宏益

一、引言

随着社会经济的发展,价格、成本、利润、竞争已是企业所关注的热点和难点问题。市场经济波动,使得原材料的价格忽高忽低,这给企业的存货核算与成本管理工作带来了极大不便。为了能更好地强化企业成本管理工作,以适应当今市场经济发展的需求,有必要对存货成本核算方法进行探讨。在这里我们主要以"原材料"核算为例,从其入库和出库等环节探讨和分析在物价变动情况下,如何提升存货成本核算的新方法,这对于进一步简化会计核算手续和提高企业成本管理工作具有重要的现实意义。

究竟怎样才能在市场物价变动情况下既保持存货成本核算的稳定性,又利于提高企业的成本管理工作呢?可以这样设想,通过建立一个"存货价格变动准备金"账户,在每一次存货入库时以一个事先核定的标准成本价入账,将实际成本偏离该标准成本价的部分以"存货价格变动准备金"账户的增减变动去消除因市场物价变动而对存货成本核算所产生的影响,在领用时再按该标准成本价进行计价发出核算,并在各生产环节和流程中都始终按这个标准成本价进行计价和核算,这样既不涉及计划成本法下"材料成本差异"账户的结转与分摊,也不必再对存货计提、存货跌价准备,一方面可以简化存货成本的核算手续与方法,另一方面又能保证存货计入产品生产成本中价格的稳定性和提升企业成本管理工作,达到了会计核算的一般要求与管理目的,可谓是物价变动下存货成本核算方法的一个新视角。

二、理论基础

1. 按照"谨慎性"原则要求,企业提取"存货价格变动准备金"能够规避市场变化中原材料价格变动的风险,是符合会计核算的一般原则要求。谨慎性原则又称稳健性原则,它是针对经济活动中的不确定性因素,要求人们在会计处理上保持谨慎小心的态度,要充分估计到未来可能发生的风险和损失,尽量少计或不计可能发生的收益,使会计报表使用者、企业决策者提高警惕,以应付纷繁复杂的外部经济环境的变化,把风险损失缩小或限制在极小的范围内。按这一原则要求,企业提取"存货价格变动准备金",能够将市场中存货价格变动的影响和风险提前转移到有关成本费用中去,并从当期已实现的会计利润中得到弥补和补偿,利于企业的风险决策与成本管理工作。

2. 按照"配比性"原则要求,"存货价格变动准备金"理应从成本费用科目中提取。配比性原则主要是指收入与其相关的成本费用应当配比,包括两层含义:一是因果配比,即将收入与对应的成本相配比;二是时间配比,即将一定时期的收入与同时期的费用相配比。"存货价格变动准备金"属于因存货价格变动所引起的,就应从成本费用科目中提取,可以再设立一个"存货价格变动损益"科目,专门用于计提和核算该部分成本费用的变化。

3. 按照"一致性"原则要求,提取"存货价格变动准备金"能够保持一个企业产品生产成本核算方法的稳定性。一致性原则又称一贯性原则,是指各个会计期间所应用的会计方法和程序应当相同,不得随意变更。它虽然要求在持续经营期间,采用不同会计方法和程序核算的本质和结果应当一致,但在会计分期这一基本前提下,就某一会计期间而言,则是有差别的,其形成的差异,只是时间性差异。当企业采用计提"存货价格变动准备金"这种方法对存货成本进行核算时,就能体现会计政策选择与会计核算方法的一致性,便于信息使用者对企业会计核算资料进行比较与分析。

三、核算方法

(一)科目设置

"存货价格变动准备金"属资产类科目,主要作为存货的备抵科目,其"借"方表示减少,以记载和反映存货价格上涨变动和年末冲销转账;"贷"方表示增加,主要记载和反映"存货价格变动准备金"的提取和存货价格下跌变动,月末一般有贷方余额(有时会出现借方余额或无余额)。"存货价格变动损益"属损益类科目,其"借"方表示增加,主要登记"存货价格变动准备金"的提取;"贷"

方表示减少,主要登记"存货价格变动准备金"的冲销,月末一般无余额。月末编制报表时,"存货价格变动准备金"列在"资产负债表"中"存货"之后并作为其备抵科目。若出现"贷"方余额即为"存货"账户的抵减账户,若出现"借"方余额则作为其抵加账户。

(二)计提比例

(1)单位标准成本确定:可根据企业该类存货的历史实际成本和企业成本管理目标及要求进行综合核定。

(2)"存货价格变动准备金"提取比例确定:主要根据市场中该类存货价格指数的变化进行确定。在现实中可以这样进行粗略测算:首先选取某一正常条件下存货的合理实际采购成本(含进价及运杂费)作为基数 a_0,这就是最初的成本,若有价格发生变动,假设其实际采购成本又为 a_1,则得出第一个价格变动系数为 a_1/a_0,以后若再有价格发生变动,依次可得出其价格变动系数为 $a_2/a_1, a_3/a_2, \cdots, a_n/a_{n-1}$,最后再求这 n 个价格变动系数的几何平均数,即:

$$平均价格变动系数 = \sqrt[n]{\frac{a_1}{a_0} \times \frac{a_2}{a_1} \times \frac{a_3}{a_2} \times \cdots \times \frac{a_n}{a_{n-1}}}$$

n 取值越大,其代表性就越强。企业应不断修订和完善这个平均价格变动系数,尽可能使其反映市场价格变动情况。

(三)账务处理

(1)计提核算:每期应计提的存货价格变动准备金=当期存货采购数量×单位标准成本×平均价格变动系数,其会计分录为:

借:存货价格变动损益
　　贷:存货价格变动准备金

冲销时则作相反的会计分录。

(2)入库核算:在存货每一次入库时以预先核定的标准成本价进行入账核算,并以"存货价格变动准备金"账户去消除因实际成本偏离标准成本而发生的增减变动部分。其会计分录如下(以原材料为例,不考虑有关税费):

采购时:

借:物资采购(实际成本)
　　贷:银行存款(或其他有关科目)

入库时(分两种情况):

若实际成本高于标准成本,则:

借:原材料(标准成本)
　　存货价格变动准备金(实际成本高于标准成本部分)

贷:物资采购(实际成本)

若实际成本低于标准成本,则:

借:原材料(标准成本)

  贷:存货价格变动准备金(实际成本低于标准成本部分)

    物资采购(实际成本)

(3)领用核算:领用时按存货的标准成本进行发出计价核算,其会计分录如下(不考虑有关税费):

借:生产成本(或其他有关科目)(标准成本)

  贷:原材料(标准成本)

(4)年末冲转:年末,根据"存货价格变动准备金"账户余额可以确定本年度是多提还是少计存货成本的变动部分。若为"贷"方余额则为多提,若为"借"方余额则为少计,按照会计的"客观性"原则要求,多提或少计均会使本年度会计核算资料不实,继而影响利润及所得税的清算与汇缴,所以应对多提或少计的金额进行冲转。若为"贷"方余额则:

借:存货价格变动准备金

  贷:存货价格变动损益

若为"借"方余额则作相反的会计分录即可。通过该冲转后,"存货价格变动准备金"账户被结转平衡,年末一般无余额。

(四)应用举例

在市场价格变动情况下,甲企业通过核定其 A 材料标准成本价为 5 元/公斤,并进行测算其"存货价格变动准备金"计提比例为 4%,又假定在其他因素不变的情况下,2011 年第一季度采购了该批原材料 800 公斤,价款及运杂费共计 4 100 元;第二季度,采购了该批原材料 700 公斤,价款及运杂费共计 3 700 元;第三季度,采购了同种该批原材料 1 400 公斤,价款及运杂费共计 7 500 元;第四季度,又采购了该批原材料 2 000 公斤,货款及运杂费共计 9 700 元,现就该存货成本计价核算方法应用如下(不考虑有关税费):

①第一季度有关会计分录

支付货款及运杂费时:

借:物资采购   4 100

  贷:银行存款(或其他有关科目)   4 100

本期应计提"存货价格变动准备金"为:$800 \times 5 \times 4\% = 160$(元),作会计分录:

借：存货价格变动损益　　　　　　　　　　　　160
　　贷：存货价格变动准备金　　　　　　　　　　　　160
材料入库时：
借：原材料　　　　　　　　　　　　　　　4 000(800×5)
　　存货价格变动准备金　　　　　　　　　　　100
　　贷：物资采购　　　　　　　　　　　　　　　　4 100
这时本季末"存货价格变动准备金"出现"贷"方余额60元(见丁字账1)。

②第二季度有关会计分录
支付货款及运杂费分录(略)。
本期应计提"存货价格变动准备金"=700×5×4％=140(元)。但上季末"存货价格变动准备金"账户已有60元"贷"方余额,所以本季只需计提80(即140－60=80)元。
作会计分录：
借：存货价格变动损益　　　　　　　　　　　　80
　　贷：存货价格变动准备金　　　　　　　　　　　　80
材料入库时：
借：原材料　　　　　　　　　　　　　　　3 500(700×5)
　　存货价格变动准备金　　　　　　　　　　　200
　　贷：物资采购　　　　　　　　　　　　　　　　3 700
此时本季末"存货价格变动准备金"出现"借"方余额60元(见丁字账2)。

③第三季度有关会计分录：
支付货款及运杂费分录(略)。
本期应计提的"存货价格变动准备金"为：1 400×5×4％=280(元),但上季末"存货价格变动准备金"账户已有"借"方余额60元,所以本季应计提340(280+60=340)元。
作会计分录：
借：存货价格变动损益　　　　　　　　　　　　340
　　贷：存货价格变动准备金　　　　　　　　　　　　340
材料入库时：借：原材料　　　　　　　　　　7 000(1 400×5)
　　　　　　　　存货价格变动准备金　　　　　　500
　　　　　　　　贷：物资采购　　　　　　　　　　　7 500
此时本季末"存货价格变动准备金"仍出现"借"方余额220元(见丁字账3)。

④第四季度有关会计分录：

支付货款及运杂费分录（略）。

本期因实际采购成本 9 700 小于其标准成本 10 000（即 2 000×5＝10 000），尽管"存货价格变动准备金"账户上季末出现"借"方余额，但本月不再计提"存货价格变动准备金"。

材料入库时作会计分录：

借：原材料	10 000
贷：存货价格变动准备金	300
物资采购	9 700

此时本季末"存货价格变动准备金"账户又开始出现"贷"方余额 80 元（见丁字账 4）。

⑤年末转账

年末，根据"存货价格变动准备金"账户余额直接进行冲转，目前该账户为"贷"方余额，则作会计分录：

借：存货价格变动准备金	80
贷：存货价格变动损益	80

若出现为"借"方余额则做与上述相反会计分录。通过这样调整后，"存货价格变动准备金"账户年末一般无余额（见丁字账 5），于下年年初再重新核定标准成本和比例进行相关计提核算。

该年度有关丁字账如下：

存货价格变动准备金

借	贷
期初　0	
100	160
本期 100	本期 160
	期末 60

（丁字账 1）

存货价格变动准备金

借	贷
	期初　60
200	80
本期 200	本期 140
期末 60	

（丁字账 2）

存货价格变动准备金

借		贷	
期初	60		
	500		340
本期	500	本期	340
期末	220		

（丁字账 3）

存货价格变动准备金

借		贷	
		期初	220
			300
本期	0	本期	300
		期末	80

（丁字账 4）

存货价格变动准备金

借		贷	
		期初	80
	80		
本期	80	本期	0
		期末	0

（丁字账 5）

四、几点说明

从以上不同情况的账务处理来看，"存货价格变动准备金"有助于消除因市场价格变动而对存货计价核算与企业成本管理所带来的不利影响，归纳起来主要有以下几点。

1. 剔除市场价格变动影响，保证产品生产成本核算的稳定性。由于每次存货采购入库时都是按标准成本价入账，领用时也是按该标准成本价进行计价发出核算，不存在以往"先进先出法"、"加权平均法"和"个别认定法"等各种计价核算方法的选取，只是数量上或多或少而异。因此，在不考虑其他相关因素变化的前提下，即能保证每期产品生产成本核算的稳定性。

2. 简化存货计价核算手续，提高会计工作效率。采用该方法进行存货计价核算时，不需要在每次存货入库和领用时进行归集和分摊"材料成本差异"账户，并且能够将存货的原实际成本法与计划成本法等不同核算方法有机地结合起来，在很大程度上简化了存货成本的计价核算手续，从而提高了会计工作效率。

3. 便于不同生产部门、不同会计期间成本管理的比较与分析，利于提高企业的整体经营水平。采用该方法进行存货成本计价核算，能够剔除每一批存货因采购地和采购时间不同而带来的价格变动影响，它所反映的只是耗用数量有异，由此可以对不同生产部门、不同会计期间存货的耗用量及其产品成本管理工作进行对比、分析、考核和评价,利于提高企业的整体经营水平与管理效益。

4. 在实行定额化管理的企业中应用前景很广。如今低成本、低消耗、高质量、高效益已是企业生产经营与管理工作发展的趋势,并逐步趋向"定额化、标准化、规范化、科学化"的目标与轨道。采用该方法进行存货计价核算时,更能充分发挥和显现企业定额成本管理工作的优势。

参考文献

中华人民共和国财政部:《企业会计准则》,中国财政经济出版社2006年版。

企业成本管理问题及对策

沈宏益

一、企业成本管理中存在的问题

1. 成本管理认识不足。当前企业成本管理的目的仍为降低成本,一味强调控制消耗和降低支出,这些似乎已成了主要手段。但从现代成本管理的角度来看,成本的降低是有条件和限度的,在某些情况下极端追求成本和费用的缩减,可能会导致产品质量和企业整体效益的下滑,因而这种成本管理思想是消极的,尤其是在科学技术高度发展的今天,企业单纯依靠缩减成本来获取竞争优势是不可取的。

2. 市场竞争意识不强。许多企业按照成本习性来划分和核算产品成本,通过提高产量来降低单位产品所分担的固定成本,似乎产量越高,单位产品成本就会越低,在销售量不变的情况下,企业的利润也会越高。这种做法只是片面地通过提高产量来降低成本,而不考虑整个市场的变化,势必会造成企业存货的积压,也会将生产过程所发生的成本费用转移或隐藏于存货中,表现出来的是一种短期利润,而忽视了企业长远的竞争与发展。

3. 成本信息核算不全。主要表现在:(1)成本核算只注重原材料、人工和制造费用,而忽视了现代企业日趋增大的产品研发、中间试验和小批试制以及售后服务等方面的投入,使产品的相关成本核算内容不全面,不能正确评价产品在寿命周期全过程的经济效益。(2)现行的"成本性态分析"、"变动成本法"、"本量利分析"和"责任会计"等传统的成本会计核算方法已不适应当今竞争日益激烈的市场经济发展的需要,容易造成成本信息核算不实。如在机械化程度比较高的现代制造环境下,直接人工成本比例大幅降低,而制造费用所占比例却大大上升,但大多数企业却基本上采用人工工时或人工工资比例法来分配制造费用等,这样很容易造成成本核算信息不实,会导致企业错误地选择产品经营方向。(3)管理者为了完成考核指标或达到某一目的而去人为地"调节"成本数字,表现出实盈虚亏或虚盈实亏,严重影响了成本信息的真实性等。

4. 技术动力创新不足。技术水平的高低对于降低成本有着直接的影响。在一定时期、一定技术水平条件下,加强经营管理可以降低成本,但降低成本的幅度是有限的。因此,为了实现真正意义上的降低成本,就不能完全依赖于缩减费用和降低支出,还可以通过不断提高技术水平来相对降低单位产品成本。但是一些企业管理者对于技术创新的兴趣并不高,究其原因是其任职期一般都短于技术创新的收益期,技术研发往往会减少本期利润,而不一定能增加其任职期内的收益。因此指望企业的管理者们去接受一种减少其任职期内的利润而增加其继任者业绩的技术创新方案,目前在现实中看来还是行不通的。这样的思想和做法往往会导致企业技术动力创新不足,企业缺乏长足发展潜力,难以适应市场经济条件下新形势、新任务的发展需求。

二、企业成本管理问题成因分析

1. 成本管理与不断变化的外部经济环境不相适应。成本管理是企业经济管理的重要组成部分,它与外部经济环境密切相关。目前对成本管理影响最大的经济环境变化主要有:我国产品买方市场的建立和以电子技术为特征的技术变革。二者使得作为社会生产活动的主体——企业受到了重大影响。随着市场格局从卖方市场向买方市场转变,产品成本结构也随之发生了变化,生产性费用所占的比重在逐步下降,其他相关成本的比重呈不断上升的趋势,而我国传统的成本管理工作过多地倾注和局限于生产领域,却忽视了产品研发和售后服务等其他相关环节和领域范围内的成本管理,已明显与外部经济环境的变化和发展趋势不相适应;同时现代信息技术的应用为成本管理工作提供了快捷而又便利的条件,如建立成本信息控制与反馈系统,可以及时、准确地进行成本预测与决策,有效地实施成本控制与考核,对于分析和降低产品成本、改进成本管理工作具有重要的现实意义。

2. 缺乏长远的成本约束与管理机制。企业的管理者由于职位变动性的缘故,使得他们在任职期限内的行为具有明显的阶段性,即为了突出其任职期间的工作业绩,往往很少关心企业发展的后劲,而是把中心和精力都放在任职期内任务指标的完成上,甚至还会通过修改成本资料来粉饰会计报表,在成本核算方面出现了"该计的不计,该摊的不摊"等人为操纵和调整成本信息的现象。这不但不能使企业严格地执行既定的成本管理制度,更不会激发管理者们减少其任职期内的利润而进行企业的技术创新与研发投入,其根本原因就是缺乏科学、合理的业绩考核与评价体系。

三、企业成本管理强化对策

1. 引进新思想,树立战略成本管理的思想。战略成本管理是指运用专门的技术和方法来提供企业自身及其竞争对手的资料,帮助管理者分析和评价企业的战略,从而创造竞争优势,使企业能够及时有效地适应外部环境和市场经济的变化来进行成本管理。其核心是要寻求企业持之以恒的竞争优势。一个企业要想获得这种竞争优势就必须在成本管理工作中引入战略的思想,管理者需要有非常强的竞争意识和长远发展的战略眼光。

2. 转变观念,以人为本,不断增强科技创新的观念。在技术与经济相结合的过程中,人不仅是创造财富的主体,还是企业最大的资本和财富源泉。人既是生产的主体,也是成本管理的关键因素。因此,要树立以人为本的管理思想和理念,最大限度地调动和发挥人的积极性与创造力,充分培养和施展人的一切智力与潜能,不断地进行企业的技术革新与创新。对于一个企业来说,它的生命力就在于源源不断地进行技术革新与创新,并能够及时有效地采用新技术、新设备、新工艺、新材料,依靠现代科学技术手段去降低成本和提高效益,而不是仅仅依靠缩减费用和降低支出去实现增收。因此,要转变观念,树立以人为本的管理思想和理念,不断地进行技术创新、组织创新、制度创新和企业文化创新,来推动科学技术的进步和社会经济的发展。

3. 发展新思路,改变以往只局限于生产领域内的以降低直接材料、直接人工和制造费用等作为成本管理的主要做法,要发展一种全面、全过程的成本管理的新思路。企业成本管理的内容要从生产和流通领域拓展和涵盖到研发至售后服务等整个产品生命周期的各环节、各业务领域和范围内,并随着技术的进步、社会经济的发展而不断地变化与发展。因此企业成本管理工作应是全方位、全过程的,它需要的是一种全新的成本管理思路,体现的是一种动态、全面的成本效益观。

4. 采用新方法。具体表现在:

(1)作业成本法。它是以"成本动因"理论为依据,基本原理是产出消耗作业、作业消耗资源。在计算产品成本时,将着眼点从传统的"产品"转移到"作业"上,以作业为核算对象。首先根据资源动因将资源费用分配到作业,再由作业动因追踪到产品,最终得出产品成本,并通过建立一系列健全的内部控制制度,来加强对会计及其他业务处理程序的追踪与控制,并提高成本核算的全面性和准确性。它还能够以顾客链为导向,以价值链为中心,有助于对企业整个"作业流程"进行根本、彻底的改造。即从企业整体目标出发,协调各部门、各环节的关系,表现出供应、生产、销售等各环节能够"同步、连续、协调"作业。这种方法不仅可以消除一切不能增加产品价值的无用作业,还能促进企业整体业务流程的优化与更新,可以不断地增强企业的竞争优势。

(2)成本企划法。它是以产品全生命周期为基础,以市场为导向来制定目标成本。即:目标成本＝预计市场售价－目标利润。在产品的设计阶段就开始挤压成本,表现为"设定、分解、达成;再设定、再分解、再达成;反反复复以至无穷",直到达到一个理想目标成本的过程,然后将该目标成本具体细化到班组和人员,通过建立信息反馈与控制系统,以查缺补漏,不断地进行目标成本的管理与优化,继而进行成本的控制与分析,来提高成本核算的前瞻性与科学性,使企业成本核算与管理工作能够不断地适应和跟上市场经济的变化与发展,这就是成本企划法。

这些方法可以弥补和消除现行的"标准成本"、"预算控制"、"差异分析"、"成本性态分析"、"变动成本法"、"本量利分析"和"责任会计"等一些传统成本会计核算方法的不足与弊端。

5. 落实新措施,建立健全科学、合理的人员考核与业绩评价体系,推行责任成本管理制度。从企业的高层领导到一般员工,通过建立健全一套科学合理、行之有效的考核与业绩评价体系,来竭力克服短视计划和短期行为,树立企业长远的成本约束与管理机制。主要做法是将成本管理目标纳入人员的业绩评价与考核内容之中,并通过推行责任成本管理制度来落实这一新措施。责任成本管理制度就是将企业长远成本管理目标分解下达为不同阶段、不同层次的子目标,再分配给各责任成本管理中心,由各责任成本管理中心对该成本管理目标进行负责和落实,其目标任务可以具体细化分解到每一个员工。始终将阶段性工作任务的完成情况与企业长远成本管理目标的实现情况等有机地结合起来进行综合考评,既能克服短视计划和短期行为,又能树立企业长远的成本约束与管理机制,同时对于完善企业其他各项管理工作有着积极的作用。

参考文献

陈胜群:《企业成本管理战略》,立信会计出版社2002年版。

图书在版编目(CIP)数据

西藏企业财务与会计热点问题研究/杨西平等著.—厦门:厦门大学出版社,
2015.4
(西藏民族学院经管学术文库)
ISBN 978-7-5615-5371-8

Ⅰ.①西… Ⅱ.①杨… Ⅲ.①企业管理-财务会计-研究 Ⅳ.①F275.2

中国版本图书馆CIP数据核字(2015)第082112号

官方合作网络销售商:

厦门大学出版社出版发行

(地址:厦门市软件园二期望海路39号 邮编:361008)
总 编 办 电话:0592-2182177 传真:0592-2181253
营销中心电话:0592-2184458 传真:0592-2181365
网址:http://www.xmupress.com
邮箱:xmup@xmupress.com
厦门集大印刷厂印刷
2015年4月第1版 2015年4月第1次印刷
开本:720×1000 1/16 印张:17.5 插页:2
字数:305千字
定价:40.00元
本书如有印装质量问题请直接寄承印厂调换